SEOUL

Contents

vol. 79

SEOUL

우리는 매년 한 도시를 주제로 다뤘다. 경주, 제주, 강원에 이어 올해는 어라운드도 몸담은 '서울'이다. 서울 안에서 촘촘하게 붙어 있는 동네는 저마다 고유의 분위기를 가지고 있다. 여기에서 우리는 크게 두 곳으로 좁혀 봤다. 하나는 '연희동'. 연희동과 연남동 경계에 위치한 어라운드 사옥 덕분에 우리는 4년 넘게 두 동네를 경험하게 됐다. 연남, 연희는 가깝지만 동네 분위기가 아주 다르다. 외부인이 모여드는 연남동과 달리 지역 주민으로 상업시설이 돌아가는 연희동은 오래됨과 새로움이 자연스럽게 동네의 분위기와 어울린다. 나를 비롯한 어라운드 식구들이 가장 자주 찾는 연희동을 이번 기회에 더 부지런히 살펴보는 시간이 되었다. 다른 한 곳은 서울에서 가장 빠르게 변하는 중이며 많은 이들이 찾고 있는 '성수동'. 오래됨과 새로움의 조화라는 공통점만 있을 뿐 공장지대였던 큼직한 규모의 성수동과 아기자기한 연희동의 분위기는 많이 다르다. 이렇게도 부지런히 무언가 생겨나고 사라지며 또다시 생겨나는 빠른 변화 속에서 지금의 서울을 일부분 남겨 본다.

편집장 김이경

서울이 초록

Greenness Of Seoul

Photographer 박희성

결코 사라지지 않을 사계절의 초록들.

"《서울의 공원》은 사라질 위기에 놓였던 공원을 찾아가 공원의 풍경과 사람들, 계절의 변화를 담은 사진 책이에요. 2019년 10월부터 시작된 이 작업은 약 1년 반 동안 서른 곳 이상의 공원을 기록한 결과물이죠. 코로나19와 기후변화 등으로 인해 그 어느 때보다 공원의 소중함을 인식하게 된 시간들이 담겨 있어요."

에디터 이희조

6699프레스는 '서울의' 시리즈로 사진집 《서울의 목욕탕》과 《서울의 공원》을 만들었죠. 사라질 위기에 처한 곳들을 삭막 하기보단 따뜻하고 정겹게 바라보는 게 인상적이에요.

누군가에겐 서울이 차갑고 삭막하게 느껴지겠지만, 또 누군가에겐 다정하고 친절한 도시일 거예요. 아무래도 다양한 사람이 모여 만들어 낸 도시이기 때문에 한 가지 이미지로 압축될 순 없겠죠. 내가 알지 못하는 서울이 모두 사라지기 전에 기록하는 것이 남겨진 자의 역할이라고 생각해요. 목욕탕에 이어 공원까지 만들었지만, 사실 시리즈를 의도한 건 아니었어요. '서울의' 시리즈는 《서울의 공원》이 마지막일 수도 있고, 세 번째, 다섯 번째로 계속 이어질지도 몰라요. 앞으로도 계속 알고 싶은 서울이면 좋겠어요.

'서울의' 작업을 모두 박현성 포토그래퍼와 함께했어요.

박현성 작가는 〈더 스크랩〉이라는 전시로 알게 됐어요. 전시에서 수영하다 잠시 수면 위로 오른 듯한 뒷모습 사진을 보았는데 큰 울림을 받았거든요. 〈더 스크랩〉은 작가를 알 수 없게 구성한 전시로, 사진을 구입해야만 작가 프로필을 동봉해 주는 방식이었는데요. 이 전시를 통해 그 사진의 작가가 현성 님이라는 걸 알게 됐어요. 그리고 프로필에 적힌 문장을 보고 어떤 확신 같은 게 왔죠.

그 문장이 뭐였어요?

"사라지는 것들 또 지나면 과거가 되어버리는 모든 순간을 수집합니다."

아, 마치 '서울의' 시리즈 소개 문장 같네요. 《서울의 공원》에는 뮤지션 김목인 님의 에세이가 수록돼 있어요. 6699프레스, 박현성, 김목인의 조합은 어떻게 탄생한 거예요?

현성 님과 1년 반이라는 긴 시간 동안 공원을 기록해 오며 작업에 대한 애착도 그만큼 커졌어요. 촬영이 3분의 2 정도 진

행됐을 때, 사진만으로 채워진 책에 그치는 것이 아니라 사진과 잘 어우러진 글을 수록하고 싶다는 생각을 하게 됐어요. 저는 평소 김목인 님의 음악을 즐겨 듣는데요. 문득 목인 님 노래에 풍경을 묘사하거나 공원을 걷는 가사가 많다는 걸 깨달았어요. 특히 'SNS'라는 곡을 좋아하는데, "오후의 한적한 공원과 영원할 것 같은 시간들"이란 가사가 《서울의 공원》 기획과 닮았다는 생각이 들었죠. 좋은 사람들 덕분에 풍성하게 공원 이야기를 담아냈고, 《서울의 공원》은 아름다운 글귀와 사진이 어우러진 책으로 완성되었어요.

사라지는 걸 기록한다는 건 애정 없인 힘든 일 같아요. 공원이란 콘텐츠는 어떻게 떠올리게 된 거예요?

《서울의 공원》은 사유지인 공원의 법적 보호가 소멸되는 '도시공원일몰제' 이슈에서 시작되었어요. 시행 예정일이던 2020년 7월 1일까지 공원이 하나둘 사라지는 일이어서 긴장할 수밖에 없었죠. 몇몇 공원은 철조망으로 출입이 통제되기도 하고, 소유권 분쟁으로 현수막이 쳐진 상태였어요. 다행히 서울시 대응으로 공원들은 사라지지 않게 되었지만 지금도 안심할 수 없는 상태죠. 그뿐만 아니라 코로나19 확산도 작업을 힘들게 하긴 매한가지였어요. 사회적 거리두기 때문에 벤치엔 앉을 수 없게 빨간 테이프가 둘러졌고 공원은 앉아 쉴 수 없는 곳이 되기도 했죠. 기후위기도 끊임없이 저희를 괴롭혔어요. 2020년 겨울에는 지나치게 많은 눈이 내렸고, 미세먼지 때문에 시야를 가리는 일이 잦았어요. 하지만 그런 상황에서도 자연 가까이로 모여 숨통을 틔우려는 시민들의 발걸음은 계속 이어지더라고요. 무엇보다 숲속 생명들의 존재가 더욱 소중하게 느껴진 시간이었죠.

지난 《어라운드》와의 인터뷰에서 "주변에서 사라져가는 아름다움을 지키고 기록하는 데 마음을 쏟게 됐다."고 이야기한 적이 있죠. '서울의' 시리즈는 그 마음과 같은 맥락인 것 같아요.

제가 좋아하는 말 중에 "역사는 기록하는 자의 것이다."라는 말이 있어요. 저는 이 시리즈를 통해 작은 역사를 만들어 가고 있다고 생각해요. 역사라고 하면 웅장해 보이지만, 사실 역사는 사람에게 있고, 삶에 있는 거예요. 표면적으로는 서울과 장소를 이야기하는 것 같지만 6699프레스 작업은 궁극적으로 사람을 이야기해요. 소중하고 아름다운 존재가 사라지는 것만큼 가슴 아픈 일이 또 있을까요? 사람은 필연적으로 죽을 수밖에 없는 존재지만, 함께 살아 있는 순간을 감사히 여기며 저만의 방식으로 기록하고 긴 호흡을 만들어가고 싶어요.

《서울의 공원》은 겨울과 여름, 그리고 봄과 가을로 교차 구성되어 있어요. 사계절을 순서대로 보여주지 않은 게 기억에 남아요.
사실 기획할 땐 계절 순으로 공원의 변모를 보여주고 싶었어요. 그런데 작업을 마치고 사진을 펼쳐보니 봄·여름·가을·겨울 순보다는 상반되거나 비슷한 계절을 기준으로 겨울과 여름, 봄과 가을로 엮는 게 책에 잘 어울릴 거란 생각이 들더라고요. 계절의 흐름이 시각적으로도 분리되는 게 좋을 것 같아서 계절과 계절 사이에 폭이 좁고 질감이 다른 종이를 넣었어요. 저는 책을 디자인할 때 호흡을 중요하게 생각하는데요. 내지에서는 얇고 질감이 다른 종이를 사용해 한 장 한 장 넘기며 색이 쌓인 층위를 표현하고 싶었고, 부유하는 활자를 이용해 사진과 글을 느린 호흡으로 읽을 수 있게 의도했어요. 이 삽지에 목인 님의 글을 담은 거고요.

1년 반을 기록하면서 기억에 남는 장면들도 생겼을 것 같아요.
저희는 주중에도, 주말에도, 꼭두새벽에도, 해 질 녘에도 공원을 찾았어요. 집 가까운 공원부터 서울 끝에 있는 공원까지 찾아다니는 일은 쉽지 않았어요. 하지만 희한하게도 촬영이 끝나고 공원을 나설 때면 "오늘도 참 좋았다."는 말을 하게 됐어요. 공원 20여 곳을 방문할 때마다 좋은 기운을 얻고 회복한 것 같아요. 저희가 가장 좋아한 공원은 여러 번 방문한 궁산근린공원인데요. 공원 정상에 오르면 평지와 한강을 한눈에 조망할 수 있고, 삼각정 다리는 마치 액자 틀 같아서 노을 진 한강을 느긋하게 감상할 수 있어요. 그곳에 오르면 분명 저희와 같은 생각을 하게 될 거예요. '이 공원이 사라질 위기에 놓였었다고?!'

서울의 공원 사진 페이지는 어린아이로 시작해서 어린아이들로 끝이 나요. 사라지는 공원에서 내일로 나아갈 존재들을 담아낸 게 인상 깊어요.
공원에 가면 모두들 자신만의 방법으로 시간을 보내고 있는데, 특히 뛰노는 어린 친구들을 보면 그 순수함이 정겹게 느껴져요. 어린 시절이 생각나기도 하고요. 요즘은 집에서도, 밖에서도 마음껏 뛰놀 수 있는 상황이 아니다 보니 아이들에게도

공원에서의 시간은 소중할 테죠. 거창해 보이지만 제가 책을 만들면서 중요하게 생각하는 키워드는 '다음 세대'예요. 어른 세대는 다음 세대에게 지구의 소중함을 빌려 쓰고 있다고 생각해요. 공원은 우리 시대만의 향유로 끝날 장소가 아니고 앞으로 수십 년, 수백 년 동안 이어져야 할 생명이라고 생각해요. 그래서 책에는 어린이로 시작해 어린이로 끝나는 구성, 특히 마지막 사진은 함께 공원으로 향하는 아이들의 뒷모습 사진으로 배치했어요.

이번 호에서는 '서울'에 대해 이야기해 보려고 해요. 서울이라는 단어에 가장 먼저 어떤 게 떠올라요?
이주민의 도시. 전국, 전 세계 곳곳에서 모인 다양한 사람이 각자의 방식으로, 치열하게, 행복을 추구하며 살아가고 있는 도시. 그리고 모든 사람이 존엄한 도시.

그런 도시에서 수많은 것이 사라져 가고 있어요. 개중 꼭 지키고 싶은 게 있다면요?
아무래도 목욕탕이 가장 먼저 떠오르네요. 코로나19로 목욕탕을 못 간 지 정말 오래되었어요. 《서울의 목욕탕》 표지를 장식한 '산호탕'은 서울에서 제가 가장 좋아한 목욕탕이었는데, 출간되기 몇 주 전에 폐업해 그 자리에 건물이 들어섰어요. 그 장면을 마주했던 상실감을 잊을 수가 없네요. 코로나19 이후 폐업하는 목욕탕이 늘어나고 있다는 기사를 봤어요. 이럴 줄 알았더라면 더 많은 곳을 기록할 걸 그랬나 봐요. 좀 다른 이야기지만, 언젠가 목욕탕과 헌책방이 함께 있는 공간을 운영하고 싶어요. 돈만 있다면 정말 잘할 자신 있는데(웃음)!

"정신없이 흘러가는 서울에서 맑은 공기를 마시며 한숨 돌릴 수 있는
공간이 있는 것만으로도 큰 위로가 되는 것 같아요."

만나서 반가워요.

안녕하세요. 사진을 하고 있는 박현성입니다. 누군가에게 주
목받지 못하고 잊히는 것들이 과거가 되어버리기 전에, 잠실
처럼 남아 있는 장면들을 가시화하여 대상의 온전함을 보여주
는 작업을 이어오고 있어요.

'공원'이라는 활동명을 쓰고 있어요.

저에게 공원이란 공간은 날 선 마음이 평평하고 온전해지도록
위로해 주는 곳이에요. 포토그래퍼가 되면서 공원이란 이름으
로 활동하고 싶었죠. 하지만 제 바람과 달리 본명으로 더 많이
표기되고 있는데요(웃음). 그래도 공원이란 단어에 여전히 완
전한 마음이 가까이 있다고 느끼니까, 그걸로 만족해요.

**"부재를 기록하기 위해 사진을 찍기 시작했다."고 이야기한
적이 있죠.**

부재를 기록한다는 건 무심코 지나쳐버릴 수 있는 것들을 다
시 들여다보는 것이고, 가장 가까이 존재하고 있는 것들을 마
주하며 잊지 않기 위해 노력하는 일 같아요. 저는 이러한 부재
를 기록하면서 무언가 채워진다는 생각보다 과거에 놓치고 외
면했던 불편한 마음을 점점 비워낸다는 느낌을 받았어요.

**어떤 의미에선 홀가분해지는 일이네요. 6699프레스와 《서울
의 목욕탕》부터 《서울의 공원》까지 '서울의' 시리즈를 함께
작업해 왔어요. 처음 이 기획을 제안받았을 때 어땠어요?**

굉장히 신기했어요. '서울의' 프로젝트에 관해 들었던 당시 저
는 사라지는 것과 남겨지는 것들에 물음을 던지며 가족의 부
재에 관한 작업을 이어가고 있었거든요. '서울의' 시리즈 기획
과 의도는 저 자신에게 던지는 질문과 맞닿아 있다고 느꼈어
요. 지극히 개인적인 서사로 작업을 이어가던 제게 좀더 넓은
시야를 전해준 작업이었죠.

**두 작업 모두 사라지는 걸 기록하는 일이었죠. 사라질 위기에
처한 곳들을 담는 기분이 어땠어요?**

우리는 사라지는 것들을 잘 눈치채지 못하는 것 같아요. '서울
의' 시리즈를 위해 들른 목욕탕과 공원엔 공간을 에워싼 온기
가 있었어요. 사라질 거라는 생각이 들지 않는 그런 기운이었
죠. 곧 사라진다고 해도 결코 희미하지 않았고, 공간들은 역할
에 충실히 임하고 있었어요. 하지만 빛나는 건 언제나 섬광처
럼 스치는 법이기에 지금 이 모습을 착실하게 기록해야겠다고
다짐하며 작업했어요.

**《서울의 공원》 이야기를 좀더 해볼게요. 특히 공원의 어떤 모
습에 집중하고 싶었어요?**

공원의 모든 순간이요. 정말 모든 순간을 담고 싶었어요. 공원
에서 자신만의 시간을 즐기고 있는 사람들과 그곳에서 자라고
있는 식물들, 그리고 함께 상생하고 있는 동물들 모두를요. 특
히 집중한 부분이 있다면 공원의 계절감을 보여주는 것과 사
람들의 몸짓, 그리고 얼굴이었어요. 그곳에 있는 인물들의 몸
짓과 표정이 공원의 생기와 닮아 있다고 생각했어요. 그래서
조금 더 큰 포맷의 중형 카메라를 사용하여 인물의 표정을 더
자세히 들여다보고, 그 안에서 움직이는 행동을 크게 담으려
고 노력했죠.

**촬영하면서 "다소 심심한 느낌을 받"았고, 아름다움을 좇기보
단 "평범함이 필요할지도 모르겠다"는 생각이 들었다고 했어
요. 좀더 이야기를 들려줄래요?**

서울의 공원을 돌아다니며 마주한 장면들은 그 장소에 있는
사람이라면 누구나 볼 수 있는 평범한 모습의 연속이었어요.
현상한 사진을 들여다보고 있으면 다소 심심한 느낌을 받을
때도 있었죠. 저도 모르게 공원에서의 시간은 좀 특별해야 한
다고 생각했나 봐요. 공원에 환상 같은 걸 가진 거죠. 근데 이

런 심심한 모습이 필요할지도 모르겠단 생각이 들더라고요. 누구나 볼 수 있다고 해서 언제나 볼 수 있는 건 아니잖아요. 공원에서 마주한 얼굴들에서 과거에 제가 가진 행복한 표정을 만날 수 있었는데요. 저에겐 평범해 보이는 공원의 장면이 그들에겐 특별한 시간일지도 모른단 생각이 들었어요. 그런 평범함이 아름답게 느껴졌고요.

사라질 위기에 처한 공원인 데다가 코로나19로 삭막해 보일 때도 있었을 것 같아요.
의외로 삭막한 장면은 없었어요. 공원을 이용하는 사람들은 각자 거리를 지켜가며 시간을 보내고 있었거든요. 그중 가장 기억에 남는 장면이 있다면 더운 여름날 어린아이들이 음수대에 모여 물놀이를 하는 모습이었어요. 푸른 하늘 아래 물을 뿌리며 놀고 있는 모습이 그 계절과 무척 닮아 있다고 생각했어요.

'서울의' 시리즈 작업은 현성 님에게 어떤 의미예요?
요즘엔 웹사이트나 SNS 같은 창구를 통하여 촬영한 사진을 사람들에게 보여줄 수 있지만 그들이 보는 디스플레이 크기는 다양하기 때문에 이미지를 접하는 느낌은 다를 거예요. 하지만 '서울의' 시리즈를 통해 책이라는 물성으로 사진을 인쇄하여 보여줄 때의 매력에 대해 알게 됐어요. 주제에 맞는 판형, 종이 질감, 무게 등을 고려하여 작업이 가진 모습을 부족하지도 과하지도 않게 적당히 보여주는 방식을 배울 수 있었거든요. '서울의' 시리즈 작업은 사라지는 것을 기록하는 프로젝트이기도 하지만 작업자와 작업자 서로의 자리를 존중하며 이해하는 소중한 시간이었어요.

'서울의' 시리즈를 보면서 현성 님의 사진을 계속 만나고 싶다고 생각했어요. 앞으로는 어떤 작업을 해나가고 싶어요?
지금껏 해온 작업들을 명확하게 설명하긴 어렵지만… 과거엔 개인적인 서사를 통해 목소리를 내고 싶어 한 것 같아요. 가족의 부재에 관한 작업을 진행한 이후 사라지는 것과 남겨진 것에 대해 생각하게 되었고, 제 주변을 구성하는 것들에 관심 갖기 위해 노력했어요. 누군가와 약속이 있거나 어디를 가야 할 때면 꼭 작은 소형 카메라를 챙겼죠. 제가 지나온 주변을 담지 못해 후회하는 일은 없어야 한다는 약간의 강박이 생기기도 했어요. 지금은 그때에 비해 많이 너그러워진 상태지만요(웃음). 솔직히 앞으로 어떤 작업을 하고 싶은지 저도 잘 모르겠어요. 그저 생각나는 단어와 문장을 모으며 그것이 이미지로 제 눈앞에 나타나면 그때 저도 정확하게 알 수 있지 않을까 싶어요.

이번 호에서는 '서울의 브랜드'에 대해 다룰 거예요. 이 단어를 보면 가장 먼저 어떤 생각이 떠올라요?
서울은 누구나 존중받을 수 있고, 누구에게나 걸을 자유가 있는 도시예요. 이 도시에서 제가 브랜드로 이야기하고 싶은 건 두 곳이 있는데요. 제가 일을 했었고 현재 일하고 있는 '키티버니포니'와 '포스트포에틱스'예요. 실제로 브랜드이기도 하지만, 저에게 좋은 영감과 시간을 가져다준 곳이기도 하거든요.

서울의 사라지는 것들을 담으면서 지키고 싶은 것에 대한 생각도 많아졌을 것 같아요. 서울에서 꼭 지키고 싶은 한 가지가 있다면요?
아무래도 서울의 공원이 아닐까요(웃음)? 정신없이 흘러가는 서울에서 맑은 공기를 마시며 한숨 돌릴 수 있는 공간이 있는 것만으로도 큰 위로가 되는 것 같아요.

서울에서 꼭 지키고 싶은 한 가지로 6699프레스 이재영은 '목욕탕'을, 박현성 포토그래퍼는 '공원'을 꼽았다. '서울의' 시리즈로 이 둘이 기록하려 한 건, 사라지는 것들의 아름다움에 앞서 우리 주변을 지키는 아름다움의 파편이었을지도 모른다. 사라질 위기에 처하기 전까지는 미처 깨닫지 못한 평범함을 생각한다. 우리 일상에 곁을 내주는 것들이 얼마나 아름다운지, 좀더 촘촘한 시선으로 들여다보고 싶다. 그리고 오래도록 미소를 보내고 싶다.

서울의 공원
박현성(사진), 김목인(글), 이재영(기획) | 6699press

오르에르 김재원

Born In Seongsu

아이를 낳고 보살피는 마음으로

성수역에서 내려 가장 먼저 본 건 오래된 미용실이었다. 그 옆엔 더 오래돼 보이는 호프집, 맞은편엔 아직 기름 때가 묻지 않은 깔끔한 고깃집. 큰길 옆으로 살짝 방향을 트니 큼직한 공장 건물이 그대로 남아 새로운 역할을 해내고 있다. 오랜 시간을 먹은 간판 몇 개를 구경하다 보니 붉은 벽돌 건물이 눈에 띈다. 황동색 알파벳이 입구 상단에 정갈하게 걸려 있는 여기는 오르에르. 입구를 지나 뻥 뚫린 복도를 통해 돌바닥과 정원이 보이는 이 풍경은 자못 신비롭다. 벽돌 건물과 주택을 연결해 하나의 공간으로 만든 오묘한 세계에 입장하면 층층이 향긋한 커피, 다디단 디저트, 마음 가는 문구, 황홀한 수집품, 그리고 누군가의 전시까지 만날 수 있다. 이 공간 안에서는 모든 순간이 경험일 수 있도록 계단의 삐거덕 소리에도 신경 쓰는 사람. 화분에 며칠 물을 못 줘 오르에르에게 미안하다는 김재원 대표의 목소리엔 내새끼를 어루만지는 듯한 세심함과 사랑이 담뿍하다.

에디터 이주연 포토그래퍼 **Hae Ran**

Brand Producing Company | 아틀리에 에크리튜Atelier Ecriture

1-2F Cafe | 오르에르or.er.
1F Dessert Shop | 오드투스윗Ode To Sweet
2F Stationery Curated Store | 포인트오브뷰Point Of View
3F Collection Space | 오르에르아카이브or.er. Archive

브랜드가 길어 올린
동네의 매력

요즘 엄청 바쁘게 지내시는 것 같아요.

아유… 일이 너무 많아서 거의 세상과 등지고 지내요. 요새 주변 사람들이 무슨 일 있는 줄 알고 연락도 조심스럽게 해오더라고요. SNS도 잘 못하고 그러니까(웃음). 연락 올 때마다 "조금만 기다려줘." 하는 게 요새 일과예요.

이번 호에서 '서울의 브랜드'를 다루거든요. 꼭 만나고 싶었는데 시간이 잘 맞아서 다행이에요.

만나서 반가워요. 서울의 브랜드, 가까우면서도 먼 것 같은 주제네요.

서울이라고 하면 너무 광범위해서 성수동과 연희동 위주로 접근해 보려고 해요.

되게 대조적인 두 동네를 골랐네요?

처음엔 두 동네가 어느 정도 비슷할 거라 생각했는데, 살펴볼수록 색도 느낌도 다르더라고요. 이번 호 주제를 듣고 어떤 생각이 가장 먼저 떠오르세요?

서울의 브랜드… '아이 서울 유'? 진짜 별로죠(웃음). 서울을 기반으로 하는 브랜드는 많은데 그 브랜드가 서울의 에센스를 가지고 있는지는 잘 모르겠어요. 물론 빵집 태극당처럼 여러 세대에 걸쳐 오랜 시간 서울에 머문 브랜드도 있지만 모두 그런 건 아니잖아요. 근데 곰곰이 생각해 보면, 특정 브랜드를 이야기하기 어려운 게 바로 서울인 거 같아요. 카오스의 서울이니까요. 특정할 수 없다는 게 서울의 매력 같기도 하고요. 일본만 해도 수백 년 동안 하나의 도시를 기반으로 지속되는 브랜드를 어렵지 않게 볼 수 있잖아요. 특히 교토 같은 데는 다른 지역이나 나라로 진출하더라도 도시의 아이덴티티를 잃지 않는 브랜드가 참 많아요. 근데 서울의 브랜드 중엔… 그런 데가 있나요? 먹거리 말곤 떠오르는 게 없어요. 공공 디자인 쪽은 특히 더 부정적인 것만 떠오르고요. 대답하다 보니 좀 슬퍼지네요(웃음). 그래도 몇 년 전부터 서울도 동네의 특징이 살아나고 있는데요. 동네가 하나씩 살아나면서 서울이란 도시가 재미있어지고 사람들도 그걸 재미있어하는 것 같아요. 지금은 여러 지역에서 동네 특징을 살리는 움직임도 많아요. 저희처럼 성수동스러운 뭔가를 한다든지…. 카오스의 서울이 점차 발전

해 가는 단계라는 생각이 들어요. 브랜드의 이런 움직임은 너무 좋은데 지자체에서는 좀더 신중하게, 다각도로 동네를 생각해 줬으면 해요.

왜요? 무슨 사건이 있었나요?

최근에 '오르에르' 앞에 무슨 일이 있었는지 아세요? 성수동이 예부터 수제화로 유명했잖아요. 아무리 그래도 그렇지, 구청에서 빨간 구두가 올라간 조명 몇십 개를 이 거리에 쫙 깐 거예요. 아휴, 깜짝 놀라서 SNS에 사진을 올렸는데 더 놀라운 제보가 이어지더라고요. 온갖 도시에서 사람들이 "그래도 성수동엔 이런 거 없잖아요." 하면서 그 지역의 공공 디자인 사진을 보내주시는 거예요. 혹시 '고추다리'라고 아세요? 청양에 있는 다리인데, 어떤 분이 이런 고추다리를 지나서 매일 출퇴근을 하신다더라고요. (사진을 검색해서 보여준다.)

아이구… 진짜 고추네요.

또 어떤 분은 '퍼플섬'이라는 델 알려 주셨는데 섬 전체를 온통 보라색으로 칠해뒀더라고요. 모든 집에 똑같은 보라색을 칠하고, 심지어는 원주민들에게 보라색 옷을 입도록 해서 연로한 주민까지 모두 보라색 옷을 입고 지내요. 보라색 옷 입고 오는 관광객은 입장료를 할인해 주기도 한대요. 퍼플섬 주민들은 만족해한다는 기사도 보았는데, 저는 처음 접한 문화라 무척 놀랐어요. 성수동 구두 조명에 충격받고 SNS에 올렸다가 더 다양한 지역의 공공 사례를 만나게 된 거죠(웃음). 근데 재미있는 게 뭔지 아세요? 구두 조명 사진을 SNS에 올리고 며칠 안 지나서 조명이 다 사라졌어요. 저뿐만 아니라 성수동에서 브랜드를 하고 있는 많은 지인들이 건의해서인지, 혹은 다른 이유에서인지는 모르겠지만 불도 한 번 안 켜보고 일주일만에 다 뽑아 가신 거예요. 조명을 설치한 것보다 그렇게 쉽게 뽑아 갔다는 게 더 놀랍더라고요.

동네의 매력은 국가 차원에서 만들어지긴 힘든 것 같아요.

동네 특성은 그 동네에서 실제로 브랜드를 꾸려가는 사람들이 만들어 간다고 생각해요. 구청은 동네 브랜드들이 이 동네에서 더욱 편히 머물도록 행정적인 걸 도와주면 좋을 텐데…. 이런저런 이유로 도시나 지역 브랜드라고 하면 공공 디자인적인

게 제일 먼저 떠올라요. 브랜드를 운영하는 분들 중엔 잘하는 분들이 워낙 많아서 누가 더 잘한다고 말하기가 오히려 더 힘든 것 같아요.

앞서 "성수동스럽다"는 이야길 하셨어요. 그게 어떤 의미예요?
제가 들어올 당시 의미와 지금 의미는 좀 다를 것 같아요. 초기 매력은 역시 공장지대라는 점일 거예요. 저도 그게 좋아서 이 동네를 선택했거든요. 성수동의 또 다른 특징 중 하나는 동네가 평지라는 건데요. 성수동에 터를 잡기 전에 사람들이 가장 많이 가던 동네가 경리단길이었거든요. 친구들 만날 때 구두를 신고 가면 경사가 져서 다니기 여간 힘든 게 아니었어요. 발이 너무 아픈데 태연한 척하면서 걸었죠(웃음). 근데 성수동에 와서 평지를 밟는데 그게 너무 매력적인 거예요. 게다가 2호선

사라지고 지식산업센터가 들어올 시절엔 매일매일 이게 뭐냐며 한탄도 했죠. 근데 지금 생각해 보면 그게 또 성수동의 매력이 된 것 같아요. 준공업 지역이라 지을 수 있는 되게 높은 지식산업센터랑 단층 공장이 어우러진 풍경은 다른 동네에선 쉽게 보기 힘들잖아요. 성수동의 이런 모습도 서울의 카오스 중 한 축을 맡고 있지 않을까요?

색이 없던 동네들이 하나둘 색을 찾아가는 데는 어떤 영향이 있다고 생각해요?
서울에서 나고 자란 저에게 서울은 깨끗하게 만들어진 도시 그 자체였어요. 심심한 건물이 가득한 특색 없는 곳이었죠. 그러다 서울에 색이란 게 입혀진 게 2010년대부터라고 기억하는데, 여기저기 생겨난 카페들의 역할이 특히 큰 것 같아요. 서

라인이어서 접근성도 좋았고요. 성수동은… 원자재라고 해야 하나, 땅의 컨디션이 무척 좋은 동네예요. 그리고 그 당시 매력의 정점으로 '대림창고'를 빼놓을 순 없겠죠. 2016년에는 카페로 개조하여 오픈하기도 했는데요. 그 전까진 일반 창고로 사용되는 공장 건물이었어요. 그런데도 단층 벽돌 건물이 주는 매력이 어마어마했죠. 이렇게 규모감 있는 동네가 서울 외곽으로 빠지지 않고 서울에 속해 있다는 게 재미있었어요. 정비소가 많아서 고급 차량이 많이 지나다니는 동네였는데, 지게차가 그 옆을 같이 돌아다니는 모습은 다른 동네에선 보기 힘든 장면이잖아요.

그때랑 지금이랑 좀 달라졌다고 했는데 어떤 변화가 있었어요?
중간중간 과도기라고 생각한 시기가 있었어요. 벽돌 건물이

울의 카페, 아니 대한민국의 카페들이 공간을 보는 눈높이를 상향 평준화했다고 생각하거든요. 이전에는 프랜차이즈 카페가 복사하듯 생겨났다면, 그 이후론 개인 카페가 늘어나면서 동네 특성을 살리고 자기만의 인테리어를 해나가기 시작했어요. 동네 자원을 이용하는 경우도 많아졌고요. 만일 이런 역할을 카페가 아닌 갤러리가 했다면, 손님들이 보다 큰 비용을 내고 찾아야 해서 활성화되기 어려웠을 거예요. 하지만 5천 원이면 향유할 수 있는 카페였기 때문에 대중을 겨냥할 수 있었다고 생각해요. 저도 성수동에 복합문화공간 '자그마치'를 세우고 카페를 꾸릴 때 합정의 '앤트러사이트'나 '카페 리브레' 같은 데서 영향을 많이 받았거든요. 지금도 카페들 수준이 아주 높기 때문에 공간 보는 눈높이는 계속해서 높아지고 있어요. 단순히 공간만 꾸미는 거라면 얼마든지 지금보다 더 멋지게

할 수 있지만 지금까지 브랜드로 유지되는 카페들은 동네와의 어울림도 중요하게 생각하는 것 같아요. 동네 특성을 살리면서 주변과 조화를 이루는 거죠. 그래서 서울의 동네들이 하나씩 색깔을 찾고, 재미있는 공간들이 완성되는 것 같아요.

많은 매체에서 대표님을 '성수동의 개척자'라고 소개하곤 해요. 동네의 정체성을 새로이 했다는 평에 대해 어떻게 생각하세요?

개척자, 선구자는 물론이고 '시조새'라는 말도 들어봤고 "아직도 있어?"도 들어봤어요(웃음). 사실 제가 처음으로 성수동에 카페를 연 개척자는 아니에요. 프랜차이즈 카페나 동네 카페가 몇 곳 있기는 했거든요. 하지만 브랜딩을 하고 디자인적인 요소를 갖춘 브랜드로서의 카페는 자그마치가 처음이 맞는 것 같아요. 그건 누구나 인정해야 한다고 생각해요(웃음). 그런데 만일 여기 자그마치만 달랑 하나 있었다면, 개인이 하는 작은 브랜드기 때문에 성수동에 이런 힘이 생기긴 어려웠을 거예요. 자그마치를 오픈한 게 2014년 2월이었는데요. 성수동에서 브랜드를 시작한 건 자그마치가 처음이었다 해도, 거기 불을 지펴준 브랜드가 참 많았죠. 대표적인 게 앞서 이야기한 대림창고예요. 2016년 5월 경에 대림창고에서 카페를 오픈하고 '어니언 성수'가 생기고…. 사실 타이밍이 좋았던 거지 성수동은 워낙 매력 있는 동네기 때문에 꼭 자그마치가 아니더라도 누군가는 출발을 열었을 거거든요. 결과적으로 성수동을 개척했단 이야기를 듣고 있지만, 제가 성수동을 위한 특별한 목표를 가지고 여기 온 건 아니에요. 그저 하고 싶은 재미있는 일을 시작했을 뿐이었죠. 만약 자그마치를 비즈니스로 생각했다면 론칭할 용기를 얻지 못했을 거예요.

비즈니스랑 브랜드가 다르다고 생각해요?

같다고 생각하진 않아요. 지금은 그 둘을 잘 맞춰서 조율해 나갈 수 있는 상태가 되었는데요. 초창기 저에게는 비즈니스 마인드는 없고 브랜드 생각만 있었거든요. 지금은 브랜드를 읽어 나가면서 비즈니스가 발을 맞추어 가야 한다는 걸 늘 염두에 둬요. 비즈니스라는 건, 내가 얼마를 투자해서 얼마의 수익을 내야 하고, 그걸로 어느 정도 재투자를 해서…의 숫자 개념을 뜻해요. 팝업 스토어를 열어도 수수료 없이 했거든요. 자그마치에서 팝업을 열고 지금은 유명한 브랜드가 꽤 되는데요. 그때는 브랜드를 시작한지 얼마안된 '슬로우 파마씨'도 자그마치에서 팝업을 열고 성공적인 결과를 거뒀고, 정인혜 작가도 그림을 전시했는데 유화 작품을 다 팔았어요. 지금 생각해 보면 순수하게 재미있던 시절이었어요.

본격적으로 아웃풋이 난 시점은 언제예요?

F&B 비즈니스로 수익을 창출하는 게 브랜드 운영의 핵심은 아니었어요. 그건 지금도 마찬가지고요. 카페 비즈니스로 수익을 얻으려고 했다면 자그마치 이후에 오르에르라는 브랜드를 또 만들지 않고 자그마치 1호점, 2호점… 식으로 구성하는 게 운영 면에서는 좀더 쉽지 않았을까요? 저희가 하려는 브랜드의 중심은 콘텐츠예요. 그 콘텐츠를 담는 공간의 문턱을 낮춰주려고 카페 브랜드를 하고 있는 거죠. 일종의 마중물 역할인 건데, 이왕 할 거라면 잘하면 좋겠다는 마음으로 운영하고 있어요. F&B 쪽으로 수익을 창출하고자 했다면 얼마든지 길은 있었어요. 자그마치가 잘된 이후로 여기저기서 들어오라는 제안도 많았거든요. 그걸 다 안 한 이유는 F&B로 수익을 창출하겠다고 비즈니스에 욕심을 내지 않았기 때문이에요. 그리고 제가 생각하기엔 한계도 있었고요.

어떤 한계요?

제가 F&B 쪽 전문가가 아니라는 거요. 제가 바리스타라면 직원들이 그만두더라도 제가 그 자릴 메울 수 있을 텐데 그게 안 되는 분야거든요. 저는 대표라면 직원들의 역할을 대신할 수 있어야 한다고 생각해요. 반면 문구 브랜드 '포인트오브뷰'를 비롯한 다른 영역은 직원들이 자리를 비워도 제가 판매나 디자인 같은 건 할 수가 있거든요. 근데 커피나 디저트 쪽은 제가 그럴 수 없는 영역이에요. 그래서 이쪽 분야로는 F&B 비즈니스를 하는 다른 분들과는 마인드가 좀 달라요. 오히려 공간이나 콘텐츠 적으로 접근하는 편이죠.

공간 얘기를 좀더 해볼까요? 공간에 관심을 가진 건 유학할 때 집을 옮겨 다니면서부터였다고 들었어요.

유학 생활은, 정확히는 부동산에 관심을 가지게 된 계기예요. 공간에 관심을 가진 건 제 전공 때문인데요. 저는 영국에서 텍스타일을 전공했는데, 영국에선 텍스타일을 패션과 인테리어 두 종류로 나누어요. 그중 저는 인테리어 쪽 텍스타일을 전공해서 공간에서의 패브릭을 공부했어요. 공간에서 패턴이 어떻게 쓰여야 하는지, 어떻게 텍스타일을 적용할지 고민하는 일이었죠. 영국에선 잘 살다가도 집주인이 나가라면 나가야 하는 떠돌이 유학생이었어요. 그러다 보니 자주 부동산을 다닐 수밖에 없었는데요. 영국에서는 한국과 달리 모든 가구가 다 세팅되어 있고 몸만 들어가는 형태거든요. 집을 렌트한다고 보면 되는데, 저는 그게 남의 살림을 구경하는 기분이어서 너무 재미있었어요. 나중엔 재미가 들려서 집을 안 구해도 되는데도 궁금한 동네의 집들을 보러 다녔어요. 괜히 부자 동네 한번 가서 집들을 구경해 보는 거죠. 영국은 주 단위로 집세를 내는데, 100만 원짜리 집밖에 못 보는 신세면서 괜히 1천만 원짜리 집들을 보러 다녔어요. 그때 SNS가 없어서 다행이라고 생각해요. 만일 SNS가 지금처럼 발달했다면 저는 절대 졸업 못 했을 거예요. 음… 아니, 어쩌면 SNS를 엄청 잘해서 인플루언서가 되어 있거나 지금과는 다른 방향으로 대성했을 것 같기도 해요(웃음).

내 아이의
태도와 말씨

오르에르, 포인트오브뷰, 오드투스윗⋯ 많은 브랜드를 한꺼번에 운영 중이에요. 어느 인터뷰에서 브랜드를 시작할 때 "비주얼보다 텍스트 작업이 먼저 이루어져야 한다."고 이야기했는데요. 그 이야기를 좀더 들어보고 싶어요.

그 모든 브랜드를 총괄하는 디자인 기획 컴퍼니 이름이 '아틀리에 에크리튜Atelier Écriture'예요. 이 이름을 만들 때 저희가 일하는 방식을 좀더 세세히 돌아보게 됐거든요. 회사마다 고유의 프로세스가 있을 텐데, 우린 어떤 방식으로 일하고 있는지 정리하다 보니까 뭔가를 계속 '쓰고' 있더라고요. 무엇이 되었든 아이디어를 확장할 때 시작은 쓰기였던 거죠. 키워드로 나열할 때도 있고, 소설 문장을 발췌해서 시작할 때도 있어요. 브랜드들 이름을 정할 때도 그랬고요. 그래서 회사 이름을 쓴다는 행위랑 연결 짓고 싶었어요. 문체, 서체 같은 단어를 나열하다 쓰기, 쓰인 것, 문자를 의미하는 프랑스어 에크리튀르를 넣어 정하게 된 거죠.

아틀리에 에크리튜만의 쓰기 방식이 있는 것 같아요. 포인트오브뷰에서 판매하는 《어라운드》 소개 글을 읽으면서 남다른 느낌을 받았거든요.

포인트오브뷰에 있는 물건들이 세상엔 없고 여기에만 있는 건 아니에요. 어디에나 있을 만한 물건들인데 저희가 한 공간에 모아 큐레이션을 하는 거죠. 그래서 보이는 것뿐만 아니라 텍스트 소개도 중요하다고 생각했어요. 큐레이션은 직관적으로 이미지를 보여주는 데서 그칠 수도 있지만, 우리만의 집필 방식을 활용하면 그 특징이 더욱 돋보일 거라 생각했거든요. 브랜드를 하나의 집필 과정이라고 본다면 우리의 시작은 빈 노트거나 컴퓨터의 빈 화면이에요. 그리고 '무엇을 쓰지?'라는 데서 출발하는 거죠.

브랜드 운영이 집필 과정이라면 이름을 정하는 건 제목을 정하는 일이겠네요.

그렇죠. 근데 브랜드를 저 혼자 해나가는 건 아니니까 팀원들과 공유하면서 집필할 필요가 있어요. 우리가 생각하는 올바른 방향을 찾기 위해서는 서로 의견을 모아야 하거든요. 그런 측면에서 각자의 경험치가 중요하죠. 팀원들이 어떤 경험을 하면서 살아왔는지 모르는 상태에서 답이 정해진 걸 제시하는 건 다양한 상상을 가로막는 거죠. 가령, 라벤더 나무 사진을 보여주면서 "이런 나무를 우리 공간에 놓으면 좋겠어."라고 하는 건 너무 정해진 틀을 제시하는 거예요. 비주얼을 직설적으로

보여준다는 건 상상력을 가로막는 일이니까요. 반면, 언어로 "이 공간에는 매끈한 바디감을 가진 향이 좋은 나무를 놓으면 좋겠어." 한다면 누군가는 라벤더 나무를, 누군가는 바오밥 나무를 가지고 올 수가 있는 거죠. 비주얼적인 것으로 시작하면 한계가 분명한데, 텍스트로 출발하면 훨씬 재미있는 방향으로 풀어져요. 우리 브랜드뿐만 아니라 외주 작업을 할 때도 텍스트에서 출발해 브랜딩 작업을 해나가고 있어요. 이게 우리 회사가 에크리튜를 만들어 가는 방식이에요.

브랜드는 이름에서 출발한다고 해도 과언이 아닐 텐데 이 많은 브랜드의 이름을 어떻게 지었어요?

떠오르는 키워드를 다 적어봐요. 문구점이라고 하면, 문구랑 관련된 걸 일단 쭉 적고 다른 장르의 단어까지 다 적어보는 거죠. 스포츠나 클래식이랑 연결하기도 하고, 재즈랑 연결 짓기도 하고요. 영화 분야에서 힌트를 얻기도 해요. 외주 컨설팅은 경우에 따라 다르지만, 저희 브랜드를 만들 땐 이름을 먼저 짓고 철학을 궁리하는데요. 이를테면 포인트오브뷰는 "나는 포인트오브뷰라고 부르는 문구점을 할 거야."라고 먼저 공표한 뒤 스토리 라인을 만들기 시작했어요. 오르에르는 처음에 '자그마치 애들이 뭘 또 한대.' 하는 소문이 있어서 본의 아니게 자그마치 2호점으로 불리기도 했는데요. 지금 와서 하는 생각이지만 자그마치라는 브랜드 아래 자그마치 1호점, 2호점, 자그마치 스테이셔너리, 자그마치 테이블⋯ 식으로 브랜드를 확장했다면 운영이 좀 편하지 않았을까 싶어요. 근데, 당시엔 브랜드를 새롭게 만드는 게 너무 재미있었어요.

특히 어떤 게 재미있었어요?

브랜드가 인격체처럼 느껴졌거든요. 아이를 낳는 듯한 기분이었어요. 자그마치라는 애는 강인하고 인더스트리얼 한 데서 태어난⋯ 좀 감성적인 오빠 느낌? 반면 오르에르는 정원도 있고, 풀도 기르는 여동생 느낌이죠. 얘한테 자그마치라는 오빠 이름을 그대로 붙이면 오빠 이미지도 흐려지고 여동생 고유의 분위기도 사라질 것 같았어요. 자그마치는 발음도 좀 독일어 느낌으로 거칠잖아요. 근데 저는 여동생 이름을 말랑말랑하고 부드러운 발음으로 지어주고 싶었어요. 그래서 2호점으로 붙일 생각은 애초에 없었죠. 오르에르를 만들고 나니까 브랜드를 대하는 제 태도도 달라지더라고요. 자그마치에선 통바지를 입고 척척 걸어 다녔다면, 오르에르에선 좀 사뿐사뿐 걸어 다니게 되고⋯. 에크리튜라는 단어에는 문체나 글이라는 사

전적인 의미도 있지만 말투나 에티튜드도 다 포함되는 거거든요. 그런 의미에서 회사 이름이 우리 브랜드를 다 반영하고 있다는 생각도 들어요.

그럼 지금은 아이가 엄청나게 많아진 거네요.

완전히 다른 인격체의 아이를 여럿 키우고 있죠. 어떤 애는 머리를 땋아줘야 하고, 어떤 애는 항상 깔끔하게 커트 머리를 유지해 줘야 해요. 근데 만일 제가 자그마치라는 이름으로 모든 브랜드를 통일했다면 하나의 인격체로 기분만 달리 세팅해 줘도 되는 거였겠죠? 지금보다 재미는 덜했을 것 같지만요(웃음).

여러 인터뷰를 읽으면서 경험에 큰 가치를 둔다는 인상을 받았어요. 실패도 귀중한 경험 중 하나일 텐데, 그간 어떤 실패를 해왔어요?

음, 무슨 실패를 했지…. 뭔가 많이 실패했겠죠? 근데 '난 망했어, 실패했어.'라고 생각한 적은 없어요. 그렇다고 제가 성공의 아이콘이라는 건 아니에요. 망한 것도 분명 많을 테지만… 실패라는 건 목표가 있고 달성하지 못했을 때 판가름 나는 일 같아요. 브랜드를 시작하고 목표가 뭐냐는 질문을 많이 받았는데 그럴 때마다 할 말이 없었거든요. 뭔가를 달성해야겠다고 생각해 본 적이 딱히 없어서요. '브랜드 열 개를 할 거야.'라든지 '서울의 문구계를 평정하는 브랜드를 만들 거야.' 같은 목표나 기준은 지금도 없어요. 한때는 이거 심각한 건가, 대외적인 목표라도 만들어야 하나 생각한 적도 있거든요. 근데 그게 없어서 오히려 실패했다고 생각한 적이 없는 것 같아요. 저는 목표를 세우고 일을 하기보다는 일단 '해보자!'예요. 그렇다고 '해보고 안 되면 말지.'는 아니고 할 거면 잘해야 한

다는 마음으로 되게 열심히 해요. 아, 엊그제 자그마치가 영업을 종료했거든요. 어떤 사람은 이를 두고 실패라고 할지도 몰라요. 근데 자그마치를 만들 때 저는 이 동네에도 재미있는 걸 만들어보고 싶다는 생각으로 시작했고, 거점을 만들었으니까 이건 성공이라고 생각해요. 그럼 과연 저는 뭘 실패했을까요? 입시? 입시도 실패한 적이 없고, 음… 근데 실패를 이야기할 수 없는 건 낙천적인 성격 때문이기도 하지만, 아직 모든 게 현재 진행 중이라 그런 것 같아요. 최종 목표를 달성하지 못했을 때 실패라 할 텐데 여전히 모든 게 과정에 있고, 목표 자체가 수치로 나타내는 게 아니라 '재미있는 걸 하고 싶어!'이기 때문이 아닐까요? 저는 계속 재미있는 걸 하면서 돈을 벌고, 이 돈으로 제가 재미있어하는 걸 계속 하고 싶거든요.

아, 좋네요. 그럼 삶에 도움이 된 경험이 있다면요?

저는 지금 대학교에서 학생들을 가르치고 있는데 학생들이 유학에 관해서 상담 요청을 많이 해오거든요. 그럴 때 어디로 가는지를 가장 먼저 물어봐요. 저는 어느 학교를 가느냐보다 어떤 도시로 가느냐가 중요하다고 생각해요. 예술이나 디자인 영역은 학교에서 배우는 것보다 도시에서 배우는 게 훨씬 많다고 믿어서요. 제가 그랬기 때문에 학생들에게 도시로 많이 나가보라고 이야기하죠. 특히 제가 있던 런던은 차보다 지하철을 타고 다니기 때문에 도시를 더 깊숙이 둘러볼 수 있었는데요. 저는 아침에 지하철을 타고 센터로 나오면 교통수단을 따로 이용하지 않고 내내 걸어만 다녔어요. 그때 도시에서 배운 것들이 지금의 저를 만든 게 아닐까 생각하고 있죠. 그러면서 하도 뭘 많이 사서 저희 엄만 유학 시절 저한테 들인 돈이 어마어마하다고 하시는데(웃음) 그렇다고 제가 백화점에서 사

치품을 쇼핑한 건 또 아니거든요. 동네 슈퍼마켓에서 이국적인 잡동사니들 구경하고, 스티커나 생활용품 같은 걸 많이도 샀어요. 사실 제가 계속 학교를 다니고 오래 공부하긴 했지만 학교에서 뭘 배울 수 있는지는 잘 모르겠어요. 유학 시절 도시에서 보고 배운 게 너무 크고 귀한 경험이었거든요.

런던에서 브랜드를 하고 싶진 않았어요?

하고 싶었어요. 영국에서도 계속 살고 싶었고, 그래서 런던 회사에도 입사했었거든요. 그러다 부모님 권유로 한국에 들어오게 됐는데 그 후론 런던에서 살 수 없겠단 생각이 들더라고요. 어릴 땐 런던에 비가 자주 오는 것도 좋았고 남들이 맛없다고 도리질 치는 음식까지 다 좋아했는데, 나이가 들어서 그런지 좀 길게 여행을 가면 생활이 불편했어요. 학생 땐 지하철을 타고 이동하니까 경험할 게 많아서 좋다고 생각했지만 이젠 자동차를 타고 다니는 문화가 아닌 것도 새삼스럽게 불편하더라고요. 그리고 이젠 제 비즈니스를 하니까 마음만 먹으면 어느 나라든 갈 수 있게 됐잖아요. 내가 번 돈으로 내 마음대로 나갈 수 있게 되니까 '이게 훨씬 나은데?' 싶었죠. 한국인은 역시 한국에서 사는 게 가장 좋은 것 같아요.

유학 시절 이야기를 하다 보니까 어릴 때 모습이 궁금해지는데, 어떤 어린이였어요?

좀, 말하자면 '오타쿠'스러운 애였어요. 이런 캐릭터는 엄마가 자극한 면이 없지 않아 있어요. 저 어릴 때 '선생님 시리즈'라는 지우개가 대유행해서… 혹시 아시나요(웃음). 하나씩 가져도 다들 행복해하던 지우개였거든요. 근데 저희 엄마는 그걸 박스째로 사서 집에 들여놓는 분이셨어요. 그러고는 오빠

랑 제 친구들을 불러다가 전과를 펼쳐서 문제를 내고 맞히는 사람에게 하나씩 주는 스타일이셨죠. 그때부터 제가 뭐든 낱개로는 만족을 못 한 거 같아요. 시리즈별로 모든 걸 모으거나 박스셋으로 쟁여두어야 만족하는 사람이 된 거죠. 어쩌면 엄마는 제가 세트로 가지길 원하는 애란 걸 이미 알고 있던 것도 같아요. 그러지 않고서야 시험 볼 때마다 박스셋을 걸 리 없다는 생각이 문득 드네요(웃음). 이런 식이었어요. "이번에 백점 받으면 72색 색연필 사줄게." 하고요. 이미 12색도, 48색도, 63색도 가지고 있는데 저는 72색을 가져야만 직성이 풀리는 아이라는 걸 알고 계셨던 거죠.

그래서 어릴 때 꿈이 문구점 주인이었던 거군요. 포인트오브뷰로 꿈을 이룬 기분이 어때요?

어… 이룬 건가(웃음)? 기분이 어떻다는 생각은 해본 적이 없어요. 어릴 때부터 하고 싶던 일을 했구나, 정도로만 생각하지 너무 기쁘다거나 그런 건 없어요.

실패를 크게 생각하지 않는 만큼 성공했다는 감각도 크지 않나 봐요.

제가 성공을 했는지, 잘하고 있는지 지금도 잘 모르겠어요. 브랜드를 론칭하면 사람들이 잘했다, 잘했다, 해주는데 저는 오픈할 때까지 계속 봐온 사람이니까 그런 말들이 잘 안 와닿더라고요. 사람들은 '짠' 하고 공개된 모습만 보니까 잘했다고 칭찬부터 해주는 것 같아요. 물론 개중에는 입바른 말로 칭찬하는 분들도 있겠죠. 근데 저는 어떤 칭찬이든 무감해지려고 해요. 사람들이 저한테 잘했다, 잘했다, 해주는 걸 즐길 때도 있지만 그 기분을 오래 가져가고 싶진 않거든요. 진짜 잘한 건지,

진짜 좋은 건지 끊임없이 의심하다가 칭찬이 최고조에 이르면 꼭 습관적으로 런던이나 도쿄 같은 델 가요. 프로젝트를 하나 마칠 때마다 디자인적으로 훌륭한 도시에 가서는 깔아뭉개지는 거죠(웃음). 어마어마한 기획이나 디자인을 보면서 '난 세상에 먼지 한 톨도 안 돼.'라는 걸 느끼는 게 너무 좋아요. 내가 한 건 도대체 뭔지, 이 정도로 잘했단 소리나 듣고 있는 건지, 한심해지는 그 순간을 즐기는 거죠. 저 좀 변태 같나요(웃음)?

자신에게 호되게 굴 때 오는 자극은 분명히 있는 것 같아요. 더 잘하고 싶어지거나, 다 망해버려라 싶어지거나.
저는 '더 잘하고 싶다.'예요. 그럴 때 오는 자극이 너무 좋아요.

외국에서 확실하게 찌그러져 본 경험은 뭐였어요?
일본에서 '미나 페르호넨miná perhonen'이나 '아트앤사이언스 ARTS&SCIENCE'에 갔을 때요. 아, 그리고 오드투스윗을 오픈하고 런던에 갔었는데 '블루마운틴스쿨Blue Mountain School'이라는 델 다녀왔거든요. 패션을 기반으로 하는 공간인데, 어유… 어나더레벨이에요. 예약을 하거나 벨을 눌러야 입장할 수 있는 프라이빗한 공간인데요. 이런 부분에서도 자신감이 느껴지더라고요.

지금 운영하는 공간에서는 소비도 물건을 구매하는 행위로만 끝나는 게 아닌 것 같아요. 공간마다 다른 꽃들로 장식하고, 한때는 24시간 플레이리스트를 일일이 만드셨다고 들었어요. 이상적인 소비가 뭐라고 생각하세요?
그건 많이 사봐야 알 수 있는 일 같아요. 가장 좋은 끝판왕 물건을 보고 나면 그 분야의 다른 물건은 생각나지 않는 것처럼, 제일 좋은 물건에 대한 판단은 주관적인 경험에 따른 거라고 보거든요. 이를테면 저에게 키친타월 같은 건 가성비가 중요한 기준이에요. 싸게 잘 사면 그게 잘한 소비죠. 근데 수건을 산다면 이야기가 좀 다를 거예요. 다양한 수건을 경험해 봐야 어떤 물건이 진짜 좋은지 알 수 있거든요. 그러려면 좋은 것뿐만 아니라 나쁜 제품까지 다양하게 써봐야 수건에 대한 기준과 욕구가 생기게 돼요. 그래서 브랜드를 운영하는 사람으로서 정보를 많이 얻는 게 중요해요. 지식과 경험, 정보가 있어야 좋은 소비의 기준을 얻을 수 있거든요. 그런 점에선 리뷰도 중요하죠. 디자인 리뷰가 필요한 영역이 있고, 성능 리뷰가 필요한 영역이 있기 때문에 그걸 잘 분류해서 살펴봐야 해요.

아틀리에 에크리튜의 모든 브랜드는 공간을 소비해야 비로소 완성되는 것 같아요. 사람들이 오프라인 공간에서 어떤 경험을 하기를 바라요?
온라인이 점차 발달하고 힘이 세져도 오프라인에서 줄 수 있는 게 분명히 있어요. 그러니까 온라인이 강세라고 오프라인이 죽는 게 아니라, 둘은 함께 성장해야 하는 관계인 거죠. 오

프라인 공간은 상점에서만 보여줄 수 있는 강점을 극대화하는 게 중요해요. 예컨대 계단을 밟으며 나는 삐거덕 소리나 문을 열고 들어왔을 때 풍기는 향기나… 오감으로 경험할 수 있는 새로운 것들을 꾸려야 하는 거예요. 사실 저는 오감뿐만 아니라 물건을 어디서 어떻게 샀느냐가 굉장히 중요하거든요. 물건 하나를 사더라도 스토리가 부여되면 그 물건이 더 좋아지지 않나요? '이 노트를 살 때, 초록색 책 옆에 있어서 더 눈에 띄었어. 그 옆에 초록색 볼펜도 사려다가 참았지.' 같은 거요. 그래서 저희는 뭔가를 장식으로 놓을 때도 소비 경험을 극대화하기 위해 고민해요. 이를테면 문진을 고심해서 올려놨는데 손님들이 그 문진을 찍어서 SNS에 업로드할 때 소비 경험에 스토리가 더해진다고 봐요. 근데 온라인에서는 이런 경험을 할 수가 없거든요.

브랜드가 자식이라고 했지만 똑같이 깨물어도 특히 안 아픈 손가락이 있을 것 같아요. 지금 가장 애착이 가는 브랜드는 뭐예요?
음… 지금 가장 아끼는 건 오르에르예요. 포인트오브뷰가 오르에르 안에 있어서 더 애착이 가나 싶기도 한데, 만일 포인트오브뷰가 다른 데 있었다면 오르에르랑 포인트오브뷰 중에 고민했을 것 같아요. 오르에르를 더 잘 돌봐주지 못하는 미안함 때문에 애정이 더 가는지도 모르겠어요. 잘해주면 덜 미안한데, 요새 신경을 통 못 쓰고 있거든요. 정원도 가꾸고, 물도 줘야 하는데 오늘도 보니까 파삭 말라 있더라고요. 반면, 포인트오브뷰는 직원들이 워낙 잘해줘서 제가 미안할 틈이 없죠. 그래도 다 같은 제 자식이에요.

품으로 낳고
살뜰히 보살피는

지금 운영 중인 모든 브랜드의 거점이 성수동이에요. 다른 동네를 생각한 적은 없었어요?
많았죠. 자그마치를 할 때 성수동에서는 계약의 기본 평수가 무척 크다는 걸 경험해서 작게 임대가 가능한 곳들을 알아본 적이 있거든요. 제주도랑 구리까지 검토했었죠. 그러다가 나중엔 을지로를 보러 다녔는데요. 그땐 을지로가 지금처럼 알려지기 전인데, 돌아다니면서도 계속 성수동이 생각나더라고요. 을지로에도 성수동이 가진 단정하지 않은 느낌이 있었지만 너무 휑해서 결국엔 다시 성수동으로 돌아오게 되더라고요. 사실, 다른 동네로 고개를 돌리기엔 성수동만 해도 너무 넓어요. 서울숲 성수가 있고, 연무장 웨스트 성수, 연무장 이스트 성수, 북 성수, 성수역 성수, 뚝섬 성수… 성수동만 해도 이렇게 넓고 재미있는데 여기 좀더 있어 보자는 생각이 들었어요. 성수동에서만 있으니까 다들 제가 성수동을 꿰고 있는 줄 알거든요. 근데 이젠 이 동네도 여러 브랜드가 생기고 없어지고 있어서 모르는 곳투성이에요. 오히려 지인들이 "여기 가봤어?" 하고 물으면 "우와, 여기가 어디예요?" 할 정도죠. 게다가 서울숲 쪽에 계신 분들은 이쪽에 잘 안 오시고, 저는 또 그쪽엘 잘 안 가요. 그래서 어쩌다 만나게 되면 "여기 왜 이렇게 변했어요?" 하면서 눈이 휘둥그레지죠. 성수동에서만 브랜

드를 론칭해서 다른 동네가 궁금하기도 하지만, 저는 아직 성수동에 있어야 하나 보다 싶어요.

성수동에서 계속 브랜드를 할 수 있는 건 로컬 문화를 해치지 않고 동네 브랜드와 어우러지는 것도 한몫하는 것 같아요.
사실 애써서 그렇게 하고 있진 않아요. 초기나 지금이나 상생하자는 마음보다는 저희가 편해서 주민들과 함께하는 경우가 훨씬 많죠. 금속 가공이나 레이저 같은 기술 분야는 주로 성수동 업체와 협력하고 있는데요. 상생한다는 목적보다는 다른 데보다 이 동네가 훨씬 저렴한 데다가 사장님들이 "이것 좀 해주세요." 하면 되게 잘 해주셔서요.

성수동에 새로 자리 잡은 손님인데도 주민들의 반응이 긍정적인 게 흥미로워요.
자그마치를 오픈할 때부터 저를 걱정해 주셨어요. "우린 돈 주고 커피 안 사 먹는다."면서 잘 안될까 봐 저보다 더 많이 걱정하셨거든요. 근데 저희가 들어오고부터 조용하던 이 길에 활력이 도니까 좋아하시더라고요. 특히 오르에르가 있는 연무장 길은 5시가 되면 모든 상점이 영업을 종료해서 죽은 도시 같았거든요. 근데 오르에르가 생기면서 식당들이 저녁 장사를 시작했어요. 요 앞 에이스 상사 분들은 오픈 초기엔 건물 맞은편에 앉아서 러닝셔츠 차림으로 계속 구경을 하시더라고요. 우중충하던 골목에 젊은 사람이 많아져서 재밌다고 하시는데 그런 반응을 보는 것도 즐거워요. 사실 처음 오르에르를 만들고는 이 거리의 디자인적인 부분 때문에 고민이 많았어요. 바로 옆에 '팔방미인 미용실'이랑 '파랑새 노래방'이 있는데 간판이 다 촌스러운 폰트로 디자인된 90년대식이잖아요. 그래서 오르에르 주변 상점들 간판을 예쁘게 디자인해 볼까도 싶었는데 이게 선을 넘는 행동인지 아닌지 가늠이 잘 안 되더라고요. 고민하는 동안 시간이 흘러 오르에르가 오픈했고, 제가 어리석은 생각을 했다는 걸 알게 됐어요. 사람들이 미용실 간판과 오르에르 간판을 한 프레임에 담기게 찍어 '성수동의 매력은 이런 거지.' 하면서 SNS에 올리시더라고요. 동네 매력을 잊고 예쁜 것에만 집중한 제 생각이 모자랐다는 걸 깨달은 거죠.

이야기 나눌수록 브랜드는 복합적인 존재 같아요. 이쯤에서 브랜드의 정의를 들어보고 싶은데요.
어려운 질문이에요. 브랜드…, 브랜드…, 인격체? 애를 하나 낳는 거라고 생각해요. 직접 브랜드를 운영하기도 하고 브랜

드 컨설팅도 하고 있는데 하다 보니 브랜드를 '낳기'는 쉬운 것 같아요. 비용을 투자해서 잘하는 데 맡기면 예쁜 애를 낳는 건 어렵지 않거든요. 근데 그걸 '잘 키우느냐'는 다른 문제 같아요. 지금은 너무 많은 브랜드가 태어나요. 그렇지만 잘 크는 브랜드는 많지 않죠. 브랜드는 살아 있는 애나 마찬가지이기 때문에 계속 돌봐주고 보살펴줘야 해요. 생각해 보면 브랜드는 시대마다 정의가 좀 다를 것 같은데요. 과거엔 브랜드에 주입식 성향이 있었어요. 홈페이지를 만들고 포장만 잘해도 어느 정도는 먹혔거든요. 실상은 착하고 예쁜 애가 아닌데 세련되게 만들어놓고 예쁜 애라고 포장해 두면 대중이 그렇게 인지하는 시대였으니까요. 그런데 SNS가 발달하면서 지금은 사람들이 브랜드를 스스로 평가하고 이야기해요. 내가 아무리 이 브랜드는 예쁘고 착하다고 이야기해도, 사람들 평가가 그

우리나라는 특히 좀더 그런 편인데, 공간 브랜드는 사람들이 빨리 불붙고 빨리 식는 경향이 있어요. 콘텐츠를 주기적으로 주입하지 않으면 힘을 잃었다고 생각하는 거죠. 그래서 공간을 기반으로 하는 브랜드라면 콘텐츠적으로 뭔가를 계속 보여주는 게 중요해요. 이벤트든, 팝업이든, 어떤 식으로든 움직이고 있다는 걸요.

방금 '공간 브랜드'라고 했는데, 단순히 카페에 와서 쉬고 물건을 사는 것만으로 공간의 쓸모를 생각하진 않는 것 같아요.
각기 성격이 다른 아이들을 낳았지만, 저는 이 공간을 경험하는 사람들이 모든 것에 일관성이 있다고 느끼면 좋겠어요. 우리만의 색깔을 알아주길 바라는 거죠. 단적인 예로, 포인트오브뷰를 처음 시작할 때 그래도 문구 브랜드라고 오픈한 거니

렇지 않으면 예쁘고 착한 브랜드로 이미지 메이킹을 할 수가 없어요. 그래서 요즘 브랜드는 이전보다 운영과 관리가 어려워요. 훨씬 면밀하고 디테일하게 접근하는 브랜드만이 살아남을 수 있게 된 거죠. 아이를 낳은 이상 방치해선 안 돼요. 나만 잘 살피면 되는 게 아니라, 밖에 나가서 어떤 말투로 어떤 행동을 하는지까지 돌봐야 하는 거죠. 모든 게 노출되어 있는 시대니까요. 그래서 브랜드를 운영할 때 진정성이 없으면 안 돼요. 구멍이 생기면 바깥이든 안이든 어디에선가 새기 마련이거든요. 쫀쫀하게 모든 걸 잘 짜서 키워나가지 않으면 브랜드는 존속하기 어려워요. 생각보다 복잡한 일이고, 그걸 잘 만들어 가는 게 제 일이죠.

오래 브랜드를 키워내려면 다른 브랜드와는 차별되는 무언가가 필요할 텐데요.

까 우리나라 문구 브랜드로 이미 잘 알려진 기업이랑 컬래버레이션을 해보고 싶었거든요. 단순히 그쪽 물건을 포인트오브뷰에서 판매하는 것이 아니라 의미 있는 협업을 해보고 싶었어요. 근데 연락하는 기업마다 퇴짜를 놓더라고요. 정말 거들떠도 안 봤어요(웃음). 회신하지 않는 경우도 허다했고, 제안을 거절하는 곳도 많았고요. 근데 더현대서울에 포인트오브뷰가 입점한 뒤로 온갖 대형 브랜드에서 연락해 오기 시작했어요. 저희가 제안했을 땐 거절했던 곳들까지요. 그러다 한 예능 프로그램에서 자기네 캐릭터와 컬래버레이션을 하자고 연락이 왔는데요. 포인트오브뷰의 색깔을 잘 모르는 사람들은 공중파 방송이니 당연히 해야 한다고 이야기하는데, 포인트오브뷰의 성격은 전혀 그런 쪽이 아니거든요. 저는, 돈을 벌어다 주지 못해도 제 자식들의 고유한 가치와 색깔을 지켜나가고 싶어요. 저는 어떤 브랜드가 저 같은 사람에게 기쁨을 주면 그걸

로 너무 좋은 사람이에요. 있어 줘서 고맙고, 더 있어 주길 바라게 되고요. 우리도 그런 브랜드가 되고 싶어요. 그걸 유지하면서 재미있는 걸 또 해볼 수 있을 정도로만 벌면 좋겠어요. 큰 욕심은 없어요.

그럼 모든 브랜드의 타깃이 대중이 아니네요?
저는 대중을 타깃으로 삼은 적은 한 번도 없어요.

아주 소수만 좋아하더라도 우리 브랜드를 진심으로 좋아해 주면 만족스러운가요?
'아주 소수'는 안 될 것 같고요(웃음). 그래서 포인트오브뷰 같은 문구점이 좋은 게, 문구는 아주 소수만 대상으로 할 순 없는 카테고리거든요. 오드투스윗 같은 디저트 브랜드는 "단거 절대 싫어!" 하는 사람이 있을 수 있지만, 문구는 남녀노소 "절대 싫어."라고 하는 사람은 없어요. 태어나서 죽을 때까지 계속 사용하는 게 문구잖아요. 문구점을 하겠다고 마음먹고 팀을 설득할 때도 그랬어요. "너 문구 진짜 싫어하는 사람 봤어?" 하고요. 그래도 이미 사람들이 드나드는 큰 대형 문구 브랜드들이 있으니까 잘될 수 있을까 우려하는 목소리가 많았는데요. "대형 문구점 가면 재밌어?" 하고 물으니까 다들 아니래요. 필요한 것만 사서 나온대요. 그래서 '이런 관점으로 문구를 바라보는 브랜드도 있어.'라는 걸 보여주자면서 오픈한 게 포인트오브뷰예요. 사실 성수동에 있는 포인트오브뷰는 오르에르 건물 2층에 있는 데다가 2층에서도 한 번 더 문을 열고 들어와서 구석을 바라봐야 문이 어디 있는지 겨우 찾을 수 있어요. 만일 얘가 1층이었다면 더 잘되지 않았을까 싶은 마음도 있죠. 그런 아쉬움으로 더현대서울점을 오픈했는데, 어… 너무 힘들어요. 이 상태에서 10월에 오픈할 또 다른 것들을 준비 중인데, 몸이 남아나지를 않네요.

10월엔 어떤 공간을 오픈해요?
하….

출산의 고통을 겪고 계시는군요.
그것 때문에 SNS는커녕 사람들 연락도 못 받고 생활이 없이 지내고 있어요. 프로젝트 규모가 꽤 크거든요. 다음 공간도 성수동에 생기는데요. 자그마치나 오르에르처럼 주변에 아무것도 없는 허허벌판에 생길 숍이에요. 한 기업과 함께 하고 있는 프로젝트로 이름은 'LCDC SEOUL'이에요. '이야기 속의 이야기'라는 뜻을 가진 'Le Conte Des Contes'의 약자죠. 처음엔 60평 정도 규모의 편집숍으로 계획된 프로젝트였는데, 연면적 500평 정도로 커지면서 A동, B동, C동 세 개 동으로 꾸리게 됐어요. A동 1층엔 카페, 2층엔 패션 브랜드, 3층엔 작은 가게 일곱 개, 루프탑엔 바가 들어서게 돼요. B동은 팝업 공간, C동은 기존 브랜드가 입점하는 형태를 구상하고 있죠.

현재 브랜딩도 모두 끝난 상태고요. 카페, 바, 패션, 편집숍 등 다양한 브랜드를 여럿 낳는 일이다 보니 1년째 여기에만 온몸을 바치고 있네요. 기존의 훌륭한 브랜드들이 입점하여 공생하는 프로젝트라 더욱 신경을 많이 쓰게 돼요. 건축과 인테리어도 그 공간과 가장 잘 어울리는 곳을 찾아서 세세하게 맡겼죠. 오늘 거기서 오픈할 바의 음식 시식회가 있어서 또 정신없을 예정이에요.

아이가 엄청 많아지네요.
거의 여섯 쌍둥이를 출산하는 거죠(웃음).

오는 10월, 새로 낳을 자식 중에 '이페메라Ephemera'라는 카페가 있단다. 하루살이라는 어원을 가진 이 단어는 기능적인 수명은 다했지만 여전히 의미 있는 것들을 뜻하는데, 카페에 '누군가의 이페메라'가 계속해서 전시될 거라는 흥미로운 이야길 들었다. 앞으로도 성수동에선 재미있는 일들이 계속해서 벌어질 것이 분명하다. 동네를 숨 쉬게 하는 브랜드란 이런 거겠지. 다가올 10월, 성수동은 또 얼마나 풍성해질까?

A. 서울 성동구 연무장길 18
H. ecriture.kr
O. 오르에르 매일 11:00–23:00
포인트오브뷰 매일 13:00–20:00
오르에르 아카이브 화–일요일 13:00–20:00, 월요일 휴무
오드투스윗 화–일요일 12:00–19:00, 월요일 휴무

팀포지티브제로 김시온·윤지원

What Zero
Can Add

보이지 않아도 존재하는 것

지인이 전시 작업을 한다며 보여준 공간이 있다. 벽돌로 둘러싸인 고전적인 입구를 지나 오래된 테이블 옆에 앉아, 바이닐과 빈티지 음향기기를 사이에 두고 커피를 마실 수 있는 곳. 층을 오르면 전시가 열리고 내려가면 팝업스토어가 펼쳐지는데 여기가 카페라고? '카페포제'를 그렇게 알게 되었는데 '로스트 성수', '보이어'도 같은 이들이 꾸려간다고 들었다. 그들이 공간에 담고 있는 존재는 무엇이며, 어떤 크고 작은 점들이 지금으로 이어져 온 걸까. 최근 오픈한 '먼치스 앤 구디스'와 코워킹 플레이스 '플라츠'를 보며 호기심은 더 커졌다. 가장 일상적이며 날 것 그대로를 말해줄 수 있는 집에서 그 이야기를 듣고 싶었다. 아마 어떤 사람들은 나처럼, 공간 너머 그들이 꾸려가는 집을 궁금해하지 않을까.

에디터 김현자　포토그래퍼 장수인

공간에 숨을 불어넣는 일

기지	하우스
형태	아파트
거주	1년
나이	7살

반가워요. 여러 공간을 기획하고 숨을 불어넣는 두 분의 집이 정말 궁금했어요.

지원: 저는 제가 바라보는 집의 시선이 중요한 사람이에요. 방에서 방으로, 부엌에서 거실로, 현관에서 집 안으로, 다양한 곳에서 바라보는 장면이 중요해서 자주 구성을 바꾸는 편이에요. 부족하고 어색해도 내가 보고 싶고 좋아하는 것들이 한 곳에 엉켜 있는 모습을 보는 게 좋아요. 아이들 장난감과 가구가 어울리지 않아도 그 생경한 느낌이 재미있어요. 안락함과 온기가 느껴지거든요. 저희 둘 다 소파가 있는 자리를 좋아하는데, 남편은 소파에 앉아서 공간을 활용하며 밖을 바라보는 걸 좋아하고, 저는 저기 놓인 저 장면을 좋아하는 게 좀 다른 거 같아요.

시온: 둘째를 출산하기 일주일 전에 이 집으로 들어왔어요. 태풍 부는 날, 천둥 번개가 칠 때 혼자 집을 보러 와서 동영상으로 아내에게 보여줬죠. 너무 어두워서 볕이 잘 드는지도 모르고 계약을 했는데 다행히 채광이 좋고, 바깥 풍경도 만족스러워요. 집 앞에 100년 된 나무가 있거든요.

만들어 가는 공간도 하는 일도 참 많아서 두 분을 어떻게 소개하면 좋을까 고민이 되더라고요. 소개되고 싶거나, 나를 소개하기에 알맞은 단어를 꼽아본다면요?

시온: 저는 성수동에서 활동하는 크리에이터 그룹 팀포지티브제로(이하 'TPZ')를 이끄는 '길드 마스터'예요. 명함에도 그렇게 썼어요. 팀포지티브제로는 생산성이 없거나 쓸모없다는 의미의 '제로'에 포지티브의 긍정성과 플러스의 개념을 넣어 '쓸모없는 것의 쓸모'를 말하고자 해요. 음악과 커피, 와인과 패션, 예술처럼 삶을 좀더 재미있게 만드는 요소들로 누군가의 삶에 가치를 전하고 싶어요.

지원: TPZ는 재즈바인 포지티브제로 라운지, 카페 포제, 보이어, 로스트 성수, 플라츠 등의 공간에 콘텐츠를 채워가고 있는데요, 저는 브랜드책임자CBO지만 개인적으로 '찰나의 순간을 장면으로 기억하는 사람'으로 소개되고 싶어요. 일도 삶도 내가 보는 신Scene으로 더 아름답게 만들고 싶거든요.

신선한 소개를 들으니 궁금한 게 많아져요. 전개하는 브랜드가 많은 편인데요, 공간의 성격도 달라 보여요.

시온: 우리는 공간이 가지고 있는 고유한 스토리나 성격에서 출발해요. 자연스러운 공간을 보고 여기에 무엇을 넣을지, 누구와 함께할지를 고민하다 보니 공간의 형태가 모두 달라졌어요. '로스트 성수'는 오래된 건물의 외관과 구조를 살려 마치 예전부터 자연스럽게 성수동 골목길에 있던 느낌을 주고 싶었어요. 자연스럽게 레코드바가 떠올랐죠. 1층에서 바이닐을 직접 경험하거나 구매할 수도 있고, 2층에서 내추럴 와인을 즐길 수 있어요. '보이어'는 김태민 셰프와 함께하니, 만드는 음식이나 공간 분위기에 그의 캐릭터가 녹아들었죠. 공간마다 재미있는 지점이 달라서 개성 있게 여겨주는 것 같아요.

지원: 경계 없이 서로 다른 것들이 모여 조화로운 공간을 만들고 싶었어요. 최근 '플라츠'라는 코워킹 플레이스도 열었어요. 지하에는 카우보이라멘 등의 푸드코트가 있고, 1층에는 먼치스앤구디스라는 커피가 있는 편집숍과 야외 정원이 있죠. 2층에는 포스트포에틱스가 꾸리는 아트서적과 개인 크리에이터를 위한 워킹 공간이 있어요. 그동안 만든 공간은 로컬 정서에 맞는 콘텐츠를 하나의 브랜드 안에서 채워 왔다면, 더 확장해서 건물 전체의 콘텐츠와 브랜딩까지 기획했어요.

지금의 일을 이어오기까지 크고 작은 선택과 전환점이 있었을 텐데요.

시온: 가장 큰 전환점은 음악을 전공했다는 것과 게이머로 살았던 거예요. 음악으로 진로를 정하고 서울에 혼자 올라와 일을 하면서 레슨받고 대학에 진학했어요. 대학에 다니다 군악대를 갔고, 휴학하고 여러 아르바이트를 하는 바람에 대학을 햇수로 8년을 다녔어요. 그때 게임 테스팅하는 아르바이트를 하다가 엔씨소프트에 입사하게 되었죠. 저는 주도적으로 삶을 선택하며 살았어요. 제가 중학생 때 종교인인 부모님이 선교를 한다고 해외로 이주하셨거든요. 그러다 보니 부모나 사회가 정해주는 '어떤 삶을 살아야 한다.'는 상이 없었어요. 딴 짓을 정말 많이 했고, 보통 음대생들이 선택하는 루트에서 많이 벗어난 삶을 살았어요. 어떻게 하면 스펙에 도움이 되는지도 몰랐고 꼭 해야 하는 것도 없었으니까요. 주변에 아티스트

여하려고 노력하진 않는 거죠. 저도 비즈니스를 하던 게 아니어서 우리의 목표나 미래에 대해 약속하지 않았고요. '내가 이 배의 선장인데 우리는 보물을 찾아갈 거야. 근데 그 보물이 뭔지 모르고 언제 갈지, 어디에 있는지도 몰라. 괜찮으면 같이 있자.' 이거였거든요. 굉장히 모호한 단체였어요. 공간의 형태를 고민하다가 '오피스 쉐어 공간은 여기까지 하겠다.' 선언했고, 각자 잘할 수 있는 것으로 이벤트를 열기로 했어요. '사이 페스티벌'이란 이름으로 열 팀 가까이 참여해서 공간을 채우고, 다양한 공연을 3일 동안 했어요. 그게 재미있어서 복합문화 공간으로 형태를 바꾸게 된 거예요. 해외의 전통 무용수가 다른 공연 때문에 한국에 왔다가 춤을 꽤 춘다는 현대 무용수나 챔피언 비보이들이 춤을 추고 있으니까 즉석에서 같이 춤을 췄어요. 그러면 옆에 있던 기타리스트가 곡을 연주하고 대각선에 있던 디제이가 디제잉을 하고 거문고 연주자가

친구들이 많으니까 '뭔가 재미있는 일을 하는 팀이 있으면 좋겠다.'고 생각했어요. 과학자, 게임 개발자, 음악가 등 다양한 분야의 사람들이 모인 창작 집단 '신 랩Syyn Lab'에 영감을 받아서 '플레이스 사이'를 만들었어요.

플레이스 사이에서 어떤 일들을 했어요?

시온: 처음에는 감각적이고 재미있는 걸 창작하는 이들의 스튜디오 공간이었어요. 따로 잘할 수 없어서 같이 하려던 건 아니었고요. 혼자서도 '만렙'을 찍는 친구들, 평소에 자기 것도 이미 잘하면서 열린 마음으로 다른 것들과 잘 결합할 수 있는 친구들을 모았죠. 그때도 제가 길드 마스터였어요. 외부에서 일이 들어오면 프로듀싱을 해서 역할을 정하고 의논해서 재미있는 일을 찾아 나갔어요. 그런데 개인 창작자들을 이끄는 게 쉽진 않았어요. 같이 모여서 노는 건 좋아하는데 운영에 기

거문고를 튕겨요. 그걸 지켜보는 친구가 소스를 따서 프로젝션한 뒤 인터렉티브 미디어를 송출하는 거예요. '익스체인징 컨템포러리 아트 파티Exchanging Contemporary Art Party' 같은 프로그램이었고, 우연히 대외적으로 알려지기도 했어요. BTS가 [화양연화] 앨범을 냈을 때 오프라인 전시를 저희 공간에서 하기도 했죠.

와, 정말 열정적으로 살아왔네요.

시온: 재미있고 보람 있었거든요. 하지만 소모적이고 미래가 없어 보였어요. 내 젊음과 우리의 에너지는 나가는데 쌓이는 건 없다고 생각한 거죠. 입장료 만 원 정도 받아 행사를 진행하고, 뒤풀이까지 하고 나면 마이너스가 돼요. 그런데도 1년에 100여 번의 이벤트를 풀타임 직원 한 명과 꾸렸으니 참 무모했죠(웃음). 많은 창작자가 자신의 재능을 흔쾌히 낭비해 준

이유가 뭘까 생각해봤어요. 창작자와 관객 사이의 간극을 줄여 건강한 문화 생태계를 만들어 가려는 미션에 울림을 받았기 때문이었어요. 다양한 피드백을 받으면서 작전을 바꾸기로 했어요. 문화 공간에서 문화 콘텐츠를 유통하지 말고, F&B나 리테일 시장처럼 기존의 소비가 이루어지는 곳에 문화 예술을 더하는 형태로 전략을 바꾸는 거죠. 그렇게 포지티브제로 라운지를 열었어요. 같은 지향점을 갖고 같은 일을 하면서 방법을 바꿔 가는 건 지금도 계속하고 있죠.

이제 지원 씨 이야기를 들어볼게요.

지원: 저는 소비하고 먹고 마시고 노는 걸 정말 좋아하고 열심히 했어요(웃음). 의상디자인을 배우면서 오프라인 유통에 관한 리서치가 재미있어서 이대 앞에 옷가게를 열었어요. 그 이후 남성복 쇼핑몰도 운영했는데, 당시에 남자 옷을 파는 쇼핑몰이 거의 없어서 지마켓이나 옥션에서 옷을 살 때였어요. 일반적인 옷은 팔지 않고 처음으로 스키니를 팔았죠. 벌써 20년 전 일이네요. 외국 모델을 써서 룩북을 찍고 사진 편집, MD, CS도 다 직접 했어요. 그러다 옷이 좀 지루해졌어요. '나는 구두를 좋아하니까 신발을 만들어볼까?' 해서 성수동에서 신발 만드는 걸 배웠어요. 프로모션 회사에 완제품을 만들어 납품하는 일이었는데 신발 만드는 게 그렇게 복잡한지 몰랐어요. 옷은 패턴만 있으면 여러 공장을 나눠서 가동할 수 있는데 신발은 그렇지 않더라고요. 수제화라 판매하는 데 한계도 있고요. 가장 힘들었던 건, 일하는 분들을 컨트롤하는 거였어요. 오래 일한 분들이고 자신만의 성향이 뚜렷하시거든요. 브랜드에 납품을 해야 하는데, 다음 날 술 드시고 안 나오시면 일정이 미뤄지는 거예요. 애를 많이 태웠어요. 그전까지는 제가 혼자 이렇게 저렇게 하면 안 되는 건 없었거든요. 다른 사람과 같이 작업을 하면서 좀 내려놓는 법을 배웠어요. 그게 지금 일하는 데 정말 많은 도움이 되어요.

좋아하는 것에 깊이 열망하다 보니 일로 이어진 거네요.

지원: 맞아요. 먹고 마시고 놀고 소비할 수 있는 공간을 좋아했어요. '와 여긴 내 취향이다. 여긴 이게 좋고, 저기는 저게 좋구나.' 하면서요. 시온 대표가 포지티브제로 라운지를 연 지 1년 정도 지나 만났는데, 물질이나 외적인 것보다 낭만이 가득한 사람이라는 게 참 좋았어요. 포지티브제로 라운지도 흐르는 분위기나 감도는 공기, 조도 등이 너무 조화롭다고 느꼈죠. 뒤이어 카페 포제를 준비한다고 해서 가봤다가 깜짝 놀랐어요. 기본 골조나 마감은 좋은데, 내부에 가구가 없고 텅 비어 있는 거예요. 거기 앉아서 커피 마시는 사람들의 모습이 상상이 안 되더라고요.

시온: 저는 오픈 할 날짜를 정해놓고 역산해서 공간을 만들어요. 게이머적 문법이니까 우리가 설계하는 것이 완벽하지 않더라도 이걸 반복적인 프로세스로 배워서 어떻게 빨리 다음

단계로 성장할 건지가 더 중요한 로직이에요. 충분한 예산이 있어서 시작한 것이 아니라 벌어서 발전해야 하는 상황이니까요. 지원이는 완성도를 더 중요하게 생각한 거죠. "이 상태로 커피 팔아도 돼?" 하더라고요.

지원: 당시는 시온 씨 일에 제가 관여하는 편이 아니었지만, 이렇게 오픈하면 사람들이 두 번 다시 오지 않을 텐데, 좀 더 갖추는 게 좋겠다고 의견을 줬어요. 저는 가구나 오브제가 뿜어내는 에너지를 믿거든요. 좋아하던 편집숍 '사무엘 스몰즈'에 함께 가서 몇 개는 구입하고, 몇 개는 예산에 맞춰 만들어보기로 했어요. 그때 처음으로 가구 디자인을 디렉팅했어요. 그러다 점점 도와달라는 게 많아져서 여기까지 왔네요(웃음).

TPZ가 꾸리는 공간들은 다양하고 가변적이고 의외성이 있어서 흥미로운데요, 이야기를 나눠보니 두 분 성향이 호기심이 많고, 틀을 깨는 것에 대한 두려움이 크지 않은 편 같아요.

시온: 제 성격도 게임의 세계관에서 형성되었어요. 다양한 환경이 기본적이고 다음 에피소드가 나오면서 계속 업데이트가 돼요. 과거에는 A 캐릭터가 약했는데 다음 패치에서는 스킬이 좋아지고 나아져서 다시 조명을 받거나 판이 바뀌는 것이 게임 세상에선 일반적이죠. 그때 저는 클래식한 전술을 주로 썼어요. 가변적인 환경에서도 대응 가능한 전술이요. 지금 B가 강력하다고 해서 B에 맞게 열심히 전술을 파다 보면 나중에 판이 바뀌어 경쟁력이 없어지는 경우가 있어요. 다양하고 가변성 있는 환경에서 클래식을 유지하려고 노력해요. 클래식은 나만의 엣지나 이야기라고 생각하고요. 또 놓치고 싶지 않은 것은 위트예요. 공간마다 좋아하는 포인트, 디테일이 있으면 좋겠고, 사람과 조직에도 담겨 있길 바라다 보니 의외성이 드러나는 것 같아요

지원: 둘 다 호기심도 많고 긍정적인 편이라 새로운 것을 탐색하고 경험하는 걸 좋아해요. 취향은 다르지만 비슷하다고 생각하는 것 하나가 아날로그적인 낭만, 클래식을 좋아한다는 거죠. 저희가 새로운 형식과 다양하고 재미있는 공간을 만들어서 입소문이 났다고 생각하실 텐데, 저는 인간이 가진 원초적인 요소가 있기 때문이라고 생각해요. 새로움보다 지속 가능성을 더 고려하죠. 사라지는 공간이 많잖아요. 오래 버티는 것이 얼마나 대단한지 시간이 흐를수록 더 느껴요. 공간마다 크리에이티브가 다르고, 고객 성향도 다르기 때문에 한 가지만 고집하려고 하지 않고, 이슈가 생기면 유연하게 대처하는 편이에요. 또 저희는 낮은 효율성에 거부감이 크지 않아요. 바이닐이나 오래된 골목길 같은 무드를 좋아하고, 음악이나 예술이 주는 무쓸모의 가치를 믿고 좋아하거든요. 이런 취향들이 연결되어 경계가 없는 브랜드를 꾸려가게 되는 거 같아요.

공간이 주는 힘을 느껴본 적이 있나요?

지원: 화려하고 세련된 공간보다 전달하고자 하는 메시지가

확실하거나 그곳만의 분위기와 진정성이 느껴지는 공간에서 에너지를 받는 편이에요. '우에노공원'과 '베를린 유대박물관', '서소문성지 역사 박물관'에 갔을 때 그 힘을 느꼈어요. 걷는 길, 보는 시선, 전경이나 조경까지도 사용자의 동선을 고려한 걸 보며, 공간을 꾸미기 위해 설계된 계획이 아주 중요하다는 걸 깨달았죠. 특히 우에노공원 안에 자리 잡은 '국립 서양 미술관'이 기억에 남아요. 르코르뷔지에가 만든 건축물이나 작품 외에도 동선과 조도가 주는 감흥이 컸어요. 두 번을 방문했는데, 햇살 좋은 날보다 비 오는 날이 더 인상 깊어요. 공원 안의 모든 식물이 진하고 뚜렷한 초록빛이었고 실내의 조도도 날씨와 잘 어우러졌죠.

지속 가능한 공간을 꾸민다는 건 쉬운 일이 아닐 텐데요. 어떤 공간이 오래 지속될까요?

지원: 공간이 사람들에게 줄 수 있는 건 메시지라고 생각해요. 공간 안에서 일어나는 크고 작은 일들이 우리의 삶 자체잖아요. 형태나 성격과 상관없이 다양한 경험과 관계를 연결해 주는 곳이죠. 내가 이걸 하고 싶어, 이게 있었으면 좋겠어, 하고 흉내만 내고 싶진 않아요. 친숙하거나 오래되고 깊이 있는 키맨이 필요하죠. 저희의 키맨은 음악이에요. 커피와 바이닐로 연결되어 진정성과 깊이를 넣어줄 좋은 파트너들이 있고요. 어떤 공간을 기획할 때, '여기서 어떤 음악을 틀어야 하지? 사람들이 어떻게 음악을 듣게 할래?'라는 이야기를 많이 해요. 저는 공간이 전부가 되는 걸 원하진 않아요. 그곳에 오는 사람이 중심이 되면 좋겠어요.

시온: 공간이라는 단어는 넓게 쓸 수 있잖아요. 어떻게 정의하느냐에 따라 다르겠지만 어떤 콘텐츠를 담기 좋은 바탕이 되는 것을 공간이라고 한다면 우리가 제공하는 진정성, 소울이 잘 전해져서, 찾아오는 사람이 있어야 Space가 Place가 되고, 이야기가 쌓인다고 생각해요. 서소문성지 역사박물관에서 저는 콘솔레이션 홀이 인상 깊었어요. 어디에서 들어가든 공간의 벽면 자체가 떠 있어요. 접근 방식이 문을 통해 들어가는 것이 아니라 열려 있는 곳에서 관계를 맺는 형식인 거죠. 그리고 그 안은 순교자들의 성지에 알맞은 비디오 아트로 채워져 있어요. 레퀴엠 같은 음악에 영상이 흘러나왔을 때 굉장히 인상적이었어요. 건축이나 인테리어 스타일링에서 끝나는 분할적인 느낌이 아니라 콘텐츠와 운영에 따라 지속성이 생기고 고객과의 관계가 형성된다고 생각해요. 관계로 맺어진 공간을 사람들이 더 오래 사랑하지 않을까요?

지금까지 만들고 있는 공간은 성수동을 기점으로 운영되고 있어요. 성수동을 고집하는 이유가 있을까요?

시온: '플레이스 사이' 때는 성수동이 꿈틀꿈틀할 때였어요. 감이 있었다기보다는 필요한 공간의 조건과 잘 맞았어요. 운이 좋았죠. 최근 글로벌에서 서울의 위상이 높아졌어요. 대중

문화 사이드만 봐도 〈기생충〉(2019), 〈미나리〉(2020), BTS 등 글로벌한 영향력을 갖는 콘텐츠와 아티스트들을 보유하면서 다양한 영역에서 한국의 크리에이티브가 돋보이죠. 그 중심이 될 수 있는 곳이 성수동이라 생각해요. 맛집이나 문화 공간이 있어서가 아니라 올드 앤 뉴와 다양성이 공존하는 생태계에서 여러 상업 시설, 문화 공간, 업무 장소, 주거 공간의 밀도가 높아지면서 조화를 이루고 있죠.

지원: 공간들이 모여서 타운이 되고 도시가 되잖아요. 거리에서 만나는 작은 숍과 카페 같은 공간들이 함께 어우러지면서 타운 자체의 매력이 생기는 거라 저희도 성수동에서 중심을 잘 잡으려고 해요.

그럼 살고 싶은 동네도 성수동이에요?

시온: 네. 저는 개인적으로도 성수동을 정말 좋아해요. 집도 성수동에 구하고 싶었지만 비용이 만만치 않아서 가까운 동네를 골랐거든요.

지원: 저는 좀 한가하고 자연이 있는 곳에 살고 싶어요. 부암동 같은 곳이요. 지금은 아이가 어려서 여러 제약이 있지만 다양한 시도를 해보고 싶은 꿈이 있어요.

우리가 꿈꾸는 삶의 모양

사람에게 가장 가깝고도 큰 영향을 미치는 공간이 집이라고 생각해요. 집을 꾸리는 과정은 어땠어요?

지원: 여기에 살면서 바뀐 것이 있다면 렌트해서 살더라도 하고 싶은 거 하고 살자는 거예요. 나중에 집을 사면, 더 큰 집으로 이사 가면, 하고 미루지 않아요. 이전 집에 살 때는 내가 산 집이 아니다 보니, 못도 박지 않고 액자 하나도 걸지 않았어요. 그랬더니 처음 그 집에 왔을 때의 상태에서 크게 벗어나질 못하는 거예요. 가구도 마찬가지예요. 이사가면 필요 없어지지 않을까? 자가라면 가구에 많은 돈을 들여서 살 텐데, 하면서 계속 미루는 거죠. 내가 사랑하는 것들로 채워져야 나만의 공간이 되는데 내 집이 아니라는 생각 때문에 삶도 미완성의 느낌이었어요. 다음 집의 형태는 어떨지 모르지만 저는 미루지 않아요. 특히 의자를 좋아해요. 지금 사지 않으면 못 만날 수도 있잖아요. 놔둘 데가 없으면 쌓아두면 되죠. 그렇게 집을 구성하니까 집에 애착이 생기고, 꾸릴 수 있는 삶의 폭이 넓어진 거 같아요.

함께 누리고 싶은 가치를 담기 위해 공간을 만들었듯이 집에 담고 싶은 이야기도 있을 듯해요.

지원: 가정을 갖기 전엔 하고 싶은 것들과 일이 우선인 삶이었어요. 밖에서 보내는 시간이 많았고 집은 거의 잠자는 공간이었죠. 하지만 그 안에서도 내가 보고 싶은 신을 조금씩 만들어 갔어요. 예전에는 일반적으로 잘 만든다고 알려진 디자이너의 가구들로 집을 채워 왔어요. 그런 가구들이 보여주는 깨끗하고 세련된 느낌이 참 좋았어요. 나이가 들고 가족이 생기니까 제가 생각하는 집의 형태나 집에서 느끼고 싶은 것이 구체적으로 변하더라고요. 자연이 준 온기와 자연스러움을 지키고 싶다는 생각을 해요. 인간이 가진 원초적인 감정이 있다는 걸 알았어요. 지금의 이 테이블을 쓰기 전까지 프리츠 한센 테이블을 썼어요. 여기저기 유용하게 쓰였는데 아이들 가구와 어울리기엔 좀 가벼운 느낌이 들더라고요. 우드로 된 테이블을 사고 싶었지만 원형 테이블은 사이즈가 작지 않을까 오래 고민하다 바꿨는데 만족도가 정말 높더라고요. 아직은 두 아이가 어리고 공간을 꾸미는 중이라서 우리 가족이 좋아하는 많은 것들을 차곡차곡 쌓고 싶어요. 그러면서 제 삶의 태도와 방식이 바뀔 수도 있겠죠.

시온: 이 집에서 저의 점유율은 거실의 소파 자리, 서재와 와인 창고 정도예요(웃음). 저는 시각적으로 아내보다 예민하지 않고 저보다 잘 구성해 줄 걸 알기에 제 의견이 많이 반영되진 않았어요. 서재는 시간과 정신의 방으로 책상과 의자, 책장을 제가 골랐어요. 아이들이 잠들고 나면 잠깐 책을 보거나 업무를 보곤 해요. 아이가 아주 어릴 때부터 '여기는 아빠 엄마 없으면 들어가면 안 돼.'라고 알려줬어요. 교육을 통해 스피커에도 손을 넣지 않게 되었지만 턴테이블은 아직 밖으로 못 꺼냈어요(웃음). 아이들이 자라 대화가 되면 또 바뀌겠죠. 각자 나름의 취향으로 공간이 구성되고 있는 과도기 같아요.

크리에이터에게 취향과 경험은 무엇보다 중요한 언어예요. 요즘 나를 가장 나답게, 행복하게 하는 건 뭔가요?

지원: 플라츠를 꾸리면서 꽃 시장에 자주 가다 보니 식물에 관심이 많아졌어요. 요즘은 매일 출근하자마자 8시 50분부터 10시까지 플라츠의 백야드 식물에 물을 줘요. 시간과 마음을 쓰면서 식물을 돌보니 저에게 정말 좋더라고요. 행복해지고 위로가 돼요. 처음에는 수고스럽고 힘들었어요. 그 시간에 다른 일을 하면 더 많은 걸 할 수 있을 거 같았거든요. 요즘은 그 시간이 기다려질 정도로 좋아요. 디자인 일을 오래 하면서 사진으로 레퍼런스를 많이 보는데, 그걸로는 제 취향이나 관점이 넓어진다는 느낌이 안 들어요. 식물을 유튜브로 봤을 때는 큰 감흥이 없었는데 직접 가서 촉감을 느끼고 가지도 쳐

보고 하면서 시야가 넓어지고 '아, 내가 이걸 좋아하는구나.'를 확실히 알았어요. 앞으로도 레퍼런스를 좀 걸러내고 오감을 살려서 경험할 수 있는 걸 많이 하고 싶어요.

시온: 시간과 정신의 방에 들어가 커피와 독서를 즐겨요. 저는 음악과 게임이라는 모국어로 다른 언어를 배우는 걸 좋아해요. 회사 대표로 비즈니스를 하기로 마음먹었으니까 경영의 언어도 이해하고 습득해야 하죠. '게임 길드 운영할 때 이런 책들 알고 있었으면 더 잘할 수 있었겠네.' 싶은 것도 있고, '어? 이건 내가 되게 잘하고 있었네.' 느끼거나 이런 식으로 빨리 적용해 봐야겠다 할 때도 있어서, 독서를 하며 힌트를 얻을 때 재미있어요.

행복하게 하는 것도 일과 연결되어 있네요. 지금도 게임을 하나요?

시온: 아니요. 더 이상 저를 만족시키는 게임이 없어요. 이제

일을 할 때, 역할이나 틀의 경계가 넓으면 종종 막막해지잖아요. 불안할 때도 있나요?

시온: 그럼요. 근본적으로 인간은 안 좋은 일이나 고통이 있어서 불안해하는 존재가 아니라 누구나 불안하다고 생각해요. 불안의 요소는 어디서든 올 수 있어요. TPZ의 대표이고, 한 여자의 남편, 두 아이의 아빠라는 것이 예전보다 덜 자유롭지만 제가 선택한 거니까 받아들여요. 불안할 때는 불안에 떨고 두려워하면서 겪어나가요. 스트레스가 심할 때는 푹 자고 나면 다시 리프레시가 되기도 하고요. 일을 하다가 해결해야 하는 일이 생길 땐 제가 모든 일을 다 잘 풀 수 있다고 생각하진 않고 도움을 줄 수 있는 사람, 답을 알 만한 사람에게 적극적으로 물어봐요. 다양한 기사나 책을 보고 전략을 짜기도 하는데 중요한 결정을 해야 할 때는 직관을 따르는 편이에요. 좋아하는 일이니까 자연스럽게 그런 태도가 취해지더라고요.

지원: 스트레스를 많이 받는 편은 아닌데, 일하면서 '이게 최

는 사업이라는 리얼 게임을 하죠(웃음). 한창 게임 할 때 20시간, 40시간 해도 즐겁기만 했거든요. 일도 그래요. 육아의 시간과 구분하려고 노력하는 편이어서 그 시간이 제한되었다는 것이 좀 아쉽긴 하지만요. 집에서 못 마시고 못 들어도 수집을 통해 행복을 찾는 행위는 계속하고 있어요. 음악이나 책을 소비하거나 감상하는 건 디지털이나 스트리밍으로 할 수 있는데 소장하는 행위는 마음을 움직이는 뭔가가 있어야 하잖아요. 그런 도구가 저한텐 바이닐과 와인, 책이에요. 시간이 주어지고 조금 여유가 생기면 가장 하고 싶은 건 테니스예요. 운동화랑 삭스까지 사 놓고 등록할 곳도 알아봤는데 시작을 못 했어요. 코로나 이슈가 있고 일도 아직 정리할 게 많고, 아이와 시간을 더 보내고 싶어서요.

선일까?' 하는 물음이 들 때가 불안해요. 계속 마음에 걸려서 왜 이렇게밖에 못했지 할까 봐요. '와 좋다. 이대로 가자.' 하는 곳도 있지만 '이게 맞을까?' 마음에 걸리는 공간들도 있죠. '이거 어차피 나만 아는 거고 여러 사람 힘들게 하지 말고 그냥 하자.' 하는 마음과 싸우는 거죠. 플라츠 같은 경우 오피스가 4층에 있어서 오며 가며 계속 마주해요. 지나칠 때마다 거슬리는 건 계속 바꿔갔어요. 가끔 너무 우울할 때는 퇴근하면서 한바탕 울고 집에 와요. 울고 나면 속이 후련해요. 저는 측은지심이라는 말을 좋아하거든요. 나만 너무 힘들고 외로운 것이 아니라 인간이라는 존재는 모두 안쓰럽다고 생각하니까 빨리 극복이 되는 거 같아요.

간의 아이디어나 기지가 샘솟기도 하고 에너지가 보충되기도 하는 팀포지티브제로의 본부 기지죠. 기지를 내뿜을 수 있는 기지하우스!

집의 형태가 라이프스타일에 따라 변하고 있네요. 직접 집을 짓는 날도 올 거 같은데요?

지원: 집에 있는 시간이 길어지면서 제가 꿈꾸는 집의 형태가 명확해지고 있어요. 아파트가 아닌 오래된 빌라나 주택을 개조해보고 싶어요. 천장도 노출하고 재미있게 공간을 나누면서 스튜디오의 형태로 살아봐도 재미있을 거 같아요. 가장 갖고 싶은 건 마당이에요. 저는 뒤늦게 자연을 좋아하게 되었지만 아이들은 어릴 적부터 자연을 가까이하며 지내면 좋겠어요. 아이들과 마당에서 자유롭게 지내고 싶은 바람을 어떻게 좀더 구체화할까 고민하고 있어요.

시온: 저는 하나의 집 안에 원하는 삶을 모두 구현하기보다는 거점이 여러 개면 좋겠어요. 위성도시처럼 베이스에는 아이의 교육과 안전에 특화된 걸 두고 다른 곳엔 자연과 함께하는 콘텐츠로 채우는 거예요. 정기적으로 한 달에 몇 번, 일주일에 한 번 정도 머물 곳이 한두 곳 더 있으면 좋겠어요. 사용하지 않을 때는 스테이나 다른 형태로 활용하는 것도 괜찮을 것 같고….

지원: 그 방법도 좋긴 한데, 우리가 잘 세팅해 놓아도 사람이 살지 않으면 온기가 없다고 생각해요. 아무리 우리의 거점이라고 하더라도 집과 별장은 정말 다를 거예요. 저는 아주 좋은 호텔에 가도 며칠 있으면 집에 가고 싶고, 조금 불편해도 내 집이 편하다고 느껴요. 내가 쉴 수 있고 나만의 물건이 있는 곳이 나를 온전히 품어주니까요.

로스트는 잃어버린 시간, 플라츠는 독일어로 광장이라는 뜻이라고요. 많은 공간들에 의미를 부여하고자 이름을 지어왔을 텐데요. 집에도 이름을 지어보면 어떨까요?

지원 함께 고민해 봤는데 기지하우스Gidgee Haus가 적당한 거 같아요. 기지는 군사 기지의 베이스이며 탐험의 스테이션, 위트라는 의미가 있잖아요. 우리 집은 사적인 공간이기도 하지만 일이 연장되는 곳이기도 해요. 우리가 전개하는 여러 공

집은 진심 어린 마음을 들춰 보기 좋은 곳인가 보다. 무용한 것을 추구하는 순수함이 간절한 염원이 되고, 이루고자 하는 마음이 용기를 불러온 일련의 과정을 전해 들었으니 말이다. 이들은 자신만의 언어로 낭만을 노래한다. 삶을 관통한 그 음악은 보이지 않아도 선명히 존재한다.

한아조 조한아·김상만

Hanahzo Is Hanahzo

한아조는 한아조

조한아·김상만 대표에게 수제란 '손으로 만듦'보다 더 넓고 느린 의미다. 그들은 지름길을 두고 굳이 고된 길로 돌아가 수제 비누를 만들고, 그 비누를 선택한 이들의 말에 귀 기울이며 더 돌아갈 필요가 없는지 자꾸 살핀다. 그러면서도 걸음을 계속 옮기기에, 결코 한 자리에 머무르는 법은 없다. 앞으로 옆으로 영역을 확장하며 '한아조스러움'을 퍼트린다.

에디터 이다은 포토그래퍼 장수인

우리는 또
어려운 길을 향해

조한아·김상만 한아조 대표

꼭 와보고 싶었던 한아조 팩토리에 초대해 주셔서 감사해요. 생각보다 오래된 건물이어서 놀랐고 비누가 정말 꽉 들어차 있어서 한 번 더 놀랐어요.

상만: 와주셔서 감사해요. 이곳은 저희가 '성수 OPT(Operation, Production Team)'라고 부르는 곳이에요. 비누를 만들고 포장하기까지의 모든 과정이 이곳에서 이루어져요.

한아: 원래 일할 때 자리에 잘 안 앉아 있긴 하지만 오늘은 디자인 스튜디오에 있는 팀원들까지 전부 와 있어서 조금 더 정신이 없네요(웃음).

활기차고 좋은데요. 요즘 어떻게 지내고 계세요?

한아: 최근에 처음으로 디자인 팀원들이 생겨서 호흡을 맞춰가고 있고, 이곳 성수에도 새로운 팀원들을 맞이할 예정이에요. 올해 안에 선보일 화장품도 열심히 준비 중이고 빠르면 9월, 늦으면 10월에 오프라인 공간도 준비하고 있어요. 오프라인 공간은 아주 옛날 말고는 제대로 운영해 본 적이 없어서 너무 재미있을 것 같아요.

상만: 성수동에 곧 'LCDC SEOUL'라는 새 공간이 생겨요. 오르에르 김재원 대표님이 공간 컨설팅을 맡고 계시는 곳인데, 스몰 브랜드들이 모이는 곳에 한아조도 함께할 예정이에요. 어떤 공간이 될지 기대하고 있어요.

반겨주실 분들이 많겠어요. 아주 오래전 공간이라면 우사단길의 쇼룸 말씀하시는 거죠? 그때가 한아조의 시작이었고요?

한아: 맞아요. 둘이 패션 회사를 같이 다니다가 상만 대표님이 먼저 그만두고 영상 일을 시작했어요. 저는 그다음에 회사를 나와서 무작정 비누를 만들어보겠다고 했고요. 비누 만들기를 연습하고 완성하는 과정을 SNS에 올렸고 운이 좋게 그걸 잘 봐주시는 분들이 있었어요. 매거진에서 몇몇 에디터분들도 찾아 주시고요. 결혼 전에 같이 살기로 한 원룸에서 작업하다가 조금씩 주문이 많아져서 우사단길에 작업실을 얻었어요. 일 시작하자마자 결혼하고, 곧 아이가 생겨서 아무래도 혼자 하기 힘들 것 같아 둘이 함께하게 됐어요.

부부가 마음이 잘 맞았나 봐요.

상만: MBTI 중에 판단형 J와 인식형 P를 가르는 부분 있잖아요. 저희 둘 다 극단적인 P 성향이에요. 계획 잘 안 세우고 정리 잘 못하고(웃음). 그런 저희가 어쩌다가 회사를 다니게 됐는데, 직장 생활을 오래하기 힘들었어요. 저는 소위 '딴따라'처럼

예술적이고 자유로운 생활을 하고 싶었는데 잘 안 돼서 취직한 거였거든요. 한아 대표님은 모르겠지만 적어도 저는 회사 다닐 수 있는 능력이 없었던 것 같아요. 여기까지 온 게 아주 자연스러운 길이었고 오히려 회사에 있었던 시간이 부자연스럽다고 느껴져요.

'Pause Your Life'라는 모토는 어떻게 정하게 된 거예요?

상만: 경영학을 전공했거나 마케팅 분야에서 일한 게 아니라서 정확히는 모르지만, 일단 나이키처럼 'Just Do It' 같은 건 있어야 한다고 생각했어요(웃음).

한아: 우리가 뭘 원하는지 많이 고민했는데, 바쁘고 피로한 일상 속에서 씻는 시간이 주는 편안함이 있잖아요. 그게 너무 소중하게 느껴졌어요. 가만히 있는 짧은 순간을 인식하게 되면 그 시간이 천천히 흐르게 되거든요. 그때만큼은 모든 근심 걱정이 잠시 멈추고 시간의 흐름을 느낄 수 있다는 걸 깨달았어요. 하루 중 그런 순간들이 좀더 많아지고, 저처럼 많은 사람이 그 소중함을 느낄 수 있으면 좋겠다는 작은 소망을 담은 문구예요.

한아조의 비누는 기획 단계부터 제조, 포장 단계까지 모두 사람 손을 거치는 수제 비누예요. 두 분 역할이 나누어져 있나요?

한아: 역할은 한아조의 시즌에 따라 계속 달라지고 있어요. 저희 둘만 있었을 때를 시즌1, 처음으로 팀원들이 생겼을 때를 시즌2, 지금을 시즌3이라고 하는데요. 시즌1 때는 상만 대표님이 큰 방향을 잡고, 제가 방향에 맞게 그림을 그려서 같이 비누를 만들었어요.

상만: 저희는 비누 만드는 사람을 소퍼Soaper라고 불러요. 시즌1 때 비누 만드는 과정에서 저는 소퍼 어시스턴트였어요. 집기들 설거지하고 다음 날 만들 비누의 원료를 준비하고 오일을 계량하는 일을 했죠.

한아: 이후에 팀원들이 생기면서 원래 저희가 하던 일들을 많이 나누게 되었고 이제는 둘이 함께 방향을 결정하는 일을 하고 있어요.

시즌1 때 이야기를 좀 들어보고 싶네요. 그땐 마켓에 많이 나갔죠? 처음 나간 마켓 기억해요?

한아: 대학로에서 열린 마켓이었는데 주최자도 마켓 이름도 잊어버렸지만… 선명히 기억나는 게 있어요.

상만: 마켓이 열린 이틀 동안 저희가 비누를 몇 개 팔았을게요?

적은 개수니까 물어보신 거겠죠? 음… 다섯 개?

상만: 한 개요. 수제 비누를 만드는 다른 분들이 100그램짜리를 만 원 정도에 파시기에 저희도 그 가격에 내놨는데, 안 팔리더라고요. 첫날 한 개도 못 팔고 둘째 날 짐 정리하기 전에 어떤 아주머니가 관심을 보이시길래 반값에 드릴 테니 하나만 가져가주시면 좋겠다고 하면서 팔았어요.

한아: 팔았다기보단 어떻게든 가져가시게(웃음).

상만: 그땐 되게 힘들었어요. 실망도 많이 하고요.

속상하셨겠어요. 정성 들여 만드셨을 텐데요. 비누가 모양을 갖춰 세상에 나오기까지 시간이 꽤 걸리지 않아요?

한아: 보통 한 달 정도 걸려요. 저희는 비누가 처음 발견됐을 때의 제조 방식을 따라가고 있어요. 여러 가지 식물성 오일과 가성 소다 수용액에 각 비누의 목적에 맞는 첨가물과 에센셜 오일을 결정한 다음, 고르게 혼합하는 교반을 해요. 일정한 온도와 시간이 지나 액체가 요거트처럼 꾸덕꾸덕해지면 비누화가 잘 되었는지 확인하고 틀에 붓죠. 24-48시간이 지나 양갱 정도로 말캉말캉해지면 다음 날 혹은 다다음 날 굳힌 비누를 커팅하고, 또다시 3-4주가 지나면 단단하게 사용하기 좋은 비누가 완성돼요. 이곳에서 그 모든 과정을 거치고 포장까지 마치면 밖으로 나갈 준비 완료예요.

'수제'라는 의미를 다시 생각하게 하네요.

상만: 브랜드의 숙명이라는 생각도 해요. 처음부터 돈을 벌려고 시작한 일이 아니라 우리가 하고 싶은 걸 제대로 해보자는 생각이었으니까요. 회사에 다니면 어쩔 수 없이 효율성을 따져야 하는데 저는 그 밑에 붙어 있는 많은 희생들에 불만이 있었어요. 아무리 열심히 해도 리워드가 적을 때도 많고요. 우리끼리는 그런 계산을 하지 않아도 되니까 경제적이고 효율적인 OEM, ODM 대신 수제 방식을 선택한 거예요.

한아: 누군가 도로가 잘 닦인 시스템을 두고 왜 어려운 길을 가냐고 물으면 '이미 완성되어 있는 걸 우리가 굳이 할 필요가 있나?' 하는 생각이 들어요. 사업적으로 여러 가지를 따지려고 했다면 애초에 비누라는 아이템을 선택하지 않았을 거예요. 정말 극소수의 사람들만 사용하잖아요.

상만: 역설적으로 저희가 비누를 만들고 있기 때문에 쉬운 길로 못 가는 것 같기도 해요.

이러나저러나 효율성과는 가까워질 수가 없군요.

상만: 맞아요. 저희는 늘 비효율의 끝을 달리고 있어요(웃음).

손으로 만들어내는 결과물은 보람되지만 끊임없는 실험과 실패와 마주해야 하는 일 같은데요. 가끔 이 일을 후회하는 마음도 들지 않나요?

한아: 들죠(웃음). 엉엉 울기도 하고 팀원들이랑 같이 신세한탄도 해요.

상만: 제가 야구를 좋아하는데요. 이승엽 선수가 타석에 열 번 올라가면 두 번에서 세 번 정도 친다고 해요. 일곱 번은 아웃되는 거죠. 우리나라에서 제일 잘 치는 타자도 그 세 번을 치려고 엄청난 노력을 한다는 게 저한테는 되게 큰 교훈이에요. 무조건 여덟, 아홉 번은 실패할 생각을 하고 시작해요. 대신 실패할 때마다 꼭 가져가는 두 가지 원칙이 있어요. 첫째는 어떤 문제가 생겼을 때 외부 요인은 아예 생각하지 않는 거예요. 코로나19가 터지든 금융 위기가 오든 저희가 통제할 수 없는 일이고 다 같이 겪는 일이잖아요. 그래서 모든 원인은 우리가 고칠 수 있는 내부에서 찾는다는 원칙을 세웠어요. 둘째 원칙은 그 문제를 반드시 해결하는 거예요. 해결하지 않으면 넘어가지 않아요. 그런데 잘 해결되지 않죠(웃음). 그냥 끝까지 잡고 어떻게든 노력해봐요.

건강한 마인드네요. 원래 남 탓하는 게 제일 쉽잖아요.

상만: 맞아요. 하지만 그러면 문제의 원인이 완전히 가려질 때가 많아요. 예를 들면, 한아조를 운영할수록 돈은 벌리는 것 같은데 어느 순간 보면 남는 게 없어요. 그럴 때는 손님들이 주로 저렴한 제품만 찾으시기 때문이라면서 외부 요인을 핑계로 넘어갈 수도 있는데, 사실 그게 아닌 거죠. 손님들은 당연히 가장 현명한 선택을 하는 거잖아요. 그걸 걷어내면 결국 살림을 못하는 저희 때문이라는 결론이 나더라고요. 그런데 또 다른 문제는 그런 문제를 발견할 때마다 자존감이 굉장히 떨어진다는 거예요.

한아: "우리 왜 이것도 못한 거야!" 하기도 하고.

상만: 재정적으로 어려울 때면 '직원을 너무 많이 뽑았나?'부터 시작해서 '나는 왜 고등학교 때 공부를 안 해서 경영학과에 못 간 거지…'까지 거슬러 올라가 잠시 동안 나락으로 떨어져요.

한아: 그래도 문제가 저희 안에 있다는 걸 인지하고 직시하면 낙담이 좀 줄어요. 우리가 컨트롤할 수 있을 거라는 기대감, 이것만 풀면 희망이 있다는 믿음이 있어요. 더 발전할 거라는 확신도요.

그런 상황을 반복하면서 앞으로 조금씩 나아가나 봐요. 서로 일으켜주기도 하죠?

상만: 그렇죠. 한아 대표님은 굉장히 단순하고 쿨해서 상처나 어려움을 빨리 잊는 편이에요.

한아: 반면에 상만 대표님은 팀원들이 '고통중독자'라고 별명을 붙여 줬어요. 고통스러운 상황에서 더 힘을 내거든요.

상만: 어려운 게임을 더 좋아해요. 농구 경기할 때 너무 쉬운 상대를 만나면 열심히 안 하게 되는 것처럼. 이기는 것도 좀 미안하고 이겼다가 이 사람들한테 굴욕감을 줄까 봐 괜히 걱정되고. 상대가 강하면 더 열심히 하게 되더라고요. 한 사람은 힘들지만 빨리 잊어버리고, 다른 한 사람은 계속 도전하는 게 시너지가 돼요.

칩 모양의 조각으로 한 번에 하나씩 사용하는 칩 비누, 자투리 비누로 새롭게 탄생한 테라조, 자투리 비누를 모아 무게에 따라 판매하는 퍼그램…. 단순히 좋은 성분과 아름다움만을 내세우는 게 아니라 다른 고민을 담아내는 것 같아요.

한아: 고민은 언제나 존재하고 안고 사는데, 그러다 갑자기 탁 풀리는 경우가 많아요. 퍼그램은 2018년부터 내놓은 제품인데요. 생산하는 비누 양이 많아지니 자투리 비누도 지속적으로 쌓이던 때였어요. '비누는 매번 품절인데 남는 비누가 너무 많다. 버릴 순 없는데 큰일이네.' 이런 마음을 짐처럼 가지고 있었죠. 어느 날 서울디자인페어에서 부스가 하나 비게 되었는데 들어와 보지 않겠냐고 연락이 왔어요. 오픈 2주 전이어서 준비할 시간은 없고, 비누도 다 떨어진 상태인데 놓치기에는 너무 아까운 기회인 거예요. 그때 자투리 비누가 눈에 딱 띄어서 모두 모아 진열했어요. 그게 확장되어서 퍼그램으로 이어졌고요. 칩스 비누도 마찬가지예요. 코로나19가 터지면서 저희가 가지고 있던 종이비누 재고가 순식간에 떨어졌어요. 국내 제작 업체에서 구매해 오던 것인데 그 업체가 비누 제조를 접으면서 더 이상 구할 수가 없는 상황이었어요. 요청이 끊이질 않아서 고민하다가 '그럼 우리 비누를 얇게 잘라야겠는데?' 하는 아이디어가 떠오른 거죠.

브랜드의 지속 가능성에 대해서도 고민하고 계시죠.

상만: 지금처럼 환경 이슈가 전면으로 대두되기 전부터 그런 고민을 해왔어요. 전체를 10으로 봤을 때 클렌징폼을 사용하는 사람이 8, 비누를 사용하는 사람이 2 정도 될 거예요. 그중 절반은 엄마가 사다 놓는 비누를 불평 없이 쓰는 사람들일 테고, 나머지 절반은 합성 계면활성제에 거부반응이 있는 분들과 환경론자들일 거예요. 종이로 포장되어 있고 플라스틱 쓰레기가 나오지 않는 제품은 비누밖에 없으니까요. 이런 브랜드 전개 방향은 스스로 잡은 게 아니라 손님들과 팬들이 교육해주신 덕분이에요. 한아조를 선택한 소수의 분들이 저희에게는 절대다수이기 때문에 감사한 마음으로 귀 기울이고 있어요.

한아: 풀어야 할 숙제라고 생각하면서 천천히 바꿔 나가고 있어요. 7년 전에 발주한 샘플 비닐을 버릴 수 없어서 계속 썼는데 이제 다 떨어져 가요. 곧 저희가 새로 준비한 포장 방법으로 샘플을 보내드리게 될 것 같아요. 용기에 대한 숙제가 너무 안 풀려서 샴푸도 거의 2년 동안 머리를 싸매고 있었는데요. 이제 샴푸도 곧 출시할 예정이에요.

한아조에서 만드는 샴푸라니 기대가 커요. 비누 외에 새로운 카테고리에 끊임없이 도전하고 확장한다는 건 전하고 싶은 메시지가 있기 때문일 거라고 생각해요.

한아: 예전에는 'Pause'라는 문자 자체로 '쉼'을 이야기해 왔는데 시즌3 초창기에 슬럼프를 겪었어요. 우리가 나아갈 방향에 관해 더 깊게, 달리 생각해야 할 시기였죠. 확실한 철학이 있어야 다시 일어날 원동력이 생길 것 같았어요. 그래서 'Pause' 다섯 가지 알파벳에 의미를 부여했어요.

상만: Peaceful, Artistic, Unique, Sustainable, Ecological Economics. 이 다섯 가지를 중요한 가치로 삼고 있어요. 비누로 가장 잘 알려져 있기는 하지만 한아조는 비누만 만드는 브랜드는 아니거든요. 화장품도, 잠옷도 만들어요. 저희는 이 다섯 가지 모토를 어떻게든 실현해 가려고 노력하는 브랜드예요.

라이프스타일이나 뷰티 카테고리와는 또 다른 범위일까요?

한아: 아직은 조금 애매하지만, 일단은 어디에도 선을 두고 싶지 않아요. 제 인스타그램에 "Pause Your Life"라고 적어두었는데, 어느 날 번역하기 버튼을 눌러보니 "당신의 삶을 소중히 여기세요."라고 바뀌더라고요. 정확한 번역인지는 모르겠지만 우리의 모토가 이 문장으로 일맥상통하는 것 같신기했어요. 현대인들에게는 이미 물건이 너무 많고 필요에 의해서만 구매하는 일은 드물어지고 있잖아요. 소비의 흐름이 달라지고 있다고 생각해요. 각자의 삶을 소중히 여길 수 있게 해주는 것들을 만들고 싶어요. 그런 생각을 할수록 자꾸 어려운 길로 가게 되네요.

상만: 라이프스타일 카테고리는 '가정에 필요한 장비나 물건'이라는 틀에 묶여 있는 것 같아요. 그 틀을 조금씩 해체하고 싶어요. 저희 같은 생각을 가진 브랜드가 많이 생기고, 소비 풍토가 바뀐다면 '라이프스타일'의 정의도 바뀌지 않을까요? 그래서 지금의 한아조는 그냥 한아조가 되고 싶다고 이야기해요.

오늘도
우리의 속도대로

성수동 이야기 이전에 첫 공간인 우사단길 이야기부터 해볼게 요. 그 시절에 대한 애틋함이 커 보여요.

한아: 지금 생각하면 어떻게 그렇게 했는지, 과거의 저희들에 게 너희 정말 대단하다고 말하고 싶을 정도로 열정이 넘쳤어 요. 밤을 새도 안 피곤했어요. 그리고 엄청 용감했어요(웃음).

상만: 한아조에게 우사단길은 정말 소중한 동네예요. 사심으 로 선택한 동네이기도 하고요. 처음 독립했을 때 서울의 중앙 에서 시작하고 싶어서 약수동에 살았는데, 음악도 좋아하고 이태원도 가까워서 클럽에 많이 다녔어요. 이태원에서 뭔가

그 동네에서 한아조 시즌2까지 보낸 거죠?

한아: 맞아요. 첫 작업실에서는 오프닝 전시인 〈셋, 둘, 한아〉 를 열기도 했어요. 한아조의 제품이 만들어지는 과정을 하나 하나 전시하고 초대장을 돌렸는데, 그때는 아시는 분들이 많 지 않아서 눈치 보지 않고 용감하게 뭐든지 시도해 봤어요. 그 뒤로 10평짜리 쇼룸을 얻고, 그 옆에 또 투룸을 얻었다가 또 그 옆에 창고를 얻고 그랬어요. 그사이에 처음으로 직원들을 맞기도 했죠.

해보고 싶은데 월세가 너무 비싸니까 처음엔 엄두를 못 냈죠. 그러다 이슬람사원 쪽에 있는 도깨비시장을 알게 됐어요. 두 평 남짓한 공간이었지만 보증금 200에 20이라는 말에 앞뒤 잴 것 없이 바로 계약해 버렸어요.

한아: 그 당시가 경리단길이 막 생기려고 하는 시기였거든요. 예술가와 프리랜서의 경계에 계시는 분들이 그 언덕에 많이 사셨어요. 번화한 곳에서 좀 떨어져서 그런지 다른 세상처럼 조용한 곳이었어요.

상만: 아마 지금도 그럴 거예요. 곳곳에 작은 작업실과 에어비 앤비가 있어서 자유분방하고 이국적인 분위기예요.

정든 동네를 떠나 성수동으로 이사 온 이유가 있나요?

상만: 규모가 커져서 더 넓은 공간이 필요했어요. 서울을 떠나 고 싶지 않아서 지도를 펼쳐놓고 이곳저곳을 알아봤죠. 가산 디지털단지처럼 산업적으로 특화된 지역도 있지만, 애초에 손 님들이 찾아올 수 있도록 기획한 공간이라 외곽은 피하고 싶 었어요. 이런 큰 공간이 있는 곳은 성수동밖에 없었죠. 새 공 간을 알아보기 시작한 2016, 17년도쯤에 성수동에 '대림창 고'가 생겼을 때였어요. 밥집은 함바집 같은 곳이 대부분이었 고 인프라가 그닥 갖춰진 때가 아니었어요. 그런데도 끌리더라 고요. 노동자와 힙스터가 공존하는 느낌이 들었어요.

한아: 2018년도부터 비누가 화장품으로 전환될 거라는 식약처의 알림이 있었어요. "비누 하는 사람들, 미리 허가 받아 놓으세요!" 하고 준비할 수 있는 기간을 주셨죠. 한아조에도 꾸준히 화장품에 대한 요청이 있어서 언젠가는 만들어야겠구나 생각했는데 때마침 확장 시기가 맞아떨어졌어요.

시공부터 설계까지 직접 참여하셨다고요.

상만: 네. 코사이어티의 권효윤 건축가랑 같이 작업했는데요. 완성하기까지 정말 우여곡절이 많았어요. 겉모습은 70년대 느낌을 그대로 간직하고 있어서 멋졌지만 안은 정말 아무것도 없는 회색 공간이었거든요.

한아: 이사도 직접 했어요. 벽 하나 없이 텅 빈 곳에 마스킹테이프를 붙여가며 공간을 나눴어요. 기본 공사만 해둔 상태에서 들어와 공사 마무리까지 1년 정도 걸렸네요.

공간을 구성할 때 어디에 중점을 뒀어요?

한아: 말씀드렸듯이 원래는 손님들이 저희 모습을 볼 수 있도록 오픈된 공간을 만들려고 했어요. 화장품 공장이라고 하면 사람들이 기계처럼 움직이는 삭막한 분위기를 상상하실 텐데 좀더 활기찬 분위기를 보여드리고 싶었어요. 가운데 큰 대문으로 들어와 복도를 빙 둘러볼 수 있는 구조를 생각했죠. 보시다시피 아직 여력이 안 돼서 오픈을 못 하고 있지만요. 언젠가는 꼭 문을 활짝 열어두고 싶어요.

성수동에서 지내보니 어떻던가요?

상만: 음악 소리를 끄면 주위에서 수많은 소음이 들려요. 인도가 없어서 차, 사람, 자전거가 막 뒤섞여 있고요. 그 와중에 거리에 퍼지는 커피 향은 또 기가 막혀요. 카페 안에는 미팅을 하거나 열띤 토론을 하는 크리에이터들이 있고, 창 너머로 반파된 포르쉐가 지나가죠. 서쪽으로 조금만 가면 진짜 사슴이 돌아다니는 서울숲이 있고….

한아: 약간 이상한 그림이에요.(웃음) 저희는 일이 끝나면 바로 아이 데리러 집으로 가서 잘 몰랐는데, 평일 저녁에 저기 오르에르 앞에 가면 주말만큼 사람이 바글바글하다고 하더라고요. 이 기운을 느끼려는 사람들이 그만큼 많다는 거겠죠.

상만: 서울에서도 가장 최첨단을 달리는 동네여서 좀 부담스러울 때도 있어요. 필지 규모가 크기 때문에 작은 브랜드가 들어오기엔 진입 장벽도 높은 것 같고요. 브랜드 플레이를 적극적으로 하는 곳들이 모여 있어서 저희 같은 사람들과 잘 어울리는지 의문이 들기도 해요. 고래 싸움을 구경하는 새우가 된 기분이랄까요. 등이 터지지는 않았지만, 아무튼 그래요.(웃음)

한아: 처음에는 휘황찬란한 곳이 많이 생기면서 주눅이 들기도 했어요. 핫한 곳들이 다 이쪽으로 모여드니까요. 이렇게 저렇게 치이다 보니 지금은 우리만의 자리를 지키는 힘이 생겼어요. 우리 속도대로 가는 방법을 찾아서 받아들이면 좋은 자극

과 그렇지 않은 것들을 구분할 수 있게 된 것 같아요.

내가 하는 일과 일하는 곳이 관계가 있다고 생각하나요?

상만: 완전히 있죠. 성수 팩토리의 프로덕션 팀은 한아조에 피를 공급하고 전체를 움직이게 하는 심장 같은 팀이에요. 그래서 여기 오면 항상 호흡이 가빠지고 심장이 뛰어요. 팀원들도 한 톤 높은 목소리로 급히 움직이면서 일하는 분위기예요. 여기엔 저희 자리가 따로 없어요. 끊임없이 팀원들과 이야기를 나눠야 하거든요.

한아: 성수에 오면 돌아다니고 도와주고 결정하는 게 일이에요. 북서울에 있는 디자인 스튜디오와는 분위기가 완전 달라요. 여기가 다 같이 '으샤으샤' 하는 분위기라면 거긴 제작 외의 업무를 하는 곳이어서 굉장히 고요하고 아늑해요. 공간이 주는 분위기가 일에 임하는 마음가짐을 좌지우지하죠.

앞으로도 성수에 계속 계실 거죠?

한아: 네. 다른 공간이 생겨도 이곳은 쭉 유지할 거예요.

멋진 작업복을 입은 그들은 팩토리의 가장자리를 두르고 있는 복도를 바쁘게 돌아다녔다. 완제품실로 쏙 들어가거나 실험실에서 불쑥 나오거나 했는데, 어디에 있든 손과 눈은 자연스럽게 움직였다. 언젠가는 그들의 바람대로 이 공간이, 이곳에서 분주히 일하는 사람들이 많은 이들에게 보여지길. "비누 뒤에 사람 있어요!"

"한강주조의 막걸리는 과거의 전통과 문화를 현재로 가져와 비춥니다.
서울의 역사를 품은 한강의 의미를 빌려 막걸리에 대한 새로운 기준을 만
들어갑니다."

Flow Of Makgeolli, Flow Of Han River

막걸리에 대한 새로운 인상

성수동, 그리고 한강에 가까운 자리. 어느 도시 건물 안에서 정감 어린 막
걸리 냄새가 풀풀 새어 나왔다. 한강주조 양조장에서는 매일 그날의 술이
빚어진다. 오늘의 대화 역시 막걸리를 마시며 시작되었다. 담백한 단맛에
목 넘김이 깔끔한 술이 기분 좋게 입속을 타고 들어간다.

에디터 김지수　포토그래퍼 최모레

오랜 과거와 오롯한 현재

나는 소주와 맥주가 익숙한 세대라 막걸리를 생각하면 괜히 넓적한 잔과 나이가 지긋한 할아버지 할머니, 시골의 어느 풍경이 떠오른다. 친구는 이런 나를 망원동의 막걸리 집, '복덕방'으로 데려갔다. 안주는 육회. 반신반의한 마음으로 들이켠 '나루 생 막걸리'는 막걸리에 가졌던 선입견을 단숨에 잡아냈다. 친구는 막걸리를 쭉 들이켜고서 한강주조라는 양조장 이야기를 했다. 요즘 '힙하다'는 양조장이라고. 막걸리와 힙이라는 단어가 묘하게 어울렸다. 젊은 사람들이 만드는 전통주, 막걸리에는 어떤 이야기가 있을까. 왜 하필 서울이고 한강이며 성수동이었을까.

여러 의문을 갖고 도착한 양조장에서 다시 나루 생 막걸리를 마셨다. 술집에서만 보던 막걸리가 만들어지는 풍경을 직접 보는 건 막걸리의 맛을 더 깊게 만드는 일이었다. 막걸리를 사이에 두고 한강주조 사람들과 전통주에 관한 매력을 묻고 답했다. 막걸리는 시간과 온도, 날씨, 크게는 계절에 따라 맛이 조금씩 달라진다는 것도 오늘 새롭게 알게 된 사실이다.

가득 담긴 막걸리 한 잔을 모두 비웠을 땐 친구가 말했던 한강주조가 가진 '힙'에 관해 다시 생각하게 됐다. 그들이 가진 힙은 새로운 무엇에서 오는 감각이 아닌 오랜 과거와 오롯한 현재를 이어가며 생기는 '자연스러운 멋'에 가까웠다.

자연스러운 하나의 문화로

고성용 한강주조 대표·이상욱 한강주조 이사

한강주조가 올해 우리 술 품평회에서 탁주 부분 대상을 받았다고 들었어요. 축하드려요(웃음).

상욱: 감사합니다(웃음). 한강주조가 시작한 지 2년 정도 됐고, 길지 않은 시간이 흘렀는데요. 이런 시기에 품질 측면에서 인정을 받았다는 점에서 의미가 큰 상이었어요.

한강주조의 나루 생 막걸리는 서울을 대표하는 전통주로 '경복궁 쌀'이 주재료예요. 어쩐지 '서울의 전통주'라는 개념이 아직 익숙하진 않은 것 같아요.

성용: 그 점이 한강주조를 시작하게 된 배경이었어요. 타 지역 막걸리는 굉장히 많잖아요. 막걸리뿐만 아니라 지역을 대표하는 전통주도 많고요. 안동소주, 한산소곡주 같은 것들이요. 그런데 서울은 딱히 대표하는 술이 없어요. 수도이고 가장 많은 사람들이 모여 사는 도시인데 딱 떠오르는 술이 없다는 게 아쉬웠어요. 그래서 서울 하면 떠올릴 수 있는 술을 우리가 만들어 보자고 한 거죠. 서울의 전통주라는 정체성을 다잡기 위해서 경복궁 쌀을 선택했고, 양조장 위치도 한강주조만의 개성을 잘 보여줄 수 있는 동네인 '성수동'에 자리 잡게 됐어요.

한강주조와 성수동은 어떤 점에서 이어져 있나요?

성용: 성수동은 원래 공업지역이었어요. 요즘은 젊은 사람들이 좋아하는 장소가 많이 생기면서 변화했는데 가로수길이나 비슷한 결을 가진 다른 동네들과는 달라요. 과거와 현재가 잘 섞여 있죠. 띄엄띄엄 핫플레이스라고 부르는 곳들과 여전히 운영 중인 공장들이 함께 자리해요. 이런 모습들이 막걸리, 전통주 문화와 닮아 있다고 생각했고요. 과거의 술이라고 여겨지는 막걸리를 젊은 사람들이 즐기는 모습과 일맥상통하니까요.

조금씩 서울의 전통주라는 개념이 익숙해지는 것 같아요. 두 분이 만나 한강주조를 만들자고 했던 계기는 어땠나요?

상욱: 시작은 구의동의 노가리 슈퍼에서였어요(웃음). 당시에 저는 건축 회사를 운영하고 있었고 고성용 대표는 성수동에서 카페를 운영했는데요. 카페 공간 인테리어를 제가 맡게 되면서 연이 닿았어요. 그러고는 거의 매일(웃음) 술을 마시는 사이가 됐는데, 서로 하던 일에 고민이 많던 시기가 찾아왔어요. 각자 하던 일에 권태를 느끼면서 새로운 사업 아이템을 주고받기 시작했죠.

성용: 그러다 전통주 얘기가 나왔어요. 막걸리가 참 좋은 술인데 그저 옛날 술이라고만 평가되는 점이 아쉽다는 말에 공감했죠. 우리라면 막걸리를 재미있게 풀 수 있을 것 같다는 확신이 들었고 바로 가양주를 배울 수 있는 기관을 찾아보면서 본격적으로 시작했어요. 시장 조사도 하고 전통주 소믈리에 자격증, 기타 교육 관련 자격증을 수료하는 과정을 밟고 전통주 공부를 이어갔어요.

요즘 전통주 소믈리에 자격증에 관심을 가지는 사람들이 많아졌어요. 전통주 인기가 높아진 것이 그 바탕이 되고요.

상욱: 요새 급격히 많아졌죠. 지금 자격증 수업을 받으려면 1년 정도를 기다려야 한다고 해요.

왜 갑자기 전통주 수요가 높아졌을까요?

성용: 여러 배경이 있겠지만 첫째는 더 이상 해외 문물이 새롭게 느껴지지 않아서인 것 같아요. 해외 문화와 물건을 동경하거나 좇으려는 시선이 옅어졌고 K문화가 인기를 끈 것도 요인 중 하나고요. 그 과정에서 사람들이 한국의 과거 문화에 관심을 가지게 된 게 큰 바탕이 됐죠.

상욱: 젊은 사람들의 주류 소비 습관의 변화가 영향을 주기도 했어요. 저희 세대가 대학교 다닐 땐 술이 소주와 맥주만 있는 줄 알았거든요(웃음). 밤새 부어라 마셔라 하는 분위기도 있었고요. 그런데 요즘 사람들은 술을 그렇게 마시지 않아요. 취하려고만 술을 마시는 게 아니라 맛도 중요하게 생각해요. 가격이 좀 있더라도 더 좋은 술, 더 다양한 술을 찾죠. 그중 하나로 전통주가 주목을 받고 있고요.

성용: 전통주는 익숙한 매력이 있어요. 일단 원재료가 우리 주식인 쌀이기도 하고 요즘 양조장은 접근성이 좋아졌잖아요. 단순한 소비에서 끝나지 않고 더 구체적으로 다가갈 수 있는 배경이 생겼죠.

상욱: 저는 전통주가 솔직해서 좋아요. 원재료의 질감이 술에 그대로 녹아난다고 해야 할까요. 부재료가 들어가도 그 향이 덜 느껴져서 편안하기도 하고요. 발전 가능성이 무궁무진한 술인 점에서 매력적이에요.

이런 시기에 나루 생 막걸리가 요즘 젊은 사람들의 필요를 채워 주고 있는 것 같아요. 첫 막걸리를 만들면서 중요하게 생각한 건 뭐였나요?

상욱: 가장 기본이 되는 '맛'이었어요. 가양주의 특징이 단맛이

지만, 전통 방식을 그대로 따라가면 너무 달아져서 고민이었죠. 맛을 현대적으로 표현하고자 했던 게 첫째 목표였어요. 탄산감이 덜하고 적당한 단맛에 목 넘김이 깔끔한 술을 만들고 싶었고, 그 맛을 찾는 과정이 지난했어요(웃음). 결국 100번째 테스트에서 지금 나루 생 막걸리의 맛을 찾아냈죠.

성용: 그다음이 품질 유지와 일정한 맛을 구현하는 거였어요. 막걸리는 만들 때마다 맛에 조금씩 차이가 생겨요. 크게는 계절에 따라 달라지기도 하고요. 사실 매번 빈티지에 가까운 술이 만들어진다고 봐도 무방해요. 저희가 만드는 막걸리에 딱 튀는 맛이 없어서 더 예민하게 관리하는 면도 있죠.

과정에 정성이 필수인 술이네요. 술을 빚는 사람에게 좋은 술이란 어떤 걸까요?

상욱: 질리지 않는 술. 도드라지는 맛이 있어서 몇 잔 마시고 나면 부담스럽게 느껴지는 술이 아니어야 하죠.

성용: 모든 음식과도 잘 어울려야 하고요.

한강주조의 막걸리는 그 기준에 부합하나요?

성용: 항상 그런 술을 만들어야 한다는 생각으로 일해요. 개인의 취향 차이가 있겠지만, 우리가 그런 막걸리를 만들고 있다고 생각해야 자부심을 가질 수 있겠죠.

공장을 둘러보면서 느꼈는데 한강주조엔 개성이 강한 사람들이 모였다는 인상을 받았어요.

상욱: 저희 둘 빼고는(웃음) 평균 30세로 직원들 나이가 젊은 편이에요. 전통주에 관한 관심은 물론 요리나 패션, 음악까지 다양한 분야에 일가견이 있는 친구들이 모여 있어요. 어떤 부분에서 보면 남들과 다른 무엇을 하고 싶어 하는 친구들이 모인 것 같아요. 뻔하게 사는 걸 싫어하는 것 같기도 하고(웃음). 모두 특별한 면이 있다고 생각해요.

성용: 확실히 전통주에만 관심이 있어서 저희 회사 들어온 친구들은 아니에요. 양조장을 넘어서 한강주조라는 브랜드 자체에 자부심을 가지고 일하는 친구들이죠. 최근에 모든 직원을 대상으로 각자의 술을 만들어 품평하는 프로젝트를 계획했어요. 부담스러울 수도 있는데 다행히 다들 좋아하더라고요(웃음).

한강주조가 양조장을 넘어 브랜드로 인식되고 있기 때문에 구성원들의 개성도 돋보이는 것 같아요. 한강주조가 서울에서 어떤 브랜드로 보였으면 하는지 궁금해요.

성용: 맛있는 막걸리를 만드는 양조장 또는 재미있는 일들을 벌이는 브랜드로 봐주셨으면 해요. 여러 이유로 저희를 '힙하다'는 말로 표현해 주시는 걸 텐데요. 정말 단순하게 '멋있다'라고 생각해 주시면 좋겠어요.

그 멋에 담긴 의미는 뭘까요?

성용: 자연스러움이요. 인위적인 의미에서 찾는 멋이 아니라, 저희가 가진 자연스러움이 표현됐을 때 사람들이 좋아해 준다면 성공이라고 생각해요.

상욱: "한강주조 is 뭔들"이라는 피드백을 받은 적이 있어요. 한강주조가 술과 연관성을 넘어 신뢰성을 가진 하나의 브랜드로 여겨지고 있다는 뜻이라고 생각해요. 나루 생 막걸리보다 한강주조라는 양조장이 먼저 떠오르는 것도 같은 맥락이고요.

한강주조의 목표는 브루잉 펍 같은 공간을 만드는 거라고 했어요. 그 공간이 어떤 풍경을 가질지 궁금해요.

성용: 한강주조는 아직 하고 싶은 일들이 많아요. 브루잉 펍은 여러 목표 중 하나예요. 나중에 제조장이 확장되면 단순히 술을 만드는 장소를 넘어서 사람들이 자유롭게 방문해서 구경하고 체험할 수 있는 무언가를 만들고 그 자리에서 바로 술을 마실 수 있는 공간도 함께 만들고 싶어요. 저희가 추구하는 멋이 담겨서 지나가다가도 감탄할 수 있는 공간이 됐으면 하고요. 마침 어제 둘이서 '주막'을 만들어 보자는 얘기도 했어요(웃음).

주막이라고 하니까 확 정감이 생기네요(웃음).

상욱: 명칭은 그럴 수 있지만(웃음), 지금까지 한강주조가 보여줬던 이미지처럼 공간 자체에서 주는 느낌은 모던에 가까울 거예요.

성용: 더 나아가서는 술이라는 분야를 넘어 더 다양한 카테고리에 도전하고 싶어요. 스트리트 브랜드처럼 우리가 사용하고 입고 먹는 것들을 모두 아우르는 하나의 문화를 만들어 가고자 해요. 조금 산만해 보일 수 있겠지만 그런 흐름을 유연하게 만들어갈 한강주조만의 자연스러움을 믿고 있어요.

한강주조 막걸리의 맛

6도 나루 생 막걸리
"한마디로 드링커블 막걸리예요. 꿀
꺽꿀꺽 삼키기 좋고 청량감이 있죠.
원재료인 쌀에서 나오는 적당한 단맛
과 산미의 밸런스가 좋고요. 안주는
매콤한 떡볶이를 추천해요. 막걸리가
쿨피스 같은 역할을 하거든요(웃음)."

11.5도 나루 생 막걸리
"6도 막걸리와 맛이 조금 달라요. 텍
스처도 비교적 꾸덕한 느낌이 있어
요. 소주잔에 따라서 조금씩 술맛을
음미하듯 마시는 방법이 어울려요.
안주는 족발처럼 기름진 음식이 잘
맞아요."

표문 막걸리
"밀 누룩에서 나오는 경쾌하고 깔끔
한 맛, 다양한 향미가 느껴지는 막걸
리예요. 나루 생 막걸리보다 끝이 좀
더 간결하죠. 안주는 피자, 혹은 과일
과 먹어도 좋고요. 크래커와 치즈 조
합도 추천해요."

A Perfect Day In Seongsu

모두들 성수동에 놀러 와요

성수동에서 보낼 오늘. 먹고 마시고 보고 듣고 즐길, 다섯 곳을 소개합니다.

에디터 김지수   사진 스탠드업플리즈, 박국이, 라인앤라운드, 포지티브제로라운지, 헤이보울

스탠드업플리즈

커피 본연의 맛, 에스프레소바

모두가 서서 커피를 마시고 있네요. 스탠드업플리즈Stand Up Plz는 의자 없이 서서 커피를 마시는 에스프레소바예요. 커피 한 잔이 누군가에게는 위로와 자극, 또 다른 이에겐 용기가 되길 바라는 마음이 담긴 곳이죠. **커피를 서서 마시는 방식이 생소할 수 있는데 여기선 자연스러워 보여요.** 매장을 구상할 때 '사람'에 집중했어요. 다양한 사람들로 북적인다는 점이 성수동의 매력이라고 생각했거든요. 방문해 주시는 손님에 따라 재해석되는 공간으로 만들고 싶어서 입구부터 테이블바까지 자유롭게 배치했어요. **아메리카노는 쉽지만 에스프레소는 왠지 전문적(?)인 느낌이 들기도 해요.** 그런가요(웃음). 스탠드업플리즈는 아메리카노와 라떼가 일반화된 한국에서 시럽 맛이나 현란한 데커레이션 같은 기교는 최대한 지양해요. 오롯이 커피에만 집중한 에스프레소만의 매력을 선보이려 하죠. 그날의 날씨, 추출하는 사람에 따라 변하는 가장 솔직한 커피의 민낯을요. **언제부터 에스프레소의 매력에 빠졌나요?** 커피를 접했던 스무 살 때부터였어요. 에스프레소 본연의 맛을 보여줄

수 있는 공간을 만들고 싶다는 생각을 20년간 이어왔는데요. 코로나19가 시작되면서 꿈을 더 미뤄야 하나 고민이 많았어요. 그래도 결국 용기 내어 오픈하게 됐죠. **에스프레소의 진정한 매력이 궁금해져요. 메뉴를 추천해 주시겠어요?** 메인 메뉴는 '빈센트'예요. 에스프레소에 층층이 쌓인 우유 구름과 그 위를 수놓은 원당을 함께 즐길 수 있는 유일한 콜드 에스프레소 메뉴랍니다. **기대가 되네요. 끝으로 스탠드업플리즈의 앞으로를 이야기해 볼까요?** 스탠드업플리즈의 무드를 사랑해 주시는 분들 덕분에 다양한 굿즈까지 선보이기 시작했어요. 다른 아이템들도 제작하고 있으니 기대해 주세요. 요즘은 에스프레소가 필요한 공간을 물색하고 있어요. 스탠드업플리즈만의 의미를 부여할 수 있는 곳을 발견한다면 꼭 2호점을 오픈할 예정이랍니다.

A. 서울 성동구 연무장 3길, 14
H. instagram.com/standup_plz
O. 월-금요일 09:00-18:00, 토-일요일 12:00-18:00

박국이

당신의 비밀 공간, 라이프스타일 편집숍

박국이pakkookii 소개로 시작해 볼까요? 박국이는 박국이가 셀렉한 물건들을 소개하는 라이프스타일 편집숍입니다. 아버지께서 지어주신 독특한 제 이름이 숍의 이름이고요. 서울숲 근처의 작은 빌딩 4층에 숨어 우리에게 즐거움을 줄 만한 물건들을 소개하고 있어요. **어쩌다 박국이를 오픈하게 됐나요?** 이직을 앞두고 여유가 생겼을 때 팝업 스토어를 열게 됐어요. 아내와 여행을 다니면서 모았던 소소한 물건들을 판매했고 이를 계기로 박국이라는 공간을 구상하게 됐죠. **박국이에는 예쁘고 감각적인 물건들이 많아요. 역시 보는 눈이 남다르시군요. 물건을 볼 때 어떤 기준이 있나요?** 일단 박국이의 직감이죠(단호). 박국이는 박국이가 좋아하는 것들을 판매하는 곳이니까요. 더불어 물건의 역사와 작가의 인생 스토리도 중요하게 여겨요. 박국이가 좋아하는 특정 색과 형태들이 있는데요. 일단 박국이의 SNS를 팔로우해 보세요. 따라 오다 보면 느낌(?) 오실 거예요. **자신감이 굉장하네요! 좀 전에 박국이는 서울숲의 작은 빌딩 4층에 숨어 있다고 했어요. 이 공간을 택한 이유가 있나요?** 사실 성수동, 그중에서도 서울숲으로 오게

될 줄은 몰랐어요. 숍 이전을 준비하다가 너무나 멋진 공간을 발견했고, 그 공간이 마침 서울숲 근처에 있었던 거죠. 눈부신 햇살과 사방을 둘러싼 은행나무, 오래된 계단과 독특한 공간 구조까지. 보자마자 박국이가 있어야 할 곳임을 직감했어요. **말씀대로 참 멋진 곳이에요.** 박국이의 공간에서는 따뜻함과 쉼이 느껴졌으면 해요. 사람들로 북적북적한 서울숲 일대에서 '당신만 아는 비밀의 공간'이었으면 좋겠고요. 다양한 작가들의 손길이 담긴 작품을 만나며 삶의 재미를 더하는 공간으로 기억되길 바라요. **앞으로 박국이는 어떤 계획을 가지고 있나요?** 특별한 계획은 없어요. 계속해서 서울숲 빌딩 4층에 숨어서 재미있는 물건들을 바잉할 겁니다. 아름다운 무언가를 누군가에게 소개하는 일이 저는 너무 좋거든요.

A. 서울 성동구 서울숲길 43 4층

H. pakkookii.com

O. 화~토요일 12:00~18:00, 일·월요일 휴무

라인앤라운드

직선과 곡선의 사물, 빈티지 쇼룸

가지고 싶던 빈티지 체어가 여기에 다 모여 있네요. 반가워요. 일상을 풍요롭게 만드는 오브제를 소개하는 '라인앤라운드 LINE AND ROUND'입니다. 성수동에서 빈티지 가구를 바탕으로 다양한 콘텐츠를 만들고 있어요. **빈티지 오브제와 함께 여러 문화를 소개하는 방식이 멋진 곳이에요.** 빈티지 가구를 판매하는 상업적인 공간이기 전에 제품을 콘텐츠화하는 데 더 초점을 맞추고 있어요. 빈티지 체어의 진정한 매력은 공간의 무드와 함께 연출됐을 때 더 극대화되니까요. 신진 아티스트와 함께 전시를 꾸미며 새로운 프로젝트를 이어가고 있어요. 지난 4월, 강준혁 작가님의 전시 〈무난: 어려울 것이 없다〉를 시작으로 출발점을 알렸죠. **깔끔한 공간이 오브제를 더 돋보이게 하네요. 이곳을 처음 발견했을 때 어땠나요?** 2019년의 서울숲은 지금과 사뭇 다른 느낌이었어요. 지역 주민들이 거주하는 조용한 동네였고 골목마다 작은 공방과 카페가 있는 정도였죠. 지금 이 건물을 보며 막연히 빈티지 가구와 소품을 판매하는 공간을 만들어보고 싶다는 생각을 했는데, 여기에 라인앤라운드를 오픈하게 됐네요. **지금의 성수동엔 흔히 '핫**

플'이라고 하는 건물들이 많아졌죠. 이 동네에서 라인앤라운드만의 역할은 뭘까요? 복잡한 도시 서울에서 시간이 느리게 흐르는 경험을 선물하고 싶어요. 이곳에 있는 빈티지 오브제들은 제각각 다른 시간에 멈춰 있어요. 이들이 지나온 오랜 시간 앞에서 우리의 시간은 상대적으로 느리게 흐르고 있다고 생각해요. 라인앤라운드가 그런 가치를 배울 수 있는 공간이 되길 바라요. **곧 라인앤라운드에 변화가 생길 예정이라고요.** 짧은 시간 머물고 가기엔 빈티지의 매력을 온전히 느낄 수 없잖아요. 낮에는 커피, 밤에는 칵테일을 판매하는 공간을 구상하고 있어요. 빈티지를 눈으로 보기만 했을 때와 직접 사용할 때의 느낌은 확연히 다르거든요. 빈티지 가구의 매력에 한 걸음 더 다가갈 수 있는 계기를 만들어 갈 거예요.

A. 서울 성동구 서울숲6길 12, 2층
H. instagram.com/lineandround
O. 월-토요일 13:00-19:00, 일요일 휴무

포지티브제로라운지

작은 쓸모가 모인, 재즈 클럽

기분 좋은 음악이 들려요. 이곳은 라이브 재즈를 중심으로, 와인과 함께 간단한 식사를 할 수 있는 작은 재즈 클럽이에요. '포지티브제로라운지positivezero lounge'는 'Zero' 앞에 긍정을 뜻하는 'Positive'를 붙여 '쓸모없는 것의 쓸모'라는 의미를 담고 있어요. 우리는 커피나 음악, 술처럼 효율적이지 않아도 누군가에겐 영감과 취향이 되어 일상을 아름답게 하는 순간을 만들어 가고 있죠. **포지티브제로라운지의 탄생이 궁금해요.** 시대마다 아티스트들이 모이던 아지트가 있어요. 그런 공간을 서울, 그 중에서도 성수동에 만들고 싶었어요. 성수동은 서울에서 가장 역동적인 동네라고 생각해요. 포지티브제로라운지를 처음 오픈할 때는 이 동네에 에너지가 꿈틀꿈틀 생길 무렵이었는데요. 이제는 클래식과 트렌디가 공존하며 흥미로운 동네로 자리 잡았어요. 늘 재미를 품고 있는 성수동이죠. 그렇게 이곳에 우리들의 밤의 아지트인 '포지티브제로라운지'를 오픈하게 됐어요. **포지티브제로라운지는 어떤 아티스트와 함께하는지 궁금해요.** 특별한 아티스트가 있다면 라운지만의 '음악팀'을 소개하고 싶어요. 음악팀에서는 섭외

를 담당한 디렉터를 포함해 뮤지션이 최적의 상태로 공연할 수 있도록 도움을 주는 팀원들이 함께해요. 공연이 시작되면 관객에게 최고의 사운드를 들려줄 수 있도록 세심히 움직이는 사운드 엔지니어가 있죠. 그렇기에 포지티브제로라운지가 뮤지션들에게는 공연하고 싶은 공간, 관객들에게는 음악을 감상하고 싶어 하는 곳으로 완성될 수 있었어요. **포지티브제로라운지의 매력을 한 가지 꼽아볼까요?** '낭만'이요. 포지티브제로라운지를 방문해 주시는 분들이 숨 가쁜 도시 생활 속에서도 이곳에서 낭만을 찾을 수 있길 바라요. 서울이라는 도시를 좀더 매력적으로 만드는 일에 일조한다면 좋겠네요. 서울을 떠올렸을 때 가장 먼저 생각나는 재즈 클럽으로 남고 싶어요.

A. 서울 성동구 연무장길 14-2

H. instagram.com/positive_zero_lounge

O. 수-일요일 18:00-22:00, 월-화요일 휴무

헤이보울

일상을 가볍게, 스무디볼 가게

스무디볼은 처음이에요. 어떤 메뉴인가요? 스무디볼은 시원한 스무디 베이스 위에 생과일과 그래놀라를 곁들여 먹는 음식이에요. 헤이보울hey.bowl은 젤라토를 먹는 듯 쫀쫀하면서도 차진 스무디 베이스를 소개하고 있어요. 매일 매장에서 직접 굽는 수제 그래놀라와 신선하고 당도 높은 과일을 선별하여 보울에 듬뿍 담아 올려 드리고 있답니다. **헤이보울은 작년 식목일에 오픈했죠. 친환경적인 이벤트도 이어가고 있고요.** 우리가 지구의 일원임을 잊지 말자는 마음으로 오픈일을 지정했어요. 육류가 아닌 신선한 과일과 견과류를 식재료로 이용하면서 환경을 보호하는 것이 곧 지속 가능한 헤이보울을 만든다고 생각해요. 팀원들과 채식 챌린지를 수행하면서 사소한 환경 공부를 하기도 했고요. 직접 용기를 가져와 포장해 가시는 분들께 할인과 함께 그래놀라를 서비스로 드리는 '용기내' 이벤트도 진행하고 있어요. **헤이보울의 탄생은 발리 여행에서 시작됐다고 들었어요.** 발리에서 서핑을 마치고 우연히 먹게 된 스무디볼이 마음에 남았어요. 온몸이 상쾌해지는 기분이 참 좋았는데요. 스무디볼이 한국에서는 왜 일상적인 음식이 아닐까, 막연히 아쉬워했죠. 여행을 마치고 돌아와서도 고민은 계속됐고 그렇게 헤이보울 오픈까지 이어졌어요. 무모한 도전이었지만 스무디볼 전문점이 지역 곳곳에 생겨 반갑고 뿌듯한 마음이 들어요. 저희가 꿈꿔오던 스무디볼의 일상화가 실현되는 느낌이랄까요(웃음). **온몸이 상쾌해지는 기분이라니, 저도 느껴보고 싶네요.** 헤이보울에 놀러 와요. 매달 제철 과일을 선보이고 있어요. 9월엔 홍시를 베이스로 한 스무디볼이 나올 예정이랍니다. 아, 꼭 추천하고 싶은 메뉴 조합이 있는데요. 헤이보울 스무디볼에 오넛티 아몬드 버터 옵션을 추가해서 드셔보세요. 100퍼센트 아몬드로 만들어 낸 스프레드의 고소한 맛이 스무디볼과 찰떡 궁합을 자랑해요. 포만감은 덤으로 느끼실 수 있고요!

A. 서울 성동구 성수이로7가길 13 1층
H. instagram.com/hey.bowl
O. 월-금요일 12:00-20:00
   토-일요일 11:30-20:30

A Petite France
In Yeonnam

작은 프랑스, 그리고 웬디

연희동으로 이어지는 연남동 마지막 골목은 주변 여느 길보다도 한적하다. 얌전한 주택과 상점을 지나 깊숙이 들어가니, 시야보다 조금 낮은 곳에 작은 문이 보인다. 문을 열고 들어서자 "안녕하세요?" 듣기에 좋은 나긋한 목소리로 인사를 건네는 사람이 있다. 한낮에 와인을 마시는 파리 할아버지를 보고 한국에서도 한낮에 와인과 혼자만의 시간을 누릴 공간을 만들고 싶었다던 웬디는 와인바 웬디앤브레드로 시작해 와인 보틀숍 웬디스 보틀로 브랜드를 이어가고 있다. 마음과 시간이 쌓여서일까, 이제 웬디의 공간은 오롯이 그를 닮아 보인다. 시야가 닿지 않는 작은 구석까지도 온기가 서려 있는 곳, 웬디가 꾸린 작은 프랑스에서 그와 그의 브랜드 관한 이야기가 시작되었다.

에디터 이주연　포토그래퍼 Hae Ran

©Wendy

Wine Bottle Shop | 웬디스 보틀Wendy's Bottle | 2020. 9. 20.–
Wine Bar | 웬디앤브레드Wendy And B.red | 2018. 7. 23.– 2021. 2. 20.

해피버스데이
투 웬디

월요일에 만나게 됐네요. 오늘 '웬디스 보틀' 쉬는 날이죠?
맞아요. 제 생일이기도 하고요(웃음).

네?
휴무일에 인터뷰하면 좋겠다고 생각했는데, 남편이 굳이 오늘 하는 게 어떻겠냐고 하더라고요(웃음). 오늘 저녁엔 맛있는 걸 먹으면서 축하해 보려고요. 아는 분이 한우 오마카세를 예약해 주셔서 기대 중이에요.

생일 축하드려요. 생일날 만났으니 더 재미있는 대화를 꾸려 봐야겠네요.
불볕더위에 여기까지 찾아와 주셔서 감사해요. 여긴 내추럴 와인과 로제 와인을 주로 다루는 와인 보틀숍 웬디스 보틀이에요. 마음먹고 방문하는 고급 보틀숍과는 달리, 연남동 깊숙한 곳에 있어서 동네 구멍가게처럼 편히 들를 수 있는 곳이지요. 과일을 사고 내일 먹을 반찬을 궁리하듯, 손쉽게 와인을 살 수 있는 곳으로 만들고 싶었어요.

동네 주민도 많이 오시나요?
들르는 분 중 상당수가 주민이에요. 오픈할 땐 주민들이 많이 올 거라 기대하지 않았는데, 운영하다 보니 동네 분들 비율이 상당히 높더라고요. 일부러 찾아오지 않으면 안 될 정도로 연남동 끝 쪽에 자리 잡은 데다가, 골목에 들어와서도 안쪽까지 들여다보지 않으면 모르고 지나칠 만한 데 있거든요. 그래서 누군가 일부러 찾아와 주는 게 항상 감사해요. 산책하다가 우연히 발견하고 들르는 분들도 꽤 있는데, 그런 분들이 두 번, 세 번 들러 주시면 너무 고맙죠.

웬디의 브랜드는 와인바 '웬디앤브레드'로 시작되었죠. 그땐 지방에서도 일부러 방문하는 사람이 꽤 많은 걸로 알아요.
맞아요. 웬디앤브레드는 '한낮에도 홀로 와인을 마실 수 있는 와인바'를 콘셉트로 한 국내 첫 로제 전문 와인바였어요. 이렇게 이야기하려니까 좀 낯간지럽네요(웃음). 예약제로 운영했기 때문에 일부러 시간 내서 찾아오는 분들이 많았죠. 올해 초까지 2년 좀 넘게 운영하다가 지금은 웬디스 보틀에만 집중하고 있는데요. 직접 셀렉한 와인과 음식을 페어링한 웬디앤브레드가 와인바라면, 웬디스 보틀은 병 단위로 와인을 판매하는 보틀숍이에요. 공간에서 시간을 보내기보다는 와인을 구입하러 오는 장소니까 동네 사람 비율이 훨씬 높아진 거죠.

같은 와인을 다루더라도 분위기가 좀 달라졌을 것 같아요.
그럼요. 웬디앤브레드는 웬디라는 제 이름과 브레드라는 남편 이름을 합쳐 만든 브랜드였어요. 남편이 퇴근하고 도와주는 식이어서 대개 저 혼자 운영해왔죠. 예약을 받은 것도 원활한 운영을 위해서였어요. 메뉴 개발이나 요리에 시간이 많이 필요했거든요. 그래서인지 웬디앤브레드와 웬디스 보틀의 단골 느낌도 많이 달라요. 웬디앤브레드는 미리 연락을 받고 맞이하기 때문에 초대하는 듯한 기분으로 손님을 마주하게 되는데, 웬디스 보틀엔 불쑥불쑥 찾아오는 단골이 생겼어요. 웬디앤브레드 손님이 친구나 연인과 오거나 홀로 와인을 즐기기 위해 찾아오는 손님이었다면 웬디스 보틀은 젊은 사람은 물론이고 나이가 지긋한 분들도 와인을 사러 오세요.

에 매력을 느껴서 선생님이 되고 싶었는데, 영어를 좋아하는 성향과 맞물려 영어 강사가 되었어요. 학생들에게 제가 가진 지식을 전하고 잘 받아들여진 걸 확인하는 게 좋아서 만족감이 컸어요. 그만큼 오래 영어를 좋아했는데, 살다 보니 그보다 더 하고 싶은 일이 생기더라고요. 그게 바로 낮에 하는 와인바였어요. 웬디앤브레드를 구상하면서 강사 일도 그만두게 됐죠. 그래도 웬디라는 이름은 계속 남아서 지금은 거의 본명처럼 쓰이고 있어요. 저는 아직도 사장님이라는 단어가 낯선데, "진영 사장님" 하고 부르면 낯간지러울 때가 있지만 "웬디 사장님" 하면 좀 편하더라고요. (하얀 강아지가 발치에서 빤히 쳐다본다.) 왜, 레오도 얘기할래?(웃음) (강아지가 점프하며 팔짝팔짝 뛴다.)

아유, 소개를 안 들어볼 수가 없네요(웃음).
이 아이 이름은 레오예요. 저와 2년째 함께 지내고 있는 반려견이죠. 레오와 만나게 된 건 남편 덕분이었어요. 11년 동안 키우던 반려견이 있었는데 그 친구가 무지개다리를 건넌 뒤로 제가 많이 힘들어했거든요. 다신 반려견과 함께 살 수 없겠다고 생각했는데, 너무 많이 우울해하니까 남편이 새로운 반려견과 다시 행복하게 지내보자고 하더라고요. 레오는 가정견으로 위탁이 되어 있던 아이였는데요. 사람들이 어린 강아지만 원하다 보니까 2개월이 지나면 위탁이 잘 안 된다고 하더라고요. 레오는 입양되지 못한 채 4개월이 넘어가던 아이였어요. 털 관리가 제대로 되지 않아 삐죽빼죽한 상태였는데, 이상하게 보자마자 데려오고 싶다는 생각이 들었죠. 집에 오는 길에 남편이 "밀림의 왕 레오 같다."고 해서 이름도 바로 레오로 짓고 함께 살게 되었어요.

레오는 SNS 인기 스타이기도 하죠. 인스타그램 팔로워가 무려 3만 9천 명!
왜 이렇게 인기가 많은 걸까요(웃음)? 원래 레오 계정을 따로 만들 생각은 없었어요. 가끔 인스타그램 스토리에 레오 사진을 업로드했는데 팔로워나 손님들이 자꾸 레오 계정을 만들어달라고 하시는 거예요. 그 당시에 웬디앤브레드, 웬디스 보틀, 웬디스 월, 제 개인 계정… 너무 많은 계정을 운영하고 있어서 레오 계정까지 만드는 게 좀 힘에 부쳤어요. 근데 요청이 하도 많이 들어오니까 한번 해볼까 싶어서 만들게 됐는데, 저는 성격상 뭐든 시작하면 진짜 열심히 하는 타입이거든요. 꾸준히 사진을 올렸더니 어느 순간 레오 계정 팔로워가 제 계정보다 많아졌어요. 남편이랑 가끔 "레오는 왜 인기가 많지?" 하면서 의아해하는데, 저한테 힘이 된 아이가 사랑받으니 지금은 계정 운영하는 게 재미있어요. 종종 연남동에서 산책하고 있으면 사람들이 먼저 와서 물어보기도 해요. "이 강아지… 인스타그램에서 점프하는 강아지 아니에요?" 하고요(웃음).

어엿한 '동네 가게'가 되었군요. 연남동과 웬디, 이질적이면서도 잘 어울리는데 웬디라는 이름은 학원 강사 일을 하면서 정한 거라고 들었어요.
저는 어릴 때부터 영어를 좋아했어요. 어느 정도였냐면, 수업이나 시험이 없을 땐 영어 단어를 외우면서 시간을 보낼 정도(웃음)? 다른 건 몰라도 영어 공부만큼은 열심히 했어요. 다른 나라 언어를 말할 수 있게 된다는 게 매력적으로 느껴졌거든요. 학생 때부터 제가 가진 지식을 다른 사람에게 나눠주는 일

숫자보다
귀중한 어떤 것

웬디앤브레드와 웬디스 보틀 모두 프랑스에 뿌리를 두고 있어요. 프랑스에 특히 집중한 이유가 있어요?

제가 프렌치 무드를 정말 좋아하거든요. 프랑스 중에서도 특히 파리를 좋아하는데, 프랑스에 환상을 가진 건 중학생 때였어요. 프랑스 파리를 대표하는 요소로 우연히 에펠탑 이미지를 보고는 완전히 매료되었거든요. 잠을 자면 파리랑 에펠탑 꿈을 꿀 정도였어요. 근데 막상 파리에 간 건 꽤 나중 일이었어요. 처음 간 건 스물일곱 살 때였는데요. 사진으로만 보던 에펠탑이 눈앞에 있으니까 훨씬 더 웅장해 보였고, 이게 현실이 맞나 싶더라고요. 옛날에 지어진 건물들이 보존돼 있다는 게 정말 매력적이에요. 클래식한 분위기를 그대로 간직한 거리에 오래된 목조 건물이 서 있는 걸 보면서 프랑스 특유의 무드에 빠지고 말았죠. 그 뒤로 유럽에 갈 때마다 파리는 꼭 끼워넣을 정도로 좋아했어요. 어떻게든 들러서 그 분위기를 만끽하고 싶었거든요.

와인을 좋아하는 것과 와인으로 브랜드를 만드는 건 다른 일처럼 보여요. 어떻게 와인바를 하겠다고 결심했어요?

제가 예전부터 와인을 좋아한 건 아니에요. 전 맥주파거든요(웃음). 퇴근하고 마시는 맥주나 친구들과 삼삼오오 어울려서 마시는 한잔은 정말 즐겁잖아요. 와인을 좋아하게 된 건 와인바를 해야겠다고 결심하고 오픈 준비를 하면서부터였어요. '낮에 하는 와인바'를 꼭 열고 싶었거든요. 그때부터 와인을 본격적으로 접하기 시작했고, 하나둘 마셔보고 공부하면서 매력에 빠진 거죠.

어? 와인을 좋아해서 와인바를 시작한 게 아니에요?

네, 아니에요(웃음). 파리에 있는 '카페 드 플로르Cafe de flore'를 참 좋아해서 갈 때마다 들르는데, 거기 테라스석엔 꼭 노인들이 앉아 있더라고요. 그게 저한텐 굉장히 인상 깊었어요. 그냥 앉아 있는 게 아니라 한낮에 와인 한 잔을 테이블에 두고 신문이나 책을 펼쳐 읽고 계세요. 너무 멋진 풍경이었요. 그 장면을 보면서 가볍게 낮에 와인 한잔하면서 책 읽는 곳이 한국에도 있으면 좋겠다고 생각했어요. 그런 장소를 제가 해보고 싶었고요. 와인바를 하려면 와인을 잘 알아야 하니까 그때부터 본격적으로 마시기 시작한 거죠.

그렇게 알게 된 와인의 매력은 뭐였어요? 전 와인 맛을 아직 잘 모르겠더라고요(웃음).

저도 그랬어요. 와인 종류만 해도 너무 많잖아요. 처음엔 포털사이트에 검색해서 나오는 유명한 와인들을 사 마셨어요. '1865'나 '디아블로Casillero del Diablo' 같은 것이요. 그러면서 입에 잘 맞는 와인의 품종을 하나하나 기록했죠. 적다 보니 제가 좋아하는 와인에 공통점이 보이더라고요. 그 품종들을 파고드는 것도 재미있었고, 선호하지 않는 맛을 알아가는 것도 흥미로웠어요. 제 입에 맛있었던 와인의 품종과 생산지를 파고들면서 와인의 세계가 점차 넓어졌어요. 와인 맛도 차근차근 이해하게 되었고요. 그러면서 확실해진 건… 역시 비싼 와인이 맛있다는 거예요(웃음). 물론 저렴한 와인 중에도 맛있는 것들이 있지만 비싼 와인은 예외 없이 맛있더라고요. 그래서 한 번을 마시더라도 너무 저렴한 와인은 일부러 피했어요. 제 기준에선 3-4만 원 정도는 되어야 맛있는 와인을 더 넓게 만날 수 있는 것 같아요.

와인 공부로 파리에도 다녀왔다고 들었어요. 르 꼬르동 블루Le Cordon Bleu에서 와인을 배웠다고요.

와인의 세계가 워낙 넓다 보니까 하나하나 외우는 것도 버겁고, 제가 적어둔 것들이 맞는지도 잘 모르겠더라고요. 그래서 한국에서만 왔다 갔다 하기보다는 프랑스 파리에 가서 본격적으로 와인을 배워보자는 생각이 들었어요. 와인에 관심을 갖게 된 것도 파리 덕이 큰 데다 와인 강대국이기도 하니까 제대로 배우면 좋겠다 싶었던 거죠. 워낙 프렌치 무드를 좋아해서 제 와인바에도 프랑스 분위기를 담고 싶었거든요. 다행히 남편이 응원해 줘서 2주 과정인 단기 코스를 밟을 수 있었어요. 사실 르 꼬르동 블루에 가기 전에 이미 웬디앤브레드 계약을 마친 상태여서 결정이 쉽진 않았어요. 학원 강사도 그만두고, 와인바의 앞날은 불투명하고….

잘될 거라는 확신이 있었어요?

아니요. 잘될지 안될지 전혀 가늠할 수 없었어요. 하지만, 설사 잘 안되더라도 프랑스에서 와인을 공부하고 오면 후회는 덜 할 거라고 생각했어요. 망하더라도 최선은 다해보자는 생각이었죠. 2주 코스를 밟기 위해 파리에서 한달살이를 하게 됐는데요. 그 시간이 저한텐 참 영향이 컸어요. 프랑스어를 못 해서 생활이 불편하겠다 생각했는데, 영어로 충분히 소통이 되어서 별 어려움이 없었거든요. 다만 이론 수업을 들을 땐 좀 힘들었어요. 선생님은 프랑스어로 이야기하고 옆에서 통역관이 영어로 통역해 주는 식이거든요. 영어 강사를 했더라도 영어가 모국어는 아니니까 한 번 번역된 영어를 이해하는 게 쉬운 일이 아니었어요. 이론 수업할 때마다 어찌나 잠이 오던지(웃음).

그런 결심이 있었기에 웬디앤브레드가 잘된 것 같아요. 연남동의 작은 파리라고도 불렸는데, 연남동을 택한 이유는 뭐였어요?

사람들이 쉽게 약속하고 편히 오갈 수 있는 동네에 있으면 좋겠다고 생각했어요. 저한테 그런 동네가 연남동이었거든요. 제 가게가 생길 동네라고 생각하면서 구석구석을 돌아다녀봤는데 골목마다 재미있는 장면이 펼쳐지더라고요. 웬디앤브레드가 생기던 2018년에 가장 핫한 동네는 가로수길이었어요. 젊은 친구들이 너도나도 찾는 곳이었죠. 그러다 보니 상권이 들어서면서 시끌벅적해지고 전체적으로 금액이 많이 뛰었어요. 반면 연남동은 동네 고유의 분위기를 지키면서 동네 분위기와 어울리는 숍들이 들어와 있었고, 바로 옆에 있는 홍대에 비해 조용하고 단정했어요. 가격도 합리적이고 숨은 매력이 많은 동네였죠. 접근성으로 고려하기 시작한 동넨데 막상 탐방을 하다 보니 연남동의 매력에 제가 매료되고 말았어요(웃음). 웬디앤브레드를 운영하다가 2020년에는 웬디스 보틀도 함께 운영하기 시작했는데요. 웬디스 보틀을 오픈할 때도 다른 동네는 고려하지 않았어요. 2년여 이 동네에 머물면서 부족한 점을 발견하지 못했거든요. 동네에 보틀숍이 없다는 것도 웬디스 보틀을 시작하기 좋은 환경이었고요.

지금은 연남동에도 상권이 많이 들어왔고, 앞서 언급한 가로수길은 이제 좀 쓸쓸한 거리가 됐어요. 한 시대, 특정 동네에 상권이 집중되는 이유가 뭐라고 생각해요?

음… 쉬운 말로 핫플레이스가 두세 군데만 생겨도 동네 붐으로 이어지는 것 같아요. 분위기를 주도하는 가게가 생기면 그 가게가 있는 동네로 여기저기서 사람이 몰리거든요. 동네가 흥하면 그쪽으로 상권이 집중되는 현상도 있고요. 연남동도 점차 상권이 확장되는 추세지만, 그래도 웬디앤브레드가 있던 골목은 분위기를 해칠 정도는 아니었어요. 운영하는 동안 연남동 특유의 분위기를 유지할 수 있어서 다행이라고 생각했고요.

와인을 공부했다고 와인바를 잘할 수 있는 건 아닐 텐데, 공간 운영에 대한 감은 어떻게 익혔어요?

좋아하는 바의 분위기와 구성을 눈여겨보면서 고민했어요. 음식에 영감을 준 건 파리의 내추럴 와인바 '브루토스Brutos'였어요. 도쿄 와인바 '마고'에서는 분위기를 구성하는 데 영감을 많이 받았고요. 손님으로 갔으면 그렇게까지 관찰하진 않았을 텐데, 오픈 준비 중인 제 와인바를 생각하고 방문하니 불빛이나 조도, 식기 같은 것들을 눈여겨보게 되더라고요. 웬디앤브레드는 처음부터 유럽과 프렌치 무드를 갖고 가고 싶

었기 때문에 인테리어에서 그런 분위기가 느껴지도록 집중했어요. 벽과 바닥으로 최대한 분위기를 만들고자 했고, 완성도를 높여 유럽 느낌을 살리고 싶었죠. 바닥엔 타일을 깔고 벽은 천연미장으로 마무리해서 분위기를 조성했어요.

돌이켜보면 웬디앤브레드는 돈벌이만을 위한 와인바는 아니었던 것 같아요. 희소성 높은 와인을 글라스로 제공하고, 본인이 즐겨 먹던 음식을 페어링하는 데다가 음식 재료도 아무거나 사용하지 않았죠.

수익을 아예 생각하지 않은 건 아니지만… 무엇보다 손님들의 만족도를 생각했어요. 웬디앤브레드 메뉴를 구성할 때 제가 와인과 즐겨 먹던 라구파스타를 넣었는데요. 요리를 배운 사람은 아니다 보니 레시피를 익히는 데만 해도 오랜 시간이 걸렸어요. 아는 분의 레시피를 어깨너머로 배우면서 1년 정도 소스 끓이는 연습만 한 것 같아요. 주변 사람들에게 테스트하고 조금씩 배합을 바꿔가면서 완성한 메뉴여서인지, 점차 웬디앤브레드의 시그니처 메뉴로 자리 잡게 됐죠. 웬디앤브레드를 운영할 땐 재료에 많이 집중했어요. 좋은 재료를 쓰면 음식이 맛없을 수 없다는 지론이 있었거든요. 제 몸이 조금 힘들어도 손님들이 맛있게 드신다는 생각을 하면 꾸준히 할 수 있었어요. 아무리 힘든 날이어도 "맛있게 잘 먹었다."는 말 한마디에 힘이 났죠.

손님들 반응은 어떻게 확인했어요? 요즘 SNS는 이미지에 집중돼 있고 일회적인 경우가 많아서 깊은 소통을 하기는 힘들었을 것 같아요.

제가 얼마나 시간을 들여 꾸렸던 #라구맛집이나 #포토맛집 같은 간단한 해시태그로 소개되는 경우가 많았어요. 공간이 일회적으로 소비되는 경험을 참 많이 했죠. 사실 이런 경험은 제가 일일이 컨트롤할 수 없으니까 감안할 수 있었는데, 진짜 아쉬운 건 이런 경우였어요. 제가 웬디앤브레드를 시작한 건 단 한 잔의 와인만 마시더라도 편하게 머물 공간을 만들기 위해서였거든요. 그런데 간혹 와인을 못 마시는데도 웬디앤브레드에 찾아오는 손님들이 있었어요. 주문은 하시는데, 이용 시간인 두 시간 동안 사진만 찍고 돌아가시는 거죠. 일부러 예약까지 하고 오셔선 SNS용으로 공간만 소비하고 마는 모습이 좀 아쉽더라고요. 저는 이왕 여기까지 오셨으니 손님들이 온전히 나만을 위한 시간을 꾸리면 좋겠다고 생각했거든요. 두 시간 동안 와인 한 잔을 시키든, 보틀 두 병을 시키든 손님들이 편히 머물다 가기만을 바라면서 만든 공간이었기에 그런 장면은 좀 아쉬웠어요.

셔터 소리가 연달아 들리면 아무래도 불편하죠. 게다가 '혼술'하는 와인바가 콘셉트였잖아요.

그쵸(웃음)? 혼술 좋아하세요? 저는 주로 남편이랑 술을 마시

고 결혼하기 전에도 혼자보단 여럿이서 먹는 걸 더 좋아했는데 여행하면서 혼술에 대해 인식이 좀 바뀌었어요. 여행지에서는 혼자서 술을 마실 수밖에 없잖아요. 그때 혼자 바에 앉아 있으면서 생각이 정리되는 걸 경험했어요. 생각만큼 궁상맞은 느낌도 아니더라고요. 그래서 웬디앤브레드를 할 때도 손님들이 부담 없이 찾아주었으면 싶어서 혼술 할 수 있는 공간이라는 걸 계속해서 어필했어요. 한 번만 이야기하고 말면 정말 혼자 가도 되는지 주저하는 손님들이 생길 테니까요. DM으로 진짜 혼술 하러 가도 되는지 물어보는 분들이 꽤 계셨는데, 질문이 들어오기 전에 더 확실히 인식시켜야겠다고 생각했어요. 사실 혼술 손님들이 경제적으로는 도움이 크게 안 되거든요. 테이블이 네 개밖에 없는 데다가, 예약제였기 때문에 혼술 손님으로만 채워져 있으면 매출이 나올 수가 없

땐 합석을 해야 했는데 단골분들이 상황을 이해하고 합석 요청에도 흔쾌히 응해주셨죠. 가끔은 갑자기 재료가 떨어져서 주문한 음식을 만들지 못해 양해를 구해야 할 일이 생기기도 했는데요. 예약제다 보니까 어렵사리 찾아오신 분들은 '이 메뉴 먹으러 왔는데 왜 안 되냐.'면서 컴플레인을 걸어오는 일도 있었는데, 단골분들은 너그럽게 이해해 주셨어요. 그런 데서 제가 위안을 많이 받았기 때문에, 어떻게 보면 웬디앤브레드는 단골 손님들에게 빚을 지면서 운영해 왔다고 생각해요.

단골들이 신뢰를 갖고 응원한 이유가 뭐라고 생각해요?
제가 편하게 대해줘서요(웃음). 손님들에게도 제가 돈을 좇아 움직이는 사람처럼 보이지 않았던 것 같아요. 손님들 편에서 생각하고, 손님들을 편하게 해주기 위해 많이 노력했거든요.

어요. 그래도 저는 '한낮에 책 한 권 들고 와서 와인 한 잔 마시는' 공간을 가능하게 하고 싶다는 마음이 더 컸어요. 마이너스 매출을 감안하고 해오던 일인데도 계속 유지될 수 있던 건 웬디앤브레드의 마인드를 이해하는 손님들 덕분이었어요. 단골이 된 손님들이 글래스 와인으로 시작해서 보틀을 주문하고, 웬디스 보틀에도 와인을 사러 와주시면서 브랜드의 마음을 알아주셨거든요. 브랜드를 향한 진심이 손님들께 가 닿은 결과라고 생각해요. 그런 손님들은 저희 브랜드를 신뢰하기에 뜻하지 않은 사건이 생겨도 크게 동요하지 않더라고요.

뜻하지 않은 사건이라면…?
손님들이 불편해할 만한 일들이 더러 일어났거든요. 직접 예약을 받다 보니 어쩌다 오버부킹을 받을 때가 있었어요. 그럴

제 자랑 같지만(웃음) 좋은 재료로 만든 음식도 맛있었고, 와인 셀렉도 다른 와인바보다 빨랐다는 게 한몫했겠죠. 저는 누구보다 빠르게 와인을 찾는 데 많은 노력을 기울였어요. 손님들도 다른 곳보다 빨리 새로운 와인을 접할 수 있길 바랐죠. 특히 로제 와인 쪽에서는 이 점에 집중해서 더 빨리 움직이려고 노력했어요. 이런 다각도의 노력을 알아봐 주신 분들이 단골이 되어 계속 찾아와 주신 것 같아요. 웬디앤브레드가 입소문을 타면서 콘셉트가 비슷한 와인바가 여기저기서 생겨나기도 했는데요. 단골들이 먼저 "아무리 따라 하는 브랜드가 생겨도 웬디앤브레드의 오리지널리티는 따라갈 수 없다."고 이야기해 주셔서 안심하고 운영할 수 있었어요.

믿음으로 엮인
웬디의 고유한 세계

2018년에 웬디앤브레드를 시작했고, 2020년에 웬디스 보틀과 병행하기 시작했어요. 그리고 지금은 웬디스 보틀에만 집중하고 있죠.

웬디앤브레드를 할 때 항상 새로운 메뉴를 향한 욕망이 있었어요. 하지만, 앞서 얘기했듯 저는 요리 전공자가 아니기 때문에 새로운 메뉴를 그때그때 개발하는 게 좀 버거웠거든요. 매일 같은 손님이 오는 게 아닌데도 항상 같은 메뉴를 제공한다는 점이 손님들에게 미안하게 느껴지더라고요. 개인적으로 아쉬운 부분도 있고, 새 메뉴를 개발하지 못한다는 부담감도 크게 작용했어요. 시간이 지나면서 두 브랜드를 한 번에 운영하

마케팅도 스스로 하고 있어요. SNS에 업로드하는 사진에서도 웬디만의 분위기가 느껴져서 좋더라고요.

브랜드 인스타그램에 올리는 와인 제품 이미지도 제가 촬영하고, 제 개인 계정엔 필름 사진을 꾸준히 업로드하고 있는데요. 좀 부끄럽지만 팔로워들과 손님들에게 사진집을 내달라는 이야기나 사진 포스터를 만들어서 판매해 달란 이야기를 참 많이 들었어요. 제 사진으로 무언갈 만든다는 데는 관심이 있지만 저는 그걸 판매로 연결 짓고 싶진 않아요. 한때 웨딩 컨설팅 업체에서 사진 작업을 해온 적이 있거든요. 저는 평소에 사진 찍는 걸 무척 좋아했는데도 돈을 받고 하려니까 부담

는 게 힘에 부치기도 했고요. 요리를 전혀 할 수 없다는 게 아쉽지 않다면 거짓말이지만 지금은 사실 메뉴 부담이 없어서 마음이 편해졌어요. 당장 걱정스러운 건 와인 보틀숍이 많이 생기고 있어서 웬디스 보틀의 색깔이 사라질까 봐 겁이 나요. 지금은 웬디스 보틀이 대체 불가능한 보틀숍이 될 수 있도록 깊이를 더해 가려고요. 나중에 시간이 좀더 지나고 다시 음식이 하고 싶어지면 그땐 프랑스나 이탈리아에 가서 요리를 좀더 전문적으로 배워보고 싶어요. 메뉴 부담이 덜한 상태로 손님을 맞이하고 싶거든요. 지금 당장 새로운 브랜드를 시작할 생각은 없지만 훗날엔 요리 쪽도 제대로 해보고 싶어요.

이 생기더라고요. 주말에만 하는 작업이었는데도 그 안에서 재미를 찾기가 어려웠어요. 사진은 저에게 어디까지나 취미인 것 같아요.

좋아하는 걸 브랜드로 연결하는 힘이 크다고 생각했는데 사업 아이템에 대한 기준이 확실하군요.

제가 가진 지식을 다른 사람에게 알려주는 걸 좋아해서 영어 강사를 했던 거지만, 그걸 잘 해내려면 먼저 확실하게 준비되는 게 중요하더라고요. 그래서 와인도 독학으로 끝내지 않고 파리에 가서 배워 온 거고요. 사진은 제 브랜드로 삼을 만큼

전문적으로 할 수 있는 분야는 아니라고 생각해요. 하지만 제 사진 때문에 제 브랜드를 더 아껴주시는 건 항상 감사하죠.

웬디의 브랜드는 인테리어 하나하나에 신경 쓴 만큼 공간만으로도 큰 힘을 가지는 것 같아요.

공간은 사람에게 큰 영향을 미쳐요. 공간 하나로 엄청난 위안을 받기도 하니까요. 웬디스 보틀은 접근성이 뛰어난 곳은 아니에요. 그런데도 굳이 여기까지 와서 와인을 사 가시는 분들은 이 공간이 주는 느낌과 분위기도 좋아하는 거라고 생각해요. 같은 물건을 사더라도 좋아하는 공간에서 구입하면 더 만족스러운 경험을 할 수 있잖아요. 공간과의 어울림은 어떤 브랜드를 경험할 때 확실히 시너지 효과를 주는 것 같아요.

웬디앤브레드와 웬디스 보틀 인테리어 특징은 천연미장이죠. 인테리어가 웬디 브랜드의 분위기를 확실하게 만들어주는 것 같아요.

웬디앤브레드를 오픈할 때만 해도 한국에 천연미장이 많이 알려져 있진 않았어요. 저는 프렌치 무드를 위해 꼭 웬디앤브레드에 천연미장을 하고 싶었는데, 알아보니 친한 언니 남편분이 '바우만하우재'라는 브랜드를 운영하면서 천연미장을 다루고 있더라고요. 천연미장을 하고 싶다고 이야기를 꺼냈는데, 마침 수입 자재를 들여놓고 몇 년간 사용하지 않은 상태였고 상업 공간에는 한 번도 해본 적이 없어서 도전해 보고 싶다고 하시더라고요. 천연미장은 아토피 피부에 좋다고 해서 독일 가정집에 주로 해오던 방식이에요. 워낙 독특한 시공인데다가 단가가 높아서 대중적인 방식은 아니었는데, 웬디앤브레드에 선보이고 나니 손님들 반응이 너무 좋더라고요. 유럽 분위기가 한껏 살아난다는 반응이 많았고, 어떻게 하는 건지 물어보는 분들도 꽤 있었어요. 그래서 기술 이사님께 사람들이 천연미장에 관심이 많으니 SNS로 제대로 홍보해 보는 게 어떻겠냐고 먼저 제안했죠. 근데 이사님이 SNS에 익숙한 세대가 아니다 보니까 저한테 그 역할을 맡기시더라고요. 처음엔 브랜드 이름을 살려서 바우만하우재 계정을 만들려고 했는데, 이사님이 제 이름을 넣어서 만드는 게 어떻겠냐는 거예요.

웬디라는 브랜드를 일찍이 알아보신 거네요(웃음). 그렇게 탄생한 게 '웬디스 월'이군요?

사실 처음엔 좀 부담스러웠어요. 저는 계정 관리만 하는데 제 이름이 들어가 있으면 사람들이 제 브랜드라고 오해할 수도 있고…. 근데 기술 이사님이 SNS에서 제 이미지가 이미 친근하게 만들어져 있으니까 웬디스 월로 하자고 하셔서 결국엔 그렇게 되었어요. 우스갯소리로 알바 계정이라고 이야기하곤 하는데, 계정을 관리하면서 상담도 하고, 옛 웬디앤브레드 공간과 웬디스 보틀을 쇼룸 삼아 실제 천연미장 장소를 보여드리고 있어요. 바우만하우재 스튜디오가 담양에 있어서 시공

내용을 확인하거나 직접 상담하기가 쉽지 않거든요. 웬디스 월 계정을 만들고 나서 SNS의 영향력을 새삼스럽게 실감하기도 했는데요. 계정이 생긴 뒤로 의뢰가 정말 많이 들어와서 하루하루가 더 바빠졌어요. 연남동에서도 꽃집과 디저트 가게 두 곳에 천연미장 작업을 진행했거든요. 천연미장 작업에 직접 참여하는 건 즐거웠지만, 입소문을 타면 그만큼 사업 아이템이 빠르게 번져간다는 것도 깨닫게 됐어요. 사실 저는 천연미장이 희소성이 강하고 가치 있는 사업이라고 생각했어요. 따라 하고 싶어도 아무나 할 수 없겠다고 생각한 영역이었죠. 그런데 웬디스 월이 활동을 시작하고 6개월쯤 되었나… 천연미장을 다루는 업체가 하나둘 생겨나더라고요. 브랜드의 오리지널리티는 그래서 중요한 것 같아요. 제가 계속 고민하는 부분이기도 하고요. 웬디스 월이 자리를 잡아가면서는 공간 컨설팅 작업에도 욕심이 생겼는데, 당장은 거기 집중할 시간이 없어서 생각만 하고 있어요. 천연미장으로 만들어낼 수 있는 공간 분위기를 더욱 깊이 있게 만들고 싶다고도 생각 중이죠.

그러고 보면 웬디스 보틀도, 웬디스 월도 웬디앤브레드에서 파생된 사업이네요. 오리지널리티가 굳건하기 때문에 확장될 수 있던 것 같아요.

그래서 웬디스 보틀에 대한 생각이 점점 더 많아져요. 제 브랜드의 뿌리라고 할 수 있는 웬디앤브레드를 접고 집중하는 숍이니까요. 최근엔 코로나19 영향도 있고, 유행을 따라 보틀숍이 점차 더 많아지는 추세라 셀렉하는 와인이 겹치는 일도 잦아지고 있어요. 브랜드 오리지널리티를 강화하기 위해서 웬디스 보틀에서만 할 수 있는 일들을 고민하고 있죠. 우리 숍에서만 소개할 수 있는 와인을 찾는 데 특히 주력하고 있는데요. 아, 이것 좀 보실래요? (뒤쪽에 진열된 와인을 가리킨다.)

안 그래도 궁금했어요. 웬디라는 이름이 적혀 있어서 자꾸 보게 되는데, 이 와인은 소품이에요?

이거, 이탈리아에서 제 캐릭터를 라벨로 만들어서 출시되는 로제 와인이에요. 이 라벨은 시안인데 출시될 땐 후가공이 들어가서 좀 더 눈에 띄는 형태로 나올 예정이에요. 한국에 이 와인을 소개하면서 로제 와인 시장도 좀 더 넓어졌는데, 이 와인을 수입하는 수입사 규모가 좀 커서 한국으로의 수입 규모가 꽤 컸거든요. 이탈리아 측에서 감사 의미로 제 얼굴을 캐릭터화해서 이렇게 와인 라벨을 리뉴얼해 주었어요. 와인 상품을 새롭게 개발한 건 아니고, 기존에 판매하던 제품에 라벨만 바꾸어서 출시되는 거지만 기분이 무척 묘해요. 정식 출시되면 한국과 이탈리아에서 판매될 예정이고, 아마 웬디스 보틀과 백화점 보틀숍에서 만나볼 수 있을 것 같아요.

기분이 어때요?

부끄럽지만 보기만 해도 뿌듯해요. 라벨도 마음에 들고요. 저

랑 좀 닮지 않았나요(웃음)? 이탈리아 일러스트레이터가 그리고 이탈리아 디자이너가 디자인 작업을 해준 거예요. 오늘 인터뷰가 있다고 하니까 대표님이 살짝이라도 언급되면 좋겠다면서 시안 라벨을 붙여서 보내 주셨는데요. 받은 보람이 있네요(웃음). 와인과 인연이 닿고 브랜드에 최선을 다하며 지내다 보니 재미있는 일들이 생기고 있어요. 앞으로도 이렇게, 웬디스 보틀에서만 할 수 있는 것들을 부지런히 선보이려고요.

웬디만의 오리지널리티를 계속해서 찾아가는 거네요.
지금 당장은 여기서 뭔가를 더 하는 것보단 지금 상태를 유지하고 가꿔 나갈 생각이에요. 아직 웬디스 보틀을 시작한 지 1년이 채 되지 않아서 깊이를 더하는 게 더 중요하다고 생각하거든요. 현재 웬디스 보틀의 굿즈를 하나 준비하고 있는데, 이전에 칠링백을 함께 작업한 일러스트레이터와 두 번째 린넨 쇼퍼백을 구상 중이에요. 보틀을 판매할 때마다 종이백이 소비되는 게 아까워서 쇼퍼백을 가지고 오시는 분들에게 할인 혜택을 드리는 웬디스 보틀만의 시스템을 만들어 보려고 하거든요. 앞으로 어떤 굿즈를 기획하든 와인과 관련된 것들로, 웬디스 보틀에서만 할 수 있는 일들을 소개할 생각이에요.

같은 제품을 구입하더라도 어디에서 누구에게 사느냐에 따라 구매 경험이 달라지는 것 같아요. 손님들이 웬디스 보틀에서 어떤 경험을 하길 바라나요?
어떤 경험을 하기보단 실패를 경험하지 않길 바라요. 공간이 예쁘고 매력적이라는 칭찬도 좋지만, 웬디스 보틀에서 추천받은 와인엔 실패가 없다고 기억되고 싶거든요. 수많은 와인 중 손님과 잘 어울리는 와인을 추천하기 위해 방문해 주시는 분들과 무척 많은 대화를 해요. 그 전에 웬디스 보틀에 들여오는 와인을 신중하게 셀렉하는 데 집중하고요. 아무거나 쉽게 들이지 않기 때문에 그 과정에서 저 자신이 많이 깎이고 소모되지만, 그런 과정 끝에 진짜 웬디스 보틀이 남게 되는 거라고 생각해요.

지금의 웬디는 브랜드 그 자체인 같아요. 웬디가 꿈꾸는 브랜드의 최종 완성형이 있어요?
제 꿈은 자연으로 가득한 풍경이 그대로 보이는 데 공간을 얻는 거예요. 천연미장으로 가득한 공간을 직접 기획해서 꾸리고, 보틀숍과 레스토랑, 와인바를 두루 갖춘 공간을 만드는 거죠. 한 가지 바람이 있다면… 그게 서울이 아니면 좋겠어요. '서울의 브랜드'를 주제로 이야기 나누면서 서울이 아니길 바란다니까 좀 민망한데요(웃음). 그래도 나중엔 창밖으로 제주 풍경을 보면서 저만의 브랜드를 운영해 나가고 싶어요.

서울에서 시작했지만 마지막은 서울이 아닌 곳을 향해 가네요(웃음). 서울의 브랜드들이 지방으로 이동하는 일이 심심치 않

게 보이는데, 이런 흐름은 왜 생기는 걸까요?
서울은 경쟁의 도시예요. 경쟁이 심해지다 보면 경쟁에서 이기고 지는 것과는 관계없이 치이는 기분에 시달리게 돼요. 그런 환경에서 멀어져서 시골처럼 한적한 동네에서 나만의 공간을 꾸리고 싶어서 아닐까요? 저는 그런 동네에서라면 좀더 전문적인 내 공간을 편하게 운영할 수 있을 것 같거든요. 새 메뉴를 개발해야 한다는 부담감 없이(웃음). 그런 생각으로 많은 브랜드가 지방을 향해 가는 것 같아요. 음… 복잡함을 떨치고 싶어서요.

복잡함을 떨친다는 건 수익보다 우선하는 다른 가치가 있다는 뜻 같아요. 웬디가 추구하는 브랜드의 핵심 가치는 뭐예요?
가장 어려운 질문인데요? 음… 신뢰요. 손님들이 웬디스 보틀을 '믿을 수 있는 브랜드'라고 이야기해 준다면 기쁠 거예요. 브랜드라는 건 결국 특정 상품을 대변할 수 있는 존재라고 생각해요. '웬디'라는 브랜드에 '와인바'와 '로제 와인'이 떠오르듯이!

대화를 마치고 레오와 인사하는데 웬디가 사진을 한 컷 찍어도 되겠냐 묻는다. "에디터님이 입고 온 옷과 신발이 아므네 무아Emmenezmoi랑 너무 잘 어울려요." 아므네 무아는 '날 데려가 줘요.'라는 의미를 담은 프랑스어이자 와인 이름이기도 하다. 수줍게 발 사진을 찍고 나니, 정말 어디론가 갈 수 있을 것만 같은 기분이 들었다. 그건 웬디와 수없이 이야기 나눈 프랑스일 수도 있겠고, 연남동 구석의 또 다른 상점일 수도 있겠고, 웬디가 꾸린 새로운 세계일 수도 있겠지. 집으로 돌아오는 길엔 오랜 시간 묵혀둔 와인의 마개를 어설프게라도 열어봐야겠다고 생각했다. 모르던 세계에 한 발짝 가까워지는 순간이었다.

웬디스 보틀
A. 서울 마포구 동교로51길 87 지층 왼쪽
H. instagram.com/wendys_bottle
O. 화요일 16:00~19:30, 수-금요일 13:30~19:30, 토-일요일 13:30~18:00, 월요일 휴무

매뉴팩트 커피

MANUFAC
COFFEE
ROASTER

Manufact Coffee Roasters In Yeonhui

연희동의 커피 공방

2013년 겨울, 연희동의 허름한 건물 2층에 두 남자가 터를 잡았다. 고소한 냄새와 옅은 연기가 밤낮없이 피어오르는 걸 보고 연희동 주민들은 웅성거리며 계단을 올랐다. 그렇게 주민들과 상생하며 9년이란 세월을 쌓아온 매뉴팩트 커피는 손님을 위한 휴식 공간보단 커피 제조를 위한 안정적인 공간을 먼저 생각하는 곳이다. 제조에 정성을 더하면 더 맛있는 결과물이 나올 거라 믿고 꾸준히 나아간 형제. 이들의 두 손이 만들어낸, 세상에 없는 커피의 시작은 연희동이었다.

에디터 이주연 사진 매뉴팩트 커피

손재주 좋은
형제의 두 손으로

"저희 형제는 어릴 때부터 손으로 뭔가 만들어내는 걸 좋아하고, 손재주도 있었어요. 손으로 할 수 있는 것들의 의미를 생각하면서, 단순하게 커피를 내려서 판매하는 목적보다도 커피를 제조하는 데 집중해서 커피 브랜드를 만들게 됐죠."

매뉴팩트MANUFACT라는 단어는 실은 세상에 없는 말이다. 라틴어로 손을 뜻하는 MANOS와 만들다는 의미의 FACTUM을 결합한 이 단어는 어릴 때부터 손재주가 좋았던 형제에게서 탄생했다. 카페는 커피를 판매하고 손님이 공간을 경험하는 장소라는 데서 조금 비껴나 제조하는 데 초점을 맞춘 매뉴팩트 커피는 두 사람의 손으로 이루어낸 결과물을 선보이는 곳이다.

동생은 전체적인 운영 방식과 제조된 커피를 손님에게 내어주는 데 관심을 가졌고, 형은 하드웨어, 즉 커피라는 결과물이 완성되기까지 가공되는 과정에 관심을 가졌다. 각기 다른 커피 브랜드에서 일하기 시작한 두 사람은 꿈꿔온 커피에 조금 더 가까이 가고 싶다는 마음을 품는다. 비슷한 시기에 퇴사한 형제는 매일 저녁 이런저런 이야기를 나누다 '재미난 커피를 만들자.'는 생각으로 둘만의 커피 브랜드를 시작했다. 얼마 되지 않는 자금을 모아 연희동을 찾은 이들 형제는 부동산 문을 열고 한마디를 건넨다. "커피 제조 공간을 하고 싶은데…." 단번에 좋은 장소가 있다며 소개받은 곳이 바로 서울 서대문구 연희로11길 29 2층 자리다.

1990년대를 닮은
끈끈한 동네

"연희동은 1990년대 서울 같아요. 저희가 여기 들어왔을 때 오랫동안 이 동네에서 가게를 해온 이웃이 '연희동은 3년만 버티면 주민들에게 인정받은 거'라는 이야기를 하셨거든요. 처음엔 그게 무슨 뜻인지 몰랐어요. 근데 시간이 지나니까 알겠더라고요. 여긴 주민들로 돌아가는 동네예요. 주민들이 지속적으로 방문해 주셨기 때문에 매뉴팩트 커피도 여기까지 올 수 있었어요. 연희동은 유대감이 무척 강하고 끈끈해요. 오랫동안 살고 계신 분들이 많아서 새로운 가게가 하나 들어오면 '가보자!' 하고 우르르 몰려오는 그런 동네죠."

형제는 연희동에서 정서적인 안정을 얻는다. 방배동에 새로운 터를 잡고 나서도, 파주에 공장을 세운 뒤에도 연희동에 오면 소풍에 오는 것처럼 설레고 마음이 달뜬다.

연희동은 시간이 더디 흐르는 동네다. 옆집에 누가 사는지도 모르는 오늘날에도 주민들은 삼삼오오 모여 동네에 새로운 가게가 생겼다며 우르르 몰려가곤 한다. 외부인이 드나들며 입소문을 내기보단 집에서 슬쩍 나와 커피 한 잔 사 들고 들어가는 어르신이나 가족 단위 손님이 많은 곳. 여전히 이웃 사이의 유대감이 끈끈해 새로 들어온 브랜드에게 로컬 문화를 입혀주는 곳. 매뉴팩트 커피는 정성껏 커피를 만들고 주민들에게 내어드리면서 정을 얻었다. 이윽고 형제는 이 동네를 마음의 고향처럼 여기기 시작했다. 연희동 주민들은 매뉴팩트 커피를 연희동의 브랜드로 인정했고, 어느덧 9년의 시간이 흘렀다.

연기가 피어오르는
고소한 공방

폴 고갱
Paul Gauguin

Cup Note 다크 초콜릿, 헤이즐넛, 밀크파우더, 브라운 슈거, 토피, 리치 바디

"첫 블렌드 원두인 폴 고갱은 의미가 커요. 매뉴팩트 커피를 초창기부터 좋아해 주신 단골 부부가 지어주신 이름이기도 하고요. 새로운 원두를 개발할 때마다 그들에게 테스트하면서 확장해 나갔는데, 부부가 커피를 마시곤 '이 원두는 꼭 폴 고갱의 그림이 떠오르네요.' 하시더라고요. 고갱은 본질에 집중하고 싶어 하던 화가였어요. 저희도 커피를 하면 할수록 본질에 가까워진단 생각을 하고 있었기에 폴 고갱이란 이름을 첫 번째 블렌딩 원두에 붙이게 됐죠."

형제는 연희동에 매뉴팩트 커피를 만들곤 자주 밤을 새웠다. 로스팅을 반복하고 하루에도 수십 잔의 에스프레소를 테스트하며 시간을 쌓은 이들. 건축과 전자를 전공한 형제가 커피로 의기투합했듯, 폴 고갱 역시 다른 업을 두고 그림이 좋아 미술을 시작한 화가다. 원색의 강렬한 색채를 활용한 작품들을 보니 왜 단골 부부가 이렇게 말했는지 알겠다고 끄덕인 그들은 '폴 고갱'을 첫 번째 원두 이름으로 정했다.

샌 프란시스코
San Francisco

Cup Note 스트로베리, 피치, 만다린, 허니, 밀크 초콜릿, 바닐라

"샌프란시스코에 갔을 때 가장 먼저 든 생각이 '색이 왜 이렇게 없지?'였어요. 그런데, 도화지처럼 새하얗다 보니까 누가 색만 입히면 도시 전체가 그 색으로 바뀌더라고요. 그게 저희한텐 굉장히 새로웠어요. 우리가 어떤 색을 입히든 그게 하나의 결과물로 나오면 좋겠다 싶어서 두 번째 블렌딩 커피는 '샌 프란시스코'란 이름을 먼저 붙이고 개발을 시작했어요."

그렇게 나온 두 번째 원두는 베리류 열매를 베이스로, 견과류의 느낌까지 표현할 수 있는 다채로운 원두가 되었다. 특정 이미지로 각인된 도시를 두 번째 원두 이름으로 붙였다면 고정관념에서 벗어나지 못한 원두가 개발되었을지도 모른다. 그러나 샌프란시스코는 어떤 색을 입히느냐에 따라 결과물이 달라질 도시였기에 두 사람의 색을 입고 다채로운 맛의 원두로 완성되었다.

커피로 쏘아 올린
작고 따뜻한 온기

"우리가 아무리 '이런 커피 문화를 만들고 싶다.'고 이야기해도 쉽사리 그 방향으로 흘러가진 않을 거예요. 시대마다 상황과 타이밍이 다를 테니까요. 다만, 매뉴팩트의 커피를 마신 누군가가 커피를 마시며 좋은 영감을 얻게 되면 좋겠어요. 음악가라면 우리 커피에서 영감을 받아 더 좋은 음악을 만들어내고, 작가라면 커피를 마시면서 아이디어를 얻어 더 좋은 작품을 만들어내길 바라요. 매뉴팩트 커피가 나비효과가 되어 더 좋은 세상이 만들어지고 더 좋은 사람들에게 쓰이면 좋겠어요."

우리는 이제 누구나 손쉽게 커피를 마신다. 스틱 포장된 인스턴트 커피를 마시거나, 직접 원두를 분쇄해 핸드드립으로 내려 마시기도 한다. 집 앞 카페에서 간단히 한 잔 포장할 수도 있는 요즘, 이 커피 한 잔이 우리 삶에 어떤 역할을 하는지 한

번쯤 생각해 보게 된다. 열매의 신맛이 미각을 일깨워 멈춰 있던 뇌를 돌아가게 만들고 묵직한 쓴맛이 둔해진 감각을 살려준다면, 그 덕분에 우리가 좀더 나은 작업을 할 수 있게 된다면 이미 우리는 커피에 조금은 빚진 인생을 살고 있는 게 아닐까. 순간순간에 녹아들어간 매뉴팩트 커피 고유의 향이 어쩌면 누군가에게 더 나은 내일을 만들어주고 있을지도 모른다. 그들이 말하는 커피 문화는 이미 누군가에겐 일찍이 시작되었을지도 모를 일이다.

A. 서울 서대문구 연희로11길 29 2층
H. manufactcoffee.com
O. 월-토요일 09:00-18:00, 일요일 휴무

커피와
소풍 가는 기분으로

김종진·김종필 매뉴팩트 커피 대표

오늘도 숱한 카페가 새로 생기고 사라진다. 발에 채는 게 카페가 된 요즘, 매뉴팩트 커피가 9년간 한자리에서 브랜드를 이어갈 수 있던 동력은 무엇일까. 로컬 문화가 단단히 자리 잡은 연희동에 매뉴팩트 커피가 뿌리내릴 수 있던 이유, 그 건 아마 커피를 향한 진심 덕분이었을 테다. 삼삼오오 모여 매뉴팩트 커피에 올라서는 연희동 주민들로 시작해 어느덧 서울의, 대한민국의 대표적인 커피 브랜드가 된 곳. 연희동을 마음의 고향이라 말하는 두 사람 이야기를 들어 보았다.

매일 커피 사러 오는 곳에 인터뷰를 하러 오니 새롭네요. 매뉴 팩트 커피를 소개해 주실래요?
종진(이하 '동생'): 매뉴팩트 커피 소개라(웃음)…. 형식적인 문 장만 생각나서 좀 어렵네요.
종필(이하 '형'): 대화를 나누면서 생각을 정리하고 소개로 마 무리해 보는 건 어때요?

좋아요. 형제가 하고 있는 커피 브랜드예요. 브랜드의 시작은 이름이라고 생각하는데, 어떻게 짓게 됐나요?
동생: 다양한 이유를 생각하면서 지었어요. 저와 형님은 오 랜 시간 함께 살아왔기 때문에 서로의 관심사나 성격을 가장 가까이서 보고 느껴온 사이예요. 브랜드 이름은 우리가 무엇 을 잘하고 무엇을 좋아하는지를 들여다보며 떠올렸어요. 우 리 성격을 대변할 수 있는 단어가 브랜드의 독창적인 성격을 만든다고 생각했거든요. 저희 형제는 어린 시절부터 손재주 가 있었어요. 고무 동력기를 만들어서 입상도 하고, 사생대회 에서 수상도 곧잘 했죠. 그래서 커피도 판매하는 것보다 제조 에 초점을 맞춘 브랜드를 생각했어요. 손을 뜻하는 MANOS 와 만든다는 의미의 FACTUM을 결합해서 만든 매뉴팩트 MANUFACT는 '우리 손으로 만들어낸 결과물'이란 의미를 담은 우리만의 단어예요.

두 분이 각기 다른 커피 브랜드에서 일하다 만든 브랜드라고 알고 있어요.
형: 동생이 에스프레소에 관심이 있어 커피를 시작했다면, 저 는 에스프레소를 내리는 원두가 어떻게 가공되는지에 관심을 가졌어요. 둘 다 커피를 좋아한 분명한 이유가 있어서 커피 브 랜드에 입사한 건데, 회사가 추구하는 방향성과 우리가 하고 싶은 커피엔 괴리가 있더라고요. '우리가 생각한 재미난 커피 는 이런 게 아닌데….'라는 생각이 점점 커져 비슷한 시기에 퇴사하게 되었어요.
동생: 저는 매장을 운영하고 관리하는 슈퍼바이저였고 형은

로스팅하는 역할이었어요. 커피 브랜드에서 일한 경험도 있 고, 기업의 운영 방식에서 괴리감을 느낀 차였기 때문에 둘이 만나면 분명한 시너지 효과가 날 거라 생각했어요. 피자를 먹 으며 앞날을 고민하다가 "우리가 한번 해보자. 너 얼마 있냐!" 면서 의기투합했는데, 둘 다 정말 쥐뿔도 없더라고요(웃음). 꼬 깃꼬깃한 돈을 모아서 출발한 브랜드예요.

어떻게 연희동에 터를 잡게 됐어요?
동생: 제 마음속 1위가 연희동이었거든요. 2012년에 이 동 네 처음 와봤는데, 이전 직장에서 지점 확장을 위해 답사 차원 으로 온 거였어요. 이면도로로 펼쳐진 풍경이 제 눈엔 무척 재 미있어 보였어요. 오래된 식당가가 모여 있는 풍경을 보는 순간 옛것과 새것이 뒤섞이고 있다는 느낌을 강하게 받았죠. 밀집 된 중국집과 오래된 가게들이 터줏대감처럼 자리를 잡고 있 고, 그 사이사이 생긴 지 얼마 안 된 가게들, 소품숍이나 식물 가게 등이 끼어 있는 모습이 인상 깊었어요. 유동 인구가 적은 큰길을 보고는 심심하다고 생각했는데 골목으로 들어와 주택 가 풍경을 보면서 '여기가 진짜구나.' 싶었죠. 건물이 전체적 으로 낮아서 하늘이 많이 보이는 게 특히 좋았어요.
형: 처음 부동산 사장님이 이 공간을 보여주셨을 때가 생각나 요. 상가 대문이 녹슨 구릿빛이었는데, 열쇠로 문을 여니까 가 파른 계단이 보이더라고요. 낮인데도 캄캄해서 좀 기묘했어요. 계단을 하나하나 올라가니 입구에 불이 켜졌고, 2층에 있는 이 공간의 문을 열었더니 새하얀 공간이 나오더라고요. 채광 이 너무 좋았어요. 저희가 커피를 판매하는 카페를 생각했다 면 이 자리는 결코 좋은 공간이 아니었을 거예요. 그런데 저희 는 목적이 커피 제조였기 때문에 더할 나위 없었어요. 위층에 누군가 거주하면 로스팅할 때 나오는 연기 같은 게 문제가 되 었을 텐데, 바로 위 옥상도 저희가 컨트롤할 수 있었기에 여러 모로 잘 맞는 곳이었어요.
동생: 2013년에 처음 왔을 땐 해가 짧아서 6시만 돼도 어둡 고, 가로등도 없고, 주택가로 올라가는 길목도 깜깜했어요. 거

...사 팔은 사람도 잘 안 다녀서 ...인적이 드물었지만, 저희에겐 ...러한 점도 무척 좋았죠.

형: 여기서 밤도 정말 많이 새 ...웠어요. 매일 어마어마한 커피 ...를 로스팅하고, 에스프레소를 ...수십 잔씩 마시면서 테스트했 ...거든요(웃음). 우리만의 블렌드 ...원두를 만들기 위해 엄청난 양 ...의 에스프레소와 함께 시간을 ...보냈죠.

...연희동에 틀어박혀서 원두만 ...연구한 건데 이 동네가 지겹진 ...않았어요?

형: 연희동으로 오는 길은 항 ...상 소풍 오는 듯한 기분이었어 ...요. 언제나 대중교통을 이용해 ...서 오갔는데, 홍대입구역에 내 ...겨서 버스를 타거나 연남동 골목골목을 지나 걸어서 출근하 ...곤 했거든요. 소풍 가는 것처럼 설렜어요.

동생: 진짜 하고 싶은 게 연희동에 있으니까, 내가 있어야 할 ...곳은 여기라는 생각으로 기분 좋게 출근한 거죠.

...일이 설렘이었어요?

동생: 그럼요. 매뉴팩트 커피가 추구하는 가치 중 가장 중요한 ...게 즐거움이거든요. 이전에 각자 커피 브랜드에서 일할 땐 회 ...사의 방향성을 따라갈 수밖에 없었어요. 제가 어떤 생각을 하 ...든 회사의 가치를 따라 움직여야 했으니까요. 근데 그렇게 따 ...라가다 보면 괴리가 생기고, 충족되지 않는 부분이 생기게 돼 ...요. 이걸 풀어내려면 결국 저희가 하고 싶은 걸 하는 수밖에 ...없었어요. 우리 색깔을 마음대로 풀어낼 수 있는 걸 해보자는 ...마음으로 만든 게 바로 연희동의 매뉴팩트 커피예요. 매일 밤 ...새워 커피를 연구하는 건 어려운 일이지만 그럴 수 있던 이유 ...는 공간 안에서 여러 가지를 시도하면서 누군가 알아주지 않 ...아도 우리 걸 쌓아가는 과정이 즐거웠기 때문이에요.

형: 1년 동안 수익이 없었는데도 오로지 재미만으로 이 일을 ...해왔어요. 그래도 감사한 건 우리만의 블렌드를 연구하면서 ...점심과 저녁, 그리고 교통비는 해결할 수 있었다는 거예요. 큰 ...수익은 없어도 진짜 하고 싶은 커피를 하면서 하루 생계를 해 ...결할 수 있다는 게 신기하고 기쁘더라고요.

동생: 지금은 방배동 지점과 파주 공장도 두고 있는데요. 연희 ...동에 올 땐 유난히 마음의 고향 같다는 생각이 들어요(웃음). ...그만큼 정서적으로 안정감을 주는 동네예요.

...언젠가부터 서울이 변하는 ...도가 빨라진 것 같아요. 연희동 ...도 느리지만 조금씩 변하고 있 ...는데, 9년 동안 체감한 변화가 ...있나요?

형: 어느 동네든 입소문이 나기 ...시작하면 자본이라는 게 들어 ...와요. 그건 누군가 막을 수 있 ...는 일이 아니에요. 저는 새로운 ...브랜드가 이 동네에 자리 잡고 ...개성을 드러내는 건 좋다고 보 ...요. 문제가 되는 건, 겉으로 보 ...이는 것에만 집중해서 브랜드 ...가 하고 싶어 하는 방향이 보이 ...지 않고 자본에만 집중되어 있 ...는 거죠. 요즘엔 돈만 앞세우 ...는 브랜드가 많아지는 것 같아 ...서 그게 조금 걱정이에요.

동생: 그래도 연희동이란 동네 ...가 좀 특별하다고 할 수 있는 부분은 돈만으로 접근하는 브랜 ...드는 성공하지 못한다는 거예요. 한때 무슨 길, 무슨 길, 하면 ...서 서울에 변화의 바람이 크게 불었잖아요. 근데 연희동은 그 ...런 흐름에 크게 흔들리지 않고 중심을 지켜왔어요. 제 생각엔 ...대중교통이 아주 발달돼 있지 않은 영향도 있다고 봐요. 주변 ...역에서도 조금 떨어져 있고, 버스도 한 번에 오는 노선이 많지 ...않으니까 외부 사람이 들어올 여지가 다른 데 비해서는 제한 ...적이었던 거죠. 개발이 열띠게 일어나지 않고, 변화의 바람도 ...크게 불지 않았기에 지금 이 이미지가 단단하게 자리 잡은 것 ...같아요. 성수동이나 연남동만 해도 외부 사람에게 기대는 면 ...이 없지 않아 있거든요. 외부인이 들어오지 않으면 상권이 돌 ...아가지 않을 테니까요. 보통의 동네라면 자본만 앞세우는 브 ...랜드도 어느 정도 수요를 유지할 순 있을 거예요. 근데 연희동 ...은 그런 동네가 아니에요. 외부인보다 연희동 주민들로 돌아 ...가는 동네다 보니까 원주민이 이해할 수 없는 상권이 들어오 ...면 성공하지 못하는 거죠. 여기 자리 잡은 브랜드들은 대개 내 ...실이 잘 다져져 있어요. 내가 하고자 하는 방향과 실력에 확신 ...을 가지고 있는 거죠. 연희동은 수익을 떠나 그런 게 뿌리 깊 ...게 자리 잡은 브랜드가 굳건히 버틸 수 있는 동네라고 봐요. ...그렇게 연희동만의 독특한 상권이 조성된 거고요.

그래서인지 로컬 브랜드가 눈에 띄어요. 오래된 간판도 아주 많고요.

형: 연희동은 확실히 로컬 브랜드가 활동하기 좋은 동네예요. 그렇지만 연희동에도 어쩔 수 없이 임대료 문제가 발생하고 있어요. 저희가 여기 자리 잡을 때만 해도 가진 돈이 많지 않...

은 친구들이 하고 싶은 일과 뚜렷한 목표만 있다면 한 번쯤 시
도해 볼 만한 동네였어요. 지역 주민들이 열심히 하는 브랜드
를 살려주는 문화가 있었으니까요.

동생: 오래 거주한 주민들이 많기 때문에 그들만의 커뮤니티
가 확실하게 만들어져 있었어요. "어디에 뭐 생겼대." 하면
"우리 동네에 새로운 사람이 들어왔단 말이야?" 하면서 우르
르 몰려가서 가게를 경험하고 소통하는 거죠. 그게 배척이 아
니라 관심이라는 점이 이 동네의 특징이에요. "여기 뭐 하는
데예요?" 하고 관심을 갖고 경험하고… 작은 커뮤니티가 형
성된 느낌이었어요. 연희동은 동네 주민들로 하여금 돌아가
는 동네라고 생각해요. 주민들이 브랜드를 살려주기도 하고
외면하면 사라지기도 하는 동네인 거죠. 어떻게 보면 폐쇄적
이지만 이 안에서 삶을 꾸리는 게 연희동의 특징이라고 봐요.

**매뉴팩트 커피가 색이 다른 동네에 스며들고 연희동에서 오
래 뿌리를 내릴 수 있었던 건 무엇보다 커피에 충실해서였다고
생각해요. 시그니처 메뉴를 소개해 준다면요?**

동생: 매뉴팩트 커피의 시그니처 메뉴는 판매하는 모든 커피
인 것 같아요(웃음). 처음 오는 손님들이 종종 "뭐가 유명해
요?" 하고 물으시는데요. 바리스타들은 시그니처 메뉴는 없
다고 설명하고 손님들과 소통을 통해 취향에 맞는 메뉴를 추
천해 드려요. 어떤 커피든 우리 나름대로 자신감을 갖고 소개
할 수 있다는 의미죠.

형: 매뉴팩트 커피의 뿌리는 '제조'예요. 우리가 로스팅을 잘
했나, 추출됐을 때 맛이 있느냐를 확인하는 게 저희에겐 가장
중요한 지점이죠. 그 퀄리티를 가장 잘 보여줄 수 있는 메뉴가
바로 에스프레소, 핸드드립, 콜드브루예요. 다른 첨가물 없이

본연의 맛을 있는 그대로 보여주는 메뉴들이죠. 그러니까 우
리의 시그니처 메뉴는 모든 커피가 되는 거죠(웃음).

**"재미있는 커피"를 만들고 싶어서 브랜드를 만들었다고 했는
데, 커피의 재미를 좇아 완성하고 싶은 최종의 커피 문화는 어
떤 거예요?**

형: 시기와 상황에 맞춰 변화되지 않을까요? 코로나19가 갑
작스레 찾아와 많은 게 변한 것처럼 여러 상황을 통해 변하는
게 삶이니까요. 인생은 순리대로 흘러가지 않아요. 매뉴팩트
커피의 미래 또한 그런 맥락으로 볼 수 있겠죠.

동생: 처음 시작할 때 마인드를 지켜 가면서 '커피를 재미있고
즐겁게 만들어 간다.'는 게 우리가 계속 해야 할 일이라고 생
각해요. 그 과정을 통해 지역 주민들과 또 저희 브랜드를 경험
하러 와주시는 분들과 문화를 만들어나가는 게 중요할 거예
요. 매뉴팩트 커피의 문화는 저희가 정립한다고 그대로 흘러
가는 게 아니라 저희 커피를 즐겨 주시는 분들이 만들어 가는
거거든요.

**매뉴팩트 커피는 브랜드의 가치를 수익에 두진 않는 것 같아
요. 브랜드의 가치를 어디에서 찾고 있어요?**

동생: 브랜드란 존재 이유가 있어야 가치도 있는 거라고 생각
해요. 존재 이유가 브랜드를 통해 얻을 수 있는 유용성일 때,
진짜 브랜드로 거듭나는 것 같고요. 그래서 저희는 굿즈를 기
획할 때도 생산성에 초점을 맞춰요. 다양한 결과를 만들어내
는 유용함과 쓸모를 고려하는 거죠. 처음 브랜드를 만들 때만
해도 수익을 염두에 둘 정도로 여유가 있진 않았어요. 그런 부
분은 전혀 생각하지 않고 이 일을 시작한 건데, 수익이라는 건

브랜드를 운영하는 이상 반드시 고려해야 할 중요한 가치라는 걸 깨달았어요. 지금은 매뉴팩트 커피의 존재 가치와 수익성에 균형을 맞추면서 나아가고 있어요.

그럼 이쯤에서 첫 번째 질문으로 돌아가 볼게요. 매뉴팩트 커피를 소개해 주실래요?

형: 여전히 어렵네요(웃음). 매뉴팩트 커피는 '하고 싶은 커피를 하는 브랜드'예요. 2018년에 문화역서울284에서 진행한 〈커피사회〉란 전시에 참여한 적이 있어요. 저희는 커피가 좋아서 매뉴팩트 커피를 시작한 건데, 대한민국의 상징적인 공간에서 활동까지 하게 됐어요. 좋아서 한 일을 핑계로 다양한 일에 접근한다는 게 의미 있게 느껴졌죠. 누구든 좋아하는 일에 매진하고, 그 일에 가치가 있다고 판단한다면 어느 시점엔 그 일뿐만 아니라 생각지도 못한 부분에서 좋은 의미를 부여하는 일들을 만날 수 있을 거예요. 그런 의미에서 매뉴팩트 커피는 우리가 하고 싶어 하는 가치 있는 일을, 커피를 통해서 하는 브랜드라고 이야기하고 싶어요.

오늘 나눈 대화 중에 가장 인상 깊었던 부분을 다시 한번 물어볼게요. 여전히 일하는 게 설레고 즐거운가요?

동생: 이거 대답 잘해야 하는데(웃음). 처음엔 우리끼리 일하니까 우리가 좋아하는 것에만 몰두했어요. 근데 점차 회사가 성장하고 책임질 식구가 많아지니까 하고 싶지 않은 일도 생기더라고요. 하지만 여전히 저희가 하고 싶고, 좋아하는 일의 범위가 훨씬 커요. 하고 싶은 일을 하기 위해서는 하기 싫은 일도 해야만 하는 거, 그 어쩔 수 없음을 끌고 가는 게 앞으로의 일인 것 같아요.

형: 냉정히 보는 과정이 즐거울 수만은 없어요. 남에도 굴구하고 우리는 좋아하는 일을 하고 있다는 사실로 모든 걸 감내할 수 있게 돼요. 그게 지금 우리의 설렘이자 기쁨이에요.

점심을 먹고 나면 연희동으로 산책을 간다. 적잖이 드나들어 이젠 너무나 친숙한 카페, 고개를 들어야만 보이는 "MANU-FACT COFFEE ROASTERS"라는 글자가 오늘따라 친근하다. 오래된 계단을 올라 커피를 주문하고, 커피 내리는 손들을 바라보다 카페를 나서면 고소한 점심시간도 끝을 향해 간다. 상냥한 말씨와 친절한 커피가 있는 곳, 편안한 좌석은 아니지만 기꺼이 엉덩이가 붙고 시간을 쌓아가고 싶은 곳. 나는 내일도 매뉴팩트 커피로 즐겁게 향할 것이 분명하다. 아마도 오랜 이웃집에 가는 듯한 마음을 품은 채.

과자류

SARUGA,
Our Good Old
Neighbor

아주 오래된 이웃

동네에서 이웃을 만나도 반가움을 전하는 게 낯설다. "안녕하세요?" 한마디를 떼기 위해 마음을 다잡고, 겨우 인사를 건네도 데면데면하기만 하다. 정다운 동네 풍경은 이제 사라졌다고 생각했는데 여전히 '사랑방'에서 이웃끼리 살가운 소통을 하는 동네가 있다. 옆집 아이의 아이가 몇 살인지 알고 있는, 앞집이 자전거를 산 데 관심을 가지고, 가게에 들어서면 집안 이야기를 스스럼없이 나누는 동네. 연희동에서 일어나는 일들은 사러가에서 모이고, 사러가에서 흩어진다. 사러가가 연희동에 자리한 지 언 50여 년. 사러가는 연희동에 살고 있는 아주 오랜 이웃이다.

에디터 이주연 사진 사러가

더불어 기쁨
이웃의 풍요

Brand

연희동에 자리 잡은 낮은 건물엔 'SARUGA'라는 알파벳이 나란히 붙어 있다. 더 듬더듬 읽어보면 '사러가'라고 읽히는 그곳. 보통의 대형마트와는 달리 하늘이 넓게 보이도록 단층으로 만들어진 이 건물은 연희동을 대표하는 쇼핑센터다. 사러가라는 정겨운 이름은 직원들과 머리를 맞대고 지은 것으로, 물건을 산다는 의미의 '삼'과 살아간다는 의미의 '삶'이 두루 깃들어 있다. 연희동 주민이라면 누구나 알고 있고, 연희동에 살지 않더라도 이젠 랜드마크처럼 여겨지는 이 장소는 누군가에겐 만남의 장소이고, 누군가에겐 수입 물품이 가득 쌓인 별세계이고, 누군가에겐 어린 시절 추억이 깃든 구멍가게다.

History

사러가의 탄생을 살피기 위해서는 1965년 영등포구 신길동의 재래시장 신풍시장으로 거슬러 올라가야 한다. 신길동 신풍시장 주식회사는 신풍시장을 사러가 신길 쇼핑센터로 확장했고, 이윽고 1975년에는 신길동에서 시선을 돌려 연희시장을 인수하여 사러가 연희 쇼핑센터를 만들었다. 수입 물품이 귀하던 이 시절에도 연희동에는 외국인 학교가 있었기에 자연스럽게 수입 식품 시장이 활성화되었고, 수입 물건들은 점포마다 탑처럼 쌓여 사러가만의 진귀한 풍경을 만들어냈다. 지금도 과거 재래시장의 진열법을 유지하여 독특한 이미지를 자아내는 1층을 구경하고 있으면 시간 가는 줄 모르고 머물게 된다. 이젠 손쉽게 살 수 있는 수입 물건도 사러가에 있으면 왜 한 번 더 마음을 더하여 보게 되는 걸까. 과거부터 지금까지, 켜켜이 쌓인 시간이 보내는 자그마한 인사는 아닐까.

두루두루
상생하는 온기

Neighborhood

사러가 쇼핑센터가 굳건히 이 자리를 지키고 있는 이유는 연희동 이웃을 사려 깊게 생각한 덕이다. 보통은 대형마트가 동네에 들어서면 소상공인의 미래가 불투명해진다. 물건 하나를 팔더라도 덤과 정을 얹어주던 상인들은 대형마트의 어마어마한 할인율에 어쩔 수 없이 주저앉고 마는 것이다. 그래서 사러가는 고민했다. 쇼핑센터가 들어서면서 주변 상권이 죽지 않기를 바란 따뜻한 마음은 아마 재래시장에서 출발한 쇼핑센터였기 때문일 테다. 주변 상권과 공생할 수 있는 MD를 구성하여 더불어 잘살 수 있는 동네를 위해 한 번 더 마음을 쓴 사러가. 기존 대형 쇼핑센터와 사러가의 다른 점은 유행을 따르는 트렌디한 구성보다는 지역 커뮤니티를 존중하고 주민의 관계에 집중했다는 점이다. 사러가의 발전은 언제나 연희동의 생애주기와 발을 맞춘다.

Land Mark

연희동은 한국, 일본, 동남아, 서구, 화교의 문화가 공존하는 동네다. 그러나 이태원과는 달리 관광객이나 외부인이 아닌 지역 주민들의 이야기가 쌓여가기 때문에 쉽게 변하지 않는 풍경들이 있다. 여전히 주민들끼리 삼삼오오 모여 동네 이야기를 나누고, 옆집에 무슨 일이 생겼는지 시시콜콜 안부를 챙기고, 옆집 자식의 자식까지 알고 있는 동네. 주민이 형성한 커뮤니티는 어느덧 로컬화되어 굳어졌고, 이 안에는 외부인을 배척하는 문화보단 서로 관심을 갖는 정다움이 성실하게 쌓여 있다. 사러가는 연희동에 뿌리를 내리고 순리대로 움직이면서 이웃과 자연스레 섞여들었다. 꼭 물건을 사지 않아도 밝게 인사를 건네고 서로의 안위를 궁금해하는 쇼핑센터와 주민들. 연희동 주민들은 오늘도 동네와 상생하는 사러가에서 일상을 위한 물건을 사고, 그 위에 삶을 포갠다.

연희동의
다정한 생애주기

Story

과거에 부모님 손을 잡고 사러가를 찾은 어린이들은 어느덧 부모가 되어 아이들을 데리고 다시 이곳을 찾는다. 수입 물품이 산처럼 쌓여 있는 1층 점포를 올려다 보며 "우와!" 하던 아이들은 이제 자신과 똑같은 표정으로 이국의 물건을 바라보는 아이와 함께다. 자식에게 '얼른 가자.'고 채근하는 장면에도 조급함과 짜증 없이 따뜻한 표정이 깃드는 건 옛 모습을 유지한 사러가의 풍경 덕분일 테다.

"사러가에 입점한 점포들은 30~40년씩 유지된 점포들이에요. 손님들이 자주 '사러가가 어릴 적 추억을 그대로 간직하고 있어 고맙다.'는 이야기를 해주세요. 오래 운영한 동네 쇼핑센터이다 보니 단골도 많고, 수십 년을 함께한 직원들도 있어요. 명절이면 추천 선물 세트를 물어보시는데, 추천해 드리면 그걸 사서는 직원들에게 쥐여주는 일도 잦죠. 그럴 때마다 거절하느라 애를 먹어요."

연희동에 사러가 쇼핑센터가 생긴 지 어느덧 50년이 되어 간다. 연희동에 터를 잡고 살아가면서 반찬을 사고, 빵을 고르고, 약을 구하러 사러가에 드나들던 사람들은 이 상점과 함께 시간을 먹으며 나이가 지긋한 어르신이 되었다. 그래서 다시 만날 수 없게 되는 이웃도 생겼다. 작별 인사를 건네받고 오랜 단골의 죽음을 애도하는 동네 쇼핑센터. 그것만으로도 사러가의 존재 이유는 명확하지 않을까.

"사러가 직원들에게 가장 기억에 남는 이야기 중 하나는 한 중년 여성이 사러가 슈퍼마켓 사무실에 방문한 일이에요. 양손 가득 꽃다발과 케이크를 들고 오셨는데요. 어머님께서 연로해서 얼마 전에 명을 달리하셨는데, 돌아가시기 전에 이런 말씀을 남기셨대요. 평생 사러가에서 좋은 추억을 만들었으니 꼭 고마움을 표해 달라고요."

우리가
이웃이라면

Local Culture

사러가 신념의 중심에는 언제나 '이웃'이 있다. 이웃과 함께 즐거워하는 공간을 만들고자 지금껏 시간을 쌓아온 이 작고 단단한 건물은 단순히 재화를 사고파는 상업적인 공간이 아니다. 여기에는 정직하고 안전한 물건이 있고, 이 모든 재화를 가족에게 제공한다는 마음으로 꾸려지는 정성이 있다. 좋은 상품을 만날 수 있어 즐거운 공간, 어린 시절의 추억이 있어 즐거운 공간, 마음을 나눌 사람이 있어 즐거운 공간, 내 가족을 위해 맛있는 음식을 준비하는 즐거운 공간. 사러가가 말하는 즐거움엔 언제나 내 이웃과 가족이 스며 있다.

사러가에는 대기업 쇼핑몰처럼 다양한 브랜드의 상품을 최저가로 판매하는 장사 수완은 없다. 다만, 동네 사람들이 일상을 보내는 데 필요한 상품을 정직하게 건네기 위해 두 번, 세 번 고민하는 마음이 있다. 살갑게 안부를 묻고, 눈인사를 나누는 이웃 같은 쇼핑센터. 사러가의 시간은 조금 느리고 가끔은 뒤처지지만, 속도를 높이는 것보다 훨씬 중요한 게 있다는 걸 안다. 이웃이 한 번 더 웃을 수 있는 공간을 꾸려나가는 사러가는 연희동에 편의를 더하는 건물이 아니라, 이웃 그 자체일지도 모른다.

A. 서울 서대문구 연희맛로 23
H. saruga.com
O. 매일 10:00-22:00

연희동에 모여 사는 주민 중에 '연희동 김작가'가 있다.
연희동에 처음 걸음 한 건 1970년도 중반, 연희동에 거주한 건 어느덧 21년.
긴 시간 연희동의 생애주기를 가까이서 목도한 그는
1970년대의 사러가와 2000년도의 사러가, 그리고 오늘날의 사러가가 별반 다르지 않다고 말한다.

연희동과 사러가 마트는
그렇게 함께 늙어가고 있었다

글 연희동 김작가

며칠 전에 당근마켓에서 첫 거래가 성사되었다. 새로 산 자전거 안장이 너무 딱딱해서 교체하고 본래 장착되어 있던 안장을 내놓았는데 구매자가 나타났다. 자신은 연희동에 살지 않지만 퇴근하는 길에 우리 집 주변으로 오겠다고 했다. 약속 장소를 어디로 정할까? 사러가…. 그래 사러가 정문 앞에서 만나자고 했다. 두말없이 약속이 성사되었다. 어느 도시 또는 동네마다 그곳의 이미지를 알리는 랜드마크가 있다. 우리 동네 그러니까 내가 20여 년을 살고 있는 연희동에서 사러가를 랜드마크로 꼽으면 누군가는 '얼마나 내세울 게 없는 동네면 한낱 슈퍼마켓을 랜드마크로 꼽을까.'라고 할지도 모르겠다. 하지만 연희동이라는 동네를 알면 그곳이 왜 동네의 이미지를 빼닮은 곳인지 깨닫게 된다.

군사정권 시대의 연희동은 한때 장관촌으로 불리기도 했다. 70년도 중반 파릇한 사회 초년생이었던 나는 당시 홍익대학교에 다니는 친구를 따라 연희동이라는 동네에 처음 와 보았다. 친구의 언니가 사는 집이 연희동에 있었고, 친구는 언니 집에서 학교를 다니고 있었다. 각각 다른 형태와 구조를 지닌 단독주택들이 즐비하고 높은 담장과 정원을 품고 있는 동네, 더 놀라운 것은 지붕에 있는 네모난 굴뚝이었다. 저 굴뚝은 무엇을 의미하는가. 그 시대 부의 상징인 벽난로가 있다는 뜻이다. 벽난로와 파란 잔디 정원에 기가 죽은 나는 동네 초입에 있는 사러가에서 또 한 번 놀라게 된다. 그곳은 마치 영화 속에서 본 미국의 쇼핑상가를 축소해 놓은 것 같았다. (그 시절 나는 미국을 동경했으므로) 마트 중앙에 있는 수입 상가에 진열해 놓은 알록달록한 초콜릿과 과자, 화장품, 멋스러운 주방 기구, 이름 모를 서양 소스들. 그 현란한 아름다움에 빠져 촌티를 풀풀 날리며 바라보고 서 있는 내가 친구는 조금 겸연쩍었을지도 모른다.

그 후 결혼하여 서울의 이곳저곳에 살다가 20여 전 연희동에 정착하였다. 놀라운 것은 내가 처음 느꼈던 그대로 변하지 않은 동네의 모습이었다. 플라스틱 그릇이 처음 나왔을 때 우리 어머니는 살기 좋은 세상이 되었다며 무거운 유기그릇을 사정없이 바꿔 치워 버렸다. 아파트가 하늘을 가리고 서 있는 서울에서 단독주택은 버려진 유기그릇만도 못했다. 하지만 연희동은 내가 처음 왔던 군사정권 시대 모습 그대로였다. 늙은 장군이 벗어놓은 옷처럼 품위는 있으나 낡아버린 집들이 옛날의 위용을 그대로 간 직하고 있었다. 그곳에 사러가가 있다. 하물며 그 옛날 그대로다. 나를 홀린 수입상품 가게도 그대로이고 심지어 그때 그 상가의 주인도 여전히 그대로인 가게가 있다고 한 다. 함께 늙어가는 것. 연희동과 사러가는 오래된 부부처럼 그렇게 닮아 있었다.

단지 역사가 깊다고 해서 랜드마크가 되는 것은 아니다. 어울림과 조화로움은 동의 개 념이다. 집과 집이 어울리고 사람과 사람이 어울리는 곳, 건물을 새로 지을 때 첫째가 '그 건물이 주변과 잘 어울리는가?'를 먼저 생각한다고 귀동냥으로 들었다. 그렇다면 사러가야말로 한때 잘나가던, 그러나 지금은 빙 둘러쳐진 산 소쿠리 안에서 오손도손 살고 있는 연희동 우리 동네와 너무나 잘 어울린다. 동네의 지붕보다 높지 않은 건물 도, 지하가 아닌 널찍한 마당 주차장도, 주차장 가장자리에 심은 아기 벚나무 울타리 도, 그냥 마을에 스며든다. 저녁이면 공터가 되는 이곳 주차장은 동네를 몹시 한적하 게 보이게도 한다. 인간관계뿐 아니라 건축물에 있어서도 가장 좋은 덕목은 어울림이 다. 부부가 서로 어울리면 금실이 좋아 보이고, 이웃이 잘 어울리면 동네가 풍요로워 보인다. 동네 초입에 있는 사러가는 생뚱맞게 높지도 않을뿐더러 화려하게 치장하여 호객행위를 하지 않는다. 그저 아담한 건물이 연희동의 오래된 집들과 잘, 너무나 잘 어울린다.

이 글은 어느 특정 가게의 리뷰가 아니다. 그래서 상품의 품질에는 함구하겠다. 다만 더운 여름에 수박 한 덩이를 무겁게 사 들고 온 손님이 "저 아래 사러가에서 샀어요." 라고 한다면 나는 그냥 믿고 자를 뿐이다. 오히려 사러가 마트에서 파는 물건보다 한 곳에서 거의 반세기 동안 꾸준히 사업을 이어가고 있는 마트 사장님의(쇼핑센터 대표님 이 더 격이 있어 보이지만 왠지 정스럽게 들리지 않아서) 경영철학에 평점을 주고 싶다.

외출 후 집으로 돌아오면서, 혹은 선선한 오후 시간에 장바구니를 들고 그곳에 가면 아는 얼굴들이 모인다. 한 번도 자신의 집에서 물건을 산 적도 없는데 늘 웃는 얼굴로 눈인사를 하는 상가 주인도 만난다. 나는 유럽을 여행하던 중에 오래된 중세 건물의 게스트하우스에서 묵은 적이 있다. 그곳은 세월의 흔적이 오롯이 남아 있는 겉과 달리 건물 안은 초현대식으로 꾸며져 있었다. 연희동 사러가 마트를 보면서 나는 가끔 유럽 의 건물에서 느꼈던 표리부동을 느낀다.

아무렇지 않게 건물 안으로 한 발짝 들어서면 확 트인 상가의 오밀조밀한 수입상가를 만난다. 뜻밖의 조합이다. 요즘 세상에 수입품이 무슨 대수냐고 콧방귀를 뀌는 사람 도 이곳의 아기자기한 물건들을 보면 누구나 한 번쯤 발길을 머물게 된다. 베이커리와 떡집, 약국, 커피숍, 반찬 가게와 건어물 가게, 꽃집과 철물점까지 없는 게 없는 쇼핑센 터다. 그리고 그 옆으로 싱싱한 청과와 식료품, 해산물 코너를 갖춘 슈퍼마켓이 있다. 이곳이 왜 마트라고만 부르기 애매한 곳인지 사러가 쇼핑센터를 들어가 봐야 알 수 있다.

오늘은 동네 미장원에 갔다. 어느 곳이나 미용실은 동네 사랑방이다. 나이 지긋한 아 주머니가 파마를 하러 왔다며 헐떡이며 들어와 에어컨 바람을 차지한다. "아이고 여 긴 시원하네, 사러가 주차장에는 햇빛 가리개 하나 만들어 줘야 되겠더라." 동네 사람 이 불볕더위에서 일하는 사러가의 주차 요원들을 걱정한다. 사랑이 없으면 관심도 없 다. 연희동 사람들은 사러가를 사랑한다. 아마 모르기는 해도 나 혼자 평점을 많이 주 고 있는 마트의 경영자님도 연희동을 사랑할 것이다. 별로 특별하지도 않은데 사러가 가 우리 동네의 랜드마크라고 한 것은 바로 그런 이유 때문이다.

Cultural Spaces To Meet Yeonhui

연희동과 사람을 잇는 장소들

각자의 시선에서 연희동을 바라보며 '문화'를 만들어 간다.
동네를 밝히고 사람을 끌어 모으는 장소들. 하루를 모두 쏟아
도 아깝지 않을, 연희동의 복합 문화 공간 세 곳을 소개한다.

에디터 김지수 사진 연희대공원 너커텐프 캐비네클럽

"연희동은 취향이 확고한 사람들이 모여 사는 동네예요. 이 동네에 다양한 취향을 반영하며 깊이 있는 공간이 속속 등장하는 이유이기도 하죠."

연희대공원
지속 가능한 일상을 만날 공간

함께 짝을 이루어 살아간다는 뜻의 '반려伴侶'. 혼자 살기를 택한 사람들이 늘어나는 요즘, '반려 문화'가 시선을 끌기 시작했다. 연희대공원은 반려 문화를 통해 지속 가능한 라이프스타일을 제안하는 크리에이티브 라운지다. 연희동 초입 길, 오래된 저택의 대문을 열고 들어가면 푸른 정원과 고풍스러운 나무 계단을 가진 공간이 있다. 넓고 독특한 구조를 다채롭게 채운 면면이 눈길을 사로잡는다. 사람들은 정원에서 각자의 반려 문화를 공유하며 소통을 이뤄간다. 그 모습은 마치 옛 동네 사람들이 평상에 둘러앉아 삼삼오오 얘기를 나누는 모습과 닮아 있다. 연희대공원은 시즌제로 운영되며 지난 5월, 두 번째 시즌을 오픈했다. '식물'과 '차' 문화를 아울러 소개한다. 이번 시즌의 커다란 테마는 '휴식'. 더불어 사는 가드닝 문화를 만들어가는 '가든어스'와 잎차에 깃든 시간과 정성을 한 잔의 차에 담아내는 '이이알티'가 함께한다. 회색 도심 속 자연의 생생한 감각, 식물과 차가 담아내는 온전한 휴식을 지향하는 하루. 시즌이 끝나기 전에 연희대공원에서 '반려'의 의미를 되돌아보는 것은 어떨까. 외로운 도시에서 나와 함께 살아갈 존재를 새롭게 찾아보는 것이다.

A. 서울 서대문구 연희로11가길 42
H. instagram.com/yh.grandpark
O. 매일 12:00–21:00

연희대공원의 추천 키트

가든어스의 틸란드시아 키트

"체험형 서비스 틸란드시아 키트를 소개해요. 돌과 식물을 활용해서 오브제를 만들어보세요. 자연스럽게 나의 일상에 식물을 초대하는 첫걸음이 될 거예요."

"연희동은 호흡이 급하지 않은 동네 같아요. 사색할 수 있는 분위기가 분명히 존재하는 곳이죠. 이런 무드를 좋아하는 팬층이 두터운 동네이고요. 우리도 그런 점에서 매력을 느껴 여기에 자리를 잡게 됐어요."

넌컨템포

저마다의 호기심을 깨울 공간

A. 서울 서대문구 연희로11가길 2 2층
H. instagram.com/noncontempo
O. 매일 11:00-19:00

"We Discover And Rearrange Good Things." 넌컨템포 noncontempo가 말하는 '좋은 것Good Things'은 옛것을 현대적으로 표현하며, 반대로 오늘의 것은 시간이 흘러도 변하지 않는 의미로 보여주는 과정이다. 순간을 초월했다고 할까. 넌컨템포에서 소개하는 작품과 오브제는 그것이 가진 시간의 흐름을 가늠하기보다 각자의 시선에서 각자의 시간으로 해석하는 편이 더 자연스럽다. 넌컨템포는 시기마다 다양한 아티스트와 협업하며 볼거리를 제공하는데, 오프라인 쇼룸에서는 경험의 가치에 집중하며 공간을 꾸렸다. 직접 걷고 눈으로 보며, 만져보고 느낄 수 있는 오감에 영감을 줄 수 있는 요소들이 돋보인다. 넌컨템포가 추구하는 감정은 '호기심'. 매일 새로움을 접하는 우리가 오랜 시간 변하지 않을 가치를 만나는 것은 더 깊은 의미의 호기심을 불러일으킨다는 것이다. 이제 넌컨템포는 새로운 길을 다듬어 간다. '36화점'을 주제로 한 다음 시즌에서는 36개의 크리에이터와 브랜드를 여섯 가지 주제로 나누어 소개할 예정이다. 더불어 연희동에 건강한 식료품과 먹거리를 제공할 팝업 슈퍼마켓 '서울 그로서리 클럽SGC'을 오픈할 예정이라니, 넌컨템포가 제안할 경험의 순간에 온전히 기대보고 싶다.

/non*con*tem~po/

넌컨템포의 추천 전시

Alcova, 2021.09.05-12
"넌컨템포에서 팝업을 진행했던 스튜디오 차차가 2021년 밀라노 디자인 위크Milan Design Week에 프로젝트팀 필굿FEEL GOOD(곽철안, 김충재, 강재원, 스튜디오 차차)으로 참여합니다. 이번 행사는 밀라노의 오래된 수도원 건물과 군 병원의 세탁소 건물에서 열리며 각국의 갤러리와 디자인 스튜디오가 참여하여 열릴 예정이랍니다."

"전시, 스토어, 카페, 자연, 커뮤니티까지. 캐비넷클럽CABINET CLUB은 공간의 여러 쓸모를 자랑해요. 창작자와 관람객 사이를 넘어 연희동의 대중, 지역 주민과 함께 로컬 커뮤니티를 이루고자 합니다."

캐비넷클럽하우스
서랍 속 작품이 펼쳐진 공간

A. 서울 서대문구 연희로 11가길 48-23
H. cabinetclub.co.kr
O. 매일 12:00-20:00 월요일 휴무
　　(페이퍼숍은 월-화요일 휴무)

'What Is Your Favorite Cabinet?' 누구나 자신만의 서랍장을 가지고 있다. 좋아하는 것들을 차곡차곡 모은 저마다의 서랍장. 캐비넷클럽이 채워가는 공간, '캐비넷클럽하우스'는 다양한 아티스트의 서랍장을 살필 수 있는 곳이다. 창작자들의 캐비닛을 한곳에 모아 풀어놓고 예술이라는 카테고리 안에서 다채로운 체험을 선물한다. 전시장과 함께 구성된 숍에서는 포스터와 엽서를 비롯한 다양한 아티스트들의 굿즈를 찾아볼 수 있다. 단순한 작품 소비를 넘어 예술을 일부분 소유하여 경험하자는 의미가 뚜렷하게 담겼다. 공간은 기존 구옥의 토대를 살려 연희동이 가진 옛 동네의 정취를 그대로 품었고, 창밖으로 연희동의 멋진 경관이 작품처럼 보인다. 우리는 전시를 감상하다 풍경을 바라보며 캐비넷클럽하우스가 담고 있는 자연과 풍경, 예술의 접점과 마주한다. 서울에도 이토록 자연스러운 풍경이 있다는 걸 새삼 깨닫게 되는 순간, 마음은 안정을 찾는다. 자연과 예술이 만든 경험의 정점을 따라가 보는 것. 한 동네를 새롭게 바라볼 시선을 이곳에서 찾아보자.

캐비넷클럽의 추천 전시

2021 Tree13 Solo Exhibition 극소바캉스〈極小 VACANCE〉
"8월부터 이어지는 일러스트레이터 '나무' 작가의 전시는 트렌디한 그림과 디자인을 바탕으로 감각적인 굿즈 역시 선보일 예정입니다. 옛 정서를 품은 그림체를 현대적인 시각으로 표현하는 그만의 방식을 기대해 주세요."

A Day Of Walkerholic

워커홀릭 씨의 일일

하루에 1만 보 걷기가 어렵다 하여 만보기라는 게 생겼다는데, 하루 1만 보는 너끈히 걷고 있어 만보기의 쓸모는 잘 모르는 사람. 하루는 가볍게 산이나 타보자며 집을 나서서는 연희동 주변을 3만 6천 보나 걷고 돌아왔다. 산과 강을 두루 거닌 연희동 산책길을 여기에 살짝 담는다.

글 이주연 사진 노의관

다섯 개의 통로
안산자락길

TIP

꼭 정상에 오를 생각이 아니라면 메타세쿼이아 숲길에서 산책하는 것도 좋다. 데크로드로 조성되어 있어 걷기에 편하고 휠체어나 유모차가 다닐 수도 있는 데다가 대여 시스템도 있다. 데크로드만 빙 둘러 산책하는 걸로도 초록빛 서울을 만끽할 수 있을 테다. 내려오는 길에 서대문자연사박물관 마당에 세워진 커다란 공룡 조각상을 만나는 것도 큰 재미.

안산에 가자는 말을 처음 들었을 때 경기도 안산시를 떠올리고 "거기 뭐가 있는데?" 하고 되물었다. 정상에 오르면 인왕산도 보이고 북악산도 보인단다. 가만히 들어보니 안산은 이름 그대로 '산'이었다. 서대문구에 오를 수 있는 산이 있을 거라고 생각해 본 적 없어 호기심이 일었고, 마음먹고 안산에 올라보기로 했다. 폭염주의보가 내릴락 말락 하던 말간 초여름에.

안산자락길로 통하는 길은 다섯 군데가 있다. 독립문역, 홍제동 고은초등학교, 서울시립서대문도서관, 홍제천 인공폭포, 서대문구청 입구. 초여름이라기엔 상당히 덥던 어느 날 내가 선택한 입구는… 음, 지도를 봐도 잘 모르겠다. 이화여자대학교 뒤편으로 올라서는 봉원사 주변에서 헤매다가 '길은 다 통하게 되어 있다.'는 명제를 쫓아 걷다 보니 안산자락길에 당도했다. 순한 흙길을 따라 어렵지 않게 걷다 보면 곳곳에서 이정표를 만나게 된다. 이 길, 저 길 기웃거리면서 정상이라고 적힌 봉수대를 쫓아 걸었다. 험난한 산이라기엔 온순하지만 산은 산이어서 오르는 숨이 점점 가빠진다. 등산 스틱을 나란히 쥐고 오르는 어른들과 아이스크림을 사달라 조르는 아이들을 보면서 한 발짝 두 발짝 무게를 싣다 보면 어느덧 정상. 전망대에서 아래로 내려다보면 서울 전경이 한눈에 보인다. 봉수대 앞에서 사진을 몇 장 찍고, 숨을 고르고, 물도 한 모금 마시고 서 있자니 서울의 왕이 된 기분이다. 내려와서 보니 벌써 1만 8천 보를 걸었다.

108

길쭉하고 높은 자리
궁동근린공원

TIP

사러가를 끼고 오르막길을 10분여 오르면 '둘
리 비디오'라는 오래된 간판을 만날 수 있다.
비디오 대여점은 사라졌지만 간판은 남아 어
릴 적 향수를 불러일으킨다. 그 앞에서 사진을
몇 장 찍고 있으면 지금이 몇 년도인지 헷갈리
는 지경에 이르는데, 지금 그 공간은 누군가 사
용하고 있으니 수상한 사람처럼 보이지 않으
려면 주의하자.

어느 동네든 지도를 조금만 훑어보면 공원이 가까이 있다는 걸 알게 된다. 하다못해
작은 놀이터에도 '○○공원'이라는 명칭이 붙어 있으니까. 공원을 곁에 두고 산다는
건 대단한 행복이다. 자연에 마음 놓고 기대 쉴 수 있는 곳, 걷다 보면 마음에 온기
가 들어차는 곳, 연희동에서 그런 공원을 하나 꼽으라면 궁동근린공원이 아닐까. 안
산자락길에서 연희동 방향으로 내려와 조금 높은 주택가를 걸어 걸어 올라가면 궁
동산 둘레길이 펼쳐진다. 소요 시간은 40여 분 정도. 공원 곳곳엔 꼬리풀, 꽃잔디,
할미꽃 같은 꽃들이 있어 계절에 따라 철쭉이나 장미도 풍성하게 만나볼 수 있다.
연희동의 랜드마크 '사러가'를 끼고 주택가를 조금 오르면 펼쳐지는 급경사 코스는
걷기 초보자에겐 생각보다 힘든 코스일 테다. 생각보다 기울어진 길이라 한여름에
오르면 숨소리가 다소 거칠어지는데, 연희동의 고즈넉함이 그대로 깃든 골목골목
은 대조적으로 조용하고 얌전하다. 가끔 경사진 길에서 어렵지 않게 작은 마을버스
를 만날 수도 있다. 주택가의 넓지 않은 골목을, 게다가 이토록 급경사인 길목을 오
르는 작은 버스는 마법 버스처럼 단단하고 힘이 세 보인다. 버스는 오르막길을 올라
궁동근린공원에서 정차한다. 무려 여기가 종점이다. 5월이면 장미 정원이 조성되는
이 작고 기다란 공원은 생각보다 훨씬 고즈넉하다. 버스 정류장 부근에 있는 벤치
앞에 서면 연희동의 낮은 건물들이 한눈에 들어오는데, 이럴 때 "숨통 트인다!"고
하는 게 아닐까.

바람 따라 골라 걷는
한강공원

서울의 상징 한강. 한강을 건너려고 만들어진 다리만 해도 서른한 개. 강원도부터 충청북도, 경기도, 서울까지 이어지는 이 커다란 물줄기를 따라 펼쳐진 푸른 공원은 서울에서 누릴 수 있는 가장 따뜻한 사치 아닐까.

걷기의 마지막 코스로 향하기 위해 궁동근린공원에서 내려와 따릉이를 대여해 양화진역사공원까지 천천히 질주한다. 약 5킬로 거리의 코스로, 자전거를 타면 20분 남짓이다. 자전거길로 걷는 사람들을 피해 달려 도착하니 후텁지근하고 여린 바람이 분다. 여름 저녁에만 느낄 수 있는 미미한 훈풍. 따릉이를 반납하고 절두산 순교성지를 오르면 양화진 외국인 묘지도 지날 수 있다. 개화기에 조선을 방문하여 굵직한 업적을 남긴 외국인들이 묻힌 장소다. 최초의 서양식 병원인 제중원을 세운 헤론… 같은 선교사의 이름을 떠올리며 한강공원 절두산성지에 도착한다.

오늘의 마지막 코스는 한강공원 절두산성지부터 난지한강공원 진입로까지 걸어서 왕복하는 길. 한강을 따라 펼쳐진 산책로를 타박타박 걷는 길이니 대단한 길치에게도 친절한 산책길일 테다. 혹시 모르니 지도 애플리케이션을 손에 쥐고 걷기 시작한 지 한 시간쯤 흘렀을까, 홍제천을 지나 난지한강공원 진입로가 보인다. 주인과 함께 쫄래쫄래 걷는 강아지 보는 일이 즐겁고, 바람 사이를 걷는 연인의 모습과 달리기 바쁜 러너의 모습이 여름의 옅은 저녁을 닮았다. 왕복하고 확인하니 세 번째 코스는 8킬로 남짓. 두 시간 정도 걸었다. 마지막 코스까지 완주하고 족욕으로 하루를 마치면 워커홀릭의 하루는 건강하게 끝이 난다. 오늘 걸은 걸음 수는 거진 4만 보에 달한다.

TIP

정확한 위치를 설명하긴 어렵지만 난지한강공원으로 향하는 길목을 잘 둘러보면 나무 틈으로 샛길을 발견할 수 있다. 인적이 드문 그 길로 들어서면 거짓말처럼 좁은 길과 텅 빈 푸른 숲이 펼쳐지는데, 사람도 없고 가끔 풀벌레 소리만 들리는 그곳에서 숨을 크게 들이마시면 그렇게나 상쾌할 수가 없다. 밤 산책 코스로 추천.

양화진역사공원
A. 서울 마포구 토정로 2

유일한 가치를
만들어갑니다

The Language
Of Good People

드나스 스튜디오 임정현·한유원

착한 사람들의 언어

착하다는 말 속엔 여러 의미가 있지만 가장 처음은 뭐니 뭐니 해도 '좋은 것'
이라는 거다. 종종 착하다는 말이 반대의 뜻으로 오갈 때면 기분이 썩 좋지 않
았는데, 오늘은 진정 이 단어가 꼭 어울리는 사람들을 만났다. 정현과 유원은
서로의 선한 모습을 바라보며 온전히 지켜주는 사람들이다. 닮은 듯 닮지 않
은 두 사람이 만들어 가는 공간, 그 속에선 기분 좋은 언어들이 오가고 있었다.

에디터 김지수　포토그래퍼 최모레

두 분 첫 인터뷰라고 들었어요. 덩달아 조금 떨리는데요. 각자 소개로 시작해 볼까요?

유원: 긴장되네요(웃음). 안녕하세요, 저는 영상 프로덕션 오운더스탠드Ownderstand를 운영하고 있는 한유원입니다. 개인적으론 영화 작업도 하고 있어요.

정현: 반가워요(웃음). 저는 사진 찍는 임정현입니다. 요즘은 드나스 공간을 좀더 채우고 싶어 여러 시도를 해보는 중이에요. 작은 소품을 만들기도 하면서 바쁘게 지내고 있어요.

두 분은 커플이잖아요. 어떻게 만나게 됐는지 궁금했어요.

유원: 제가 첫 단편 영화를 준비할 때였어요. 캐스팅 단계였는데 그중에 보살 역할이 있었어요. 비중이 크진 않았지만 배우가 본래 가진 분위기가 중요한 배역이었어요. 전문 배우가 아닌 사람을 찾고 있던 차에 정현이 떠올랐어요. 당시에 SNS에서 서로의 존재를 알고 있었거든요. 제가 캐스팅 제안을 하면서 처음 만나게 된 거죠.

보살 역할이요? 정현 씨는 제안받았을 때 조금 놀랐겠어요.

정현: 갑자기 연락이 와서 사진 작업을 요청하는 줄 알았는데 연기를 부탁하더라고요. 신기했죠. 그런데 처음엔 걱정이 많았어요. SNS로 보는 사람의 이미지는 아주 단편적이잖아요. 막상 마주했을 때 너무 다르다고 생각하면 어쩌지, 하는 고민도 있었어요. 그렇지만 당시엔 무조건 새로운 경험이 큰 배움이 될 거라는 믿음이 있었고, 그래서 제안을 받아들였어요. 지금의 저였다면 정중히 거절했을 것 같아요. 그때가 아니었다면 만나지 못했을지도 몰라요.

유원: 제가 봤던 정현이는 차분하고 깔끔한 분위기를 가진 사람이었어요. 실제로 만났을 때도 같았고요. 촬영 후에 영화 포스터 작업까지 부탁하게 되면서 더 친해졌어요. 그러다가… 저는 어느 순간 우리가 사귄다고 생각했는데 아니었더라고요(웃음).

정현: 사귄다고 말하기 전까지는 사귀는 게 아니죠. 혼자 착각하고 있더라고요(웃음).

유원: 결국 서로 마음을 확인하는 대화를 하고서 정식으로 만나게 됐어요.

보기 좋아요. 둘이서 드나스 스튜디오DNAS Studio를 함께 오픈했는데 시작은 어땠나요?

유원: 드나스는 스튜디오라기보다 저희 둘이 쓰는 작업실 개념에 더 가까워요. '드나스'라는 이름도 요나스 메카스Jonas Mekas 감독의 짧은 영화 〈Diaries, Notes And Sketches〉(1969)에서 따왔어요. 노트에 스케치하듯 창작자들이 이곳에서 자유롭게 작업하길 바라는 의미를 담았죠. 작업실 공유의 목적이 강한 곳이에요.

정현: 이 공간을 얻게 된 것도 서로 작업실의 필요성을 느끼

면서였어요. 마침 좋은 대출 제도를 알게 돼서 바로 건물을 알아보러 다녔죠. 여러 동네를 돌아다니다가 바로 저희 집 아래에 있는 지금 이 공간이 떠올랐어요. 접근성이 좋은 공간은 아니지만 오는 길이 참 아름다운 곳이에요.

오래된 공간이 주는 고즈넉한 분위기가 멋진 곳이에요. 정현 씨는 원래 종로에 살았군요. 혹시 서울 토박이인가요?

정현: 맞아요. 어릴 때는 가회동에 살다가 최근에 평창동으로 이사 왔어요.

종로의 변화를 쭉 지켜보며 자랐겠네요.

정현: 그렇죠. 서울을 떠올리면 높고 빽빽한 건물과 도시 이미지가 강한데 종로는 곳곳에 자연이 돋보여요. 요즘은 젊은 사람들이 좋아할 만한 장소도 많이 생겼고요. 아주 도시적인 것들과 또 자연적인 것들, 오래된 것과 새것이 묘하게 뒤섞여 공존하는 동네예요. 제가 어릴 땐 주민들만 있는 한적하고 소박한 분위기가 있었는데 이젠 외지인들이 방문하면서 조금 활발한 풍경도 생겼죠.

종로는 특히 정제된 매력이 있는 동네 같아요. 유원 씨는 김해가 고향이라고 들었어요. 서울을 보는 시선이 조금 다를 것 같은데, 어떤가요?

유원: 처음엔 이 도시에 큰 환상을 가졌어요. 서울 친구들을 마주하면 조금 긴장하던 시절도 있었고요(웃음). 서울에선 특히 문화적 풍요를 기대했는데 그것도 결국 부지런한 사람이 제대로 누릴 수 있다는 걸 깨달았어요. 환경이 중요한 게 아니었던 거죠. 서울 안에서도 동네마다 분위기가 사뭇 다르다는 것도 느껴요. 일반화하려는 건 아니지만 서초, 마포, 종로 등 그곳에 사는 사람들이 풍기는 분위기가 다른 것 같아요.

그럼 종로 사람으로 본 정현 씨는 어떤 사람이던가요?

유원: 설명하기가 참 어려운데(웃음)… 매우 검소하면서 차분하고 그렇지만 어딘가 꽉 채워진 사람이라고 생각해요. 정현이 말고도 종로에 사는 다른 친구들도 대부분 비슷한 분위기를 가지고 있어요.

오운더스탠드 홈페이지에서 두 사람이 여행하면서 찍은 영상들을 봤어요. 유원 씨가 정현 씨를 찍은 컷들이 인상적이었는데, 그런 시선에서 나온 결과물이었네요.

유원: 저는 여행을 그다지 좋아하는 편이 아니었는데 정현이가 여행을 좋아해서 따라다니게 됐어요. 그 사이에 자연스럽게 영감을 받기도 했고 여러 감정을 느끼면서 이 순간을 기록하자는 마음으로 찍었던 것 같아요.

두 분이 서로의 작업에 영감을 주는 부분도 많을 것 같아요.

정현: 비슷한 경우인데, 저는 사실 영화에 관심이 많던 사람은 아니었어요. 오빠를 만나게 되면서 영화를 접할 기회가 많이 생겼고 그 과정에서 사진 작업에 참고하면 좋을 레퍼런스를 종종 얻게 됐죠. 영화 이미지가 사진 작업까지 이어지는 건 상상 못 하던 부분이었는데 작업 반경이 넓어진 느낌이 있어요.

그래서인지 두 분의 작업이 비슷한 톤을 가졌다는 인상을 받기도 했어요.

정현: 그런 면이 있죠. 그동안 만나면서 서로 많은 부분을 공유했고 예전과 비교해서 달라진 점을 자주 느끼곤 해요. 스스로 제 사진의 결이 많이 바뀌었다는 걸 깨달을 때도 있고요. 수수하고 깨끗하고 자극 없는 무드를 유지하지만 색채와 대비는 비교적 강해졌어요. 조금 어두운 톤의 이미지를 선호하게 된 것도 변화 중 하나고요.

유원: 서로 감각이 닮아 간다는 생각이 들어요. 제 영화 피드백 중에 '착하다'는 표현이 있었는데요. 저희 둘에게 그런 이미지가 일부분 존재한다고도 생각해요.

여기서 착하다는 말에는 어떤 의미가 있을까요?

유원: 친한 피디님이 제 영화와 글을 보고 주신 피드백이었어요. 영화에는 다양한 소재가 등장하잖아요. 그 안에는 폭력과 갈등, 사랑도 포함되고요. 제 영화 안에선 그런 소재의 묘사가 끝까지 가지 않아요. 그런 면을 착하다고 표현해 주신 것 같아요. 예를 들어, 저의 단편 영화 〈나는 사람 때문에 울어본

적이 없다〉(2019)에서 주인공이 위선적인 인물에게 시비 거는 장면이 있어요. 주인공은 욕설이나 주먹다짐으로 통쾌한 대응을 하지 않고 소심하게 침을 뱉고는 결국 얻어 맞고 말아요(웃음). 어떻게 보면 쪼잔한 표현으로 보일 수 있는데 저는 그런 찌질함이 좋더라고요. 이런 요소가 착하다는 표현과 이어지지 않을까 싶어요.

정현: 오빠가 찍는 영화에는 악의가 없어요. 물론 그 안에 갈등과 미움이라는 감정도 있지만 그 뒤에는 반드시 타당한 이유가 있어요. 그저 익숙한 일상의 얘기라는 느낌이 더 많이 들고요. 공감할 수 있는 영화들이죠.

각자 작업을 통해 표현하고 싶은 것이 있다면 무엇일까요?

정현: 다른 사진을 봤을 때 좋다고 느끼는 점들이 제가 사진으로 표현하고 싶은 점과 같아요. 사진은 결국 찰나의 순간인데 그 안에서 다양한 감정들이 느껴졌으면 해요. 제 사진을 보는 사람들이 자신의 경험을 떠올리거나 감정을 이입하게 된다면 좋겠고요. 멈춰 있지만 흐르는 것 같은, 살아 있는 것처럼 보이는 사진을 찍고 싶어요.

유원: 저도 비슷한 맥락이에요. 어떤 영화를 봤을 때 새로운 것을 경험하고 체험했다는 느낌을 주는 영화를 만들고 싶어요. 그 새로운 무언가는 장르로서 판타지를 의미하는 것이 아니라 일상적인 이야기고 다큐멘터리에 가까운 표현이지만 동시에 영화를 보고 있다는 걸 인지하게 만드는, 결국은 카메라의 시선으로만 잡을 수 있는 낯선 이미지가 있는 영화를 만들고 싶어요.

끝으로 서로에게 하고 싶은 말이 있나요(웃음)? 지면을 빌려 남겨 봐요.

정현: (웃음) 즐겁게 하자.

유원: 저희가 이 말을 정말 자주 해요(웃음).

함축적인 의미가 있는 말 같은데요?

정현: 연연하지 말고 항상 즐겁게 하자, 그러다 보면 우리가 걱정하는 것들이 자연스럽게 풀어지는 날이 오겠지, 하는 의미를 담은 말이에요. 아직은 젊으니까 그냥 지금 재밌는 걸 따라가 보자, 조바심 내지 말고 그냥 우리 하던 거 하자(웃음).

유원: 이런 말을 할 때 보면 정말 보살 같아요. 캐스팅을 정말 잘했다는 생각이 들죠(웃음).

드나스 스튜디오는 창밖의 풍경이 아름다운 곳이었다. 나무가 흩날리는 와중에 새어 들어오는 빛을 보며 내 마음도 편안해졌다. 공간은 그곳을 다듬는 사람을 닮아간다. 정현과 유원이 그렇다. 풍경처럼 나무처럼 빛처럼. 아무렴, 좋은 사람들!

A Hidden
Way Of Seeing

플랜트 소사이어티 1 최기웅

조금 다른 각도

자신의 가능성을 열어 두고 상상하는 것, 정답 없는 길에 자신을 믿고 풀어 두는
것. 이 모든 건 결국 조금 달리 보는 일에서 시작했다. 식물들의 사교 클럽, '플랜
트 소사이어티 1prant society 1'의 최기웅 대표는 새로운 것을 가까이 두고 잘 들여
다보는 사람이었다. 그를 만나 식물 얘기를 실컷 하려고 했건만 어느 순간 계획한
질문들은 무용지물이 됐다. 인터뷰는 길을 잃었지만 또 다른 대화는 시작되었다.

에디터 김지수 포토그래퍼 최모레

먼저 소개로 시작해 볼까요?

반가워요. 저는 '플레이크FLAKE'라는 경험 디자인 스튜디오를 운영하고 있는 최기웅입니다. 스타트업 회사 컨설팅부터 크리에이티브 디렉팅, 디자인까지 다양한 브랜딩, 디자인 관련 일을 하고 있어요. 사실 저 자신을 정확히 무언가를 하는 사람이라고 소개하기가 참 어려워요(웃음). 지금의 플랜트 소사이어티 1(이하 'p-s-1')을 오픈하기 전까지는 이베이의 브랜드 경험 설계 조직에 있었고요. 아마 경험을 설계한다는 분야가 조금 어렵게 들리실 텐데요.

조금 생소한데요. 어떤 경험으로 이해하면 좋을까요?

경험 설계는 말 그대로 경험을 디자인하는 일이에요. 예를 들면 p-s-1은 '식물'이라는 매개로 다양한 문화를 데려와 새로운 경험을 제안하는 곳이에요. 이곳에서 식물은 경험이라는 카테고리 안에 있는 하나의 소재가 되죠. 그 소재가 무엇이든 제가 하는 일의 본질은 경험에 있고요. p-s-1이란 공간에서 어떤 것을 보고 듣고 느끼는지를 디자인하는 거예요. 경험을 설계하는 사람이라고 저를 소개하게 된 건 시대의 변화를 느끼면서부터였어요.

어떤 시대의 변화일까요?

음… 혹시 아주 어릴 때 꿈이 뭐였어요?

어… 저는 어떤 영화를 보고 변호사가 되고 싶었던 것 같아요.

꿈을 직업으로 대답한다면 기자님은 요즘 사람이 아니에요(웃음). 지금 사람들은 꿈을 직업으로 말하지 않아요. 일단 명사가 아니죠. 대부분 '어떤 사람이 되고 싶냐'에 초점을 맞추고 있어요. 이런 면에서 저는 세대가 달라지고 있다는 걸 단편적으로 느껴요. 꿈을 직업으로 이해한다면 그 직업을 가지게 됐을 때 꿈은 사라지게 되잖아요. 직업의 카테고리에 갇혀서 다른 일을 하는 데 제한이 생기고요. 저는 원래 디자인을 했던 사람으로서, 디자인이라는 카테고리에 묶여서 한계를 마주하는 상황이 늘 아쉬웠어요. 경험을 설계한다는 맥락 안에서 움직인다면 더 다양한 일을 꾸릴 수 있고 제가 하는 일에 가능성을 열어 둘 수 있죠. 꿈을 직업으로만 생각하지 않고 더 넓은 가능성을 열어 두고 상상할 수 있는 것처럼요.

그렇게 경험을 설계하는 공간 중 하나가 p-s-1인 거네요.

그렇죠. 사실 제가 식물이 너무 좋아서 p-s-1을 오픈한 건 아니에요. 저보다 아내가 식물을 더 좋아하는데, 아내를 통해서 제가 식물을 보는 시선이 조금 다르다는 걸 알게 됐어요. 제 MBTI가 강한 INTP인데요(웃음). 본래 이성적이고 공감 능력이 현저히 낮은 성격이에요. 아내는 반대로 공감 능력이 높은 성향이라 둘이 식물을 볼 때 관점이 아주 달라요. 아내는 식물이 마음의 안정과 치유를 가져다준다고 느끼지만 저는

식물을 멋있는 조형적 오브제로 바라봐요. 설득이 필요 없는 존재라 매력적이라고 생각하고요.

설득이 필요 없다는 건 어떤 의미일까요?

제가 하는 경험 디자인과 브랜딩 컨설팅의 가장 큰 핵심은 '설득력'이라고 생각해요. 다수의 사람들이 사용하는 브랜드 경험 안에는 설득력이 필요하거든요. 그런데 식물은 아니죠. 그 자체로 멋지고 눈에 보이는 생명을 가지고 있다는 사실만으로도 큰 감동을 주는 존재니까요. 자연은 설득력이 필요 없어요. 이런 맥락에서 저는 식물을 키운다는 표현을 지양하기도 해요. 사람이 뭐라고 식물을 키우겠어요. 자연 그 자체인데요.

하지만 화분에 담긴 식물은 사람이 노력하지 않으면 죽기도 하잖아요.

그런 면에서 사람은 다소 이기적인 면이 있는 것 같아요. 자연을 화분에 가둬 두고 있으니까요. p-s-1은 사람들이 식물을 더 많이 키우도록 돕는 문화에 일조하지만 사람들의 정서적 안정을 위해 존재하는, 거창한 가치관을 가진 브랜드는 아니에요. 식물 브랜드라고 해서 친환경 운동을 하는 것도 아니고요. 식물을 통한 다채로운 관점과 경험을 말하는 브랜드에 더 가깝죠.

식물을 바라보는 시선이 이렇게 이성적일 수도 있네요(웃음). p-s-1이 표현하는 식물 이미지가 모던하다고 느낀 이유가 여기 있었어요.

많은 식물 브랜드들이 따뜻한 감성으로 식물을 표현하잖아요. 저는 식물을 아트인 존재로 보여주는 시선도 필요하다고 생각했어요.

분더샵과 진행한 프로젝트 '베란다 가드너' 팝업 숍이 딱 그런 이미지였죠. 식물을 아트로 표현하는 시선에 가까웠어요.
그렇죠. 장소도 청담 분더샵이었는데 공간이 주는 상징성을 고민했어요. 식물 패키징도 패션 아이템처럼 표현했고요. 조명부터 장식 요소까지 화려한 이미지로 구현했어요. 낯선 시도여서 그런지 좋아해 주시는 분들도 많았지만, 안 좋은 시선으로 보시는 분들도 많았어요. 하지만 같은 시기에 완전히 다른 가격대와 콘셉트로 키티버니포니에서도 팝업 행사를 했어요. 사실 일종의 실험이었죠. 결론은 식물을 통한 다채로운 경험으로 귀결되고요. 식물들도 사람처럼 이미지가 있어요. 어떤 식물은 블랙핑크의 제니 같은 세련됨이 있을 수 있고 어떤 식물은 윤여정 선생님처럼 편안함이 느껴질 수도 있고요. 식물을 바라보는 다양한 시선이 있다는 것, 식물을 대하는 대상에 따라 식물의 역할이 달라질 수 있다는 메시지를 담기도 했어요.

새롭네요. 그럼 안정적으로 회사를 다니다가 새로운 사업을 시작하신 건데, 그 과정에 불안감은 없었나요?
회사를 다닐 땐 정말 안정적이었죠. 빠른 시기에 승진도 했고 복지도 좋았고 연봉도 무시할 수 없었고요. 하지만 직급이 오르고 연차가 쌓인다고 해서 마냥 좋은 것만은 아니에요. 일부 분에선 모든 게 내 의지와는 상관없이 이뤄지는 느낌이 들기

도 하고요. 그러다 어느 순간 퇴직 후의 미래가 두려워지기 시작했어요. 그때 내가 뭘 할 수 있을까, 더 성장할 수 있을까 하는 고민이 들더라고요. 그때 한 살이라도 어릴 때 나와야겠다는 생각이 들었어요. 언젠가 부딪힐 거라면 지금 하는 게 맞겠다는 생각한 거죠. 그 결심을 하고 나서는 어려운 게 없었어요. 저는 '자기다움'이라는 말을 좋아하는데, 저의 자기다움과 마주하고서 더 확신이 생겼어요.

대표님이 말하는 자기다움은 어떤 걸까요?
자기다움은 결국 나를 인정하는 일이죠. 자신을 인정하는 게 제일 어렵거든요. 묻고 싶은 게 있는데, 혹시 지수 님은 자신에게 어떤 매력이 있다고 생각해요?

저요? 갑자기 물으시니 부끄럽네요. 그걸 몰라서 제가 괴로운 것 같기도 해요.
부끄러워하면 안 돼요(웃음).

그럼 대표님의 매력은 뭔가요(웃음)?
저는 광장한 매력들을 가지고 있죠. 자존감도 높고 어떤 일의 맥락을 읽는 것도 잘하고요. 이런 이야기를 뻔뻔하게 할 수 있는 것도 제 매력이고요. 저는 모든 사람들이 각자의 매력을 속으로는 잘 알고 있다고 생각해요. 그걸 날카롭게 정면으로 바라보는 것이 결국 자기다움을 만든다고 생각하고요. 어쩌면 그 자기다움이 의지대로 살아갈 수 있게 만들어 주는 원동력이기도 해요. 그래서 제가 p-s-1을 시작할 수 있었겠죠. 제가 멋대로 산다고 해도 세상이 크게 달라지지는 않더라고요(웃음).

용기가 되는 말이에요. 벌써 마지막 질문이에요. 지금 p-s-1의 목표는 뭘까요?
안 망하는 거요(웃음). 사실 궁극적인 목표는 없어요. 제가 브랜딩 컨설팅을 할 때 제일 처음 하는 단계가 장기적인 플랜을 가지고 브랜드의 수명을 정하는 건데, p-s-1은 수명이 없어요. 애초에 거창하게 시작하지 않아서 내일 망해도 이상하지 않죠. 그저 이 공간에서 다양한 경험을 만들어 가고 싶어요. 이 단순한 마음이 오히려 p-s-1을 더 오래 유지할 거라고 믿어요.

대화가 끝나고 나는 빙산의 일각을 본 것만 같은 느낌이 들었다. 최기웅 대표의 거대한 바다의 한 끝만 본 것 같은 기분. 문득문득 다가왔던 그의 질문에 흠칫 놀라던 순간도 있었다. 받았던 질문들을 돌아보며 식물을 바라보는 나의 시선, 나를 바라보는 나의 시선을 곱씹어봤다. 조금 다른 생각이 결국 다채로운 인생을 만든다는 것. 이날 대화를 통해 얻은 단순하고도 중요한 가치다.

116

《색이름 352》

Five
Colors
Of Seoul

이토록 따뜻한 서울의 색들

서울이란 단어에 가장 먼저 떠오르는 이미지는 삭
막한 도시다. 빌딩풍이 스산하게 불고, 제 할 일들
을 하느라 주변엔 관심을 두지 않는 풍경. 어떻게
든 좀더 따뜻하고 다정한 서울이 보고 싶어 주변을
두리번거리다 오이뮤를 발견했다. 서울을 기반으
로 2015년부터 활동하기 시작한 디자인 스튜디
오 오이뮤는 과거와 현재를 잇는 활동을 이어왔다.
잊혀 가는 문화적 가치를 재해석한다는 이들의 소
개를 곱씹으며 오이뮤라면 서울에서도 온기를 단
번에 찾아줄 것 같다는 예감이 들었다. 오이뮤에서
출간한 《색이름 352》를 떠올리며 서울에 색 입히
는 작업을 부탁하면 어떨까 싶었다. 혹여나 억지스
러워질까 싶어 온기를 담고 싶다는 요청은 생략했
는데, 서울의 따뜻한 색들이 줄줄이 도착했다.

글·사진 **오이뮤OIMU** 신소현 에디터 이주연

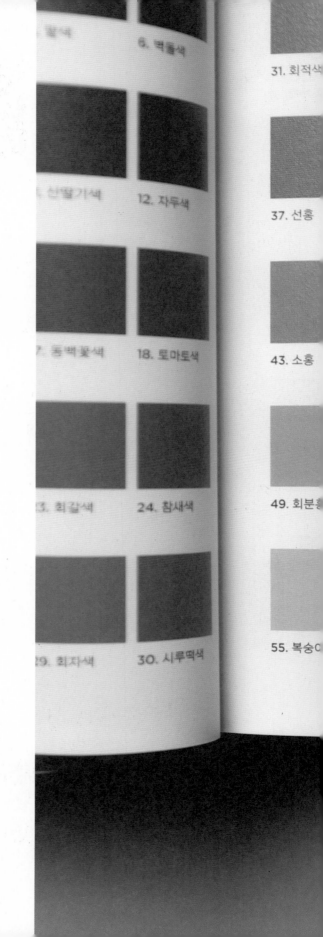

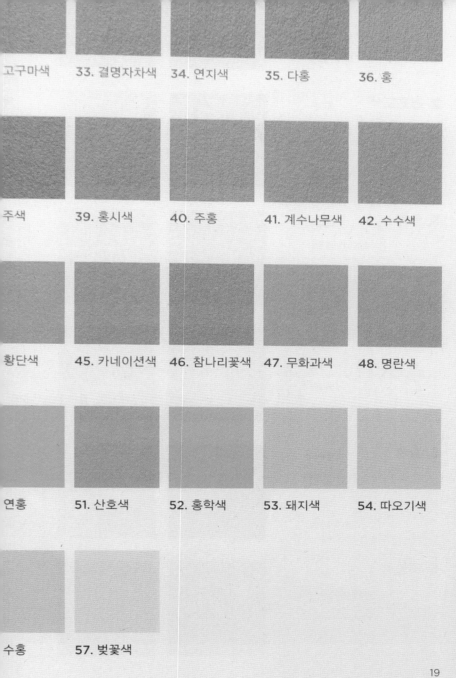

고구마색   **33.** 결명자차색   **34.** 연지색   **35.** 다홍   **36.** 홍

주색   **39.** 홍시색   **40.** 주홍   **41.** 계수나무색   **42.** 수수색

황단색   **45.** 카네이션색   **46.** 참나리꽃색   **47.** 무화과색   **48.** 명란색

연홍   **51.** 산호색   **52.** 홍학색   **53.** 돼지색   **54.** 따오기색

수홍   **57.** 벚꽃색

요즘 서울 하늘, 훈색

연분홍에 노란색이 더해진 색

요즘 저녁때만 되면 SNS 피드를 뜨겁게 달구는, 분홍빛으로 물든 서울 하늘의 사진들을 보면 하던 일을 덮고 당장이라도 한강 둔치에 앉아 해 지는 모습을 하염없이 바라보고 싶다. 현실은 매일 있다시피 한 업무 마감 때문에 사무실을 벗어나기 어렵다. 결국 한 번도 충동을 실행에 옮긴 적은 없지만 사무실 창밖으로도 노을을 만끽하기에는 충분하다. 마주 서 있는 건물의 창문이 서로 빛을 튕겨내며 퍼지는 분홍빛도, 주홍빛도, 보랏빛도 아닌 오묘하게 공기를 물들이는 훈색은 잠시나마 구름 속을 걷는 꿈같은 상상을 하게 한다.

서울 골목골목 사이를 채우고 있는 만능 화분, 고무대야색
적갈색을 띤 고무로 만든 대야의 색

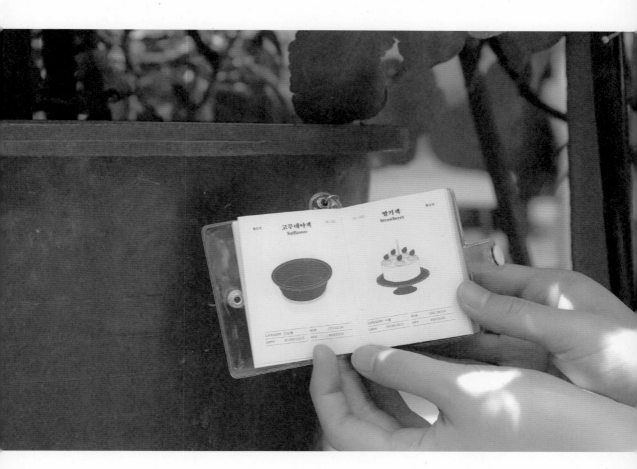

골목을 걷다 보면 심심찮게 고무대야에 심긴 방울토마토, 가지, 오이, 고추 등 각종 작물들이 보인다. 아름다운 일상품을 좋아하는 터라 어떤 기물도 허투루 고르는 법이 없기에, 내가 만약 오이를 기를 화분을 고른다면 둥근 곡선을 가진 담백한 백색 도자기 화분이나 세필로 섬세하게 그려진 아름다운 무늬가 있는 화분을 고를 것이라는 상상을 하며 걸음을 옮긴 방향에 또다시 고무대야에 심긴 방울토마토가 있다. 보석처럼 탐스럽게 열린 방울토마토를 품고 있는 고무대야는 어떤 멋진 화분보다도 단단하고 안정감 있어 보였다. 도심에서 생활밀착형 작은 농사를 짓기에 고무대야는 드넓은 광야 못지않은 대지를 품고 있었다. 다시 마음이 바뀌었다. 크기가 넉넉지 못한 아름다운 화분에 오이의 뿌리가 채 못 자라는 일이 없도록, 나도 언젠가는 넉넉한 고무대야에 토마토랑 오이랑 완두콩을 심어야지. 그들이 마음껏 뿌리 내리고 열매를 맺을 수 있도록 매일 고무대야 화분을 보살펴야지.

서울 사람도 아는 들꽃, 달개비꽃색

우아한 청색을 띤 달개비의 꽃잎색

색이름 프로젝트를 진행하면서 산으로, 바다로, 시장으로 나서서 일상에서 볼 수 있는 사물들로 색이름을 찾는 작업을 했다. 빨강계나 노랑계, 초록계 등은 어렵지 않게 많은 대상을 찾을 수 있었지만 자연물에서 파랑계 색상을 찾는 것은 쉽지 않았다. 그런 고민을 하고 있을 찰나 길가에 핀 파랗고 작은 들꽃을 발견했다. 이름은 달개비꽃. 닭장에서도 잘 자라는 들풀이라 하여 '닭의장풀'이라고도 불리는 꽃이었다.

채소나 과일에서 찾아보기 힘든 선명한 파란 꽃잎 사이로 샛노란 수술이 앙증맞고 귀엽다. 박완서 선생님의 저서 《그 많던 싱아는 누가 다 먹었을까》에는 "서울 아이들이 알기나 할까, 짝 깔린달개비꽃의 남색이 얼마나 영롱하다는 걸. 그리고 달개비 이파리에는 얼마나 고운 소리가 숨어 있다는 것을. 달개비 이파리의 도톰하고 반질반질한 잎살을 손톱으로 조심스럽게 긁어내면 노방보다도 얇고 섬세한 잎맥만 남았다. 그 잎맥을 입술에서 떨게 하면 소리가 나는데, 나는 겨우 소리만 냈지만 구슬픈 곡조를 붙일 줄 아는 애도 있었다."라는 대목이 있다. 서울 애들은 모를 거라는 영롱한 달개비꽃을 나는 안다. 달개비꽃을 발견한 이후로는 도심 곳곳에 피어 있는 달개비꽃이 눈에 들어온다. 버려진 판자 옆에도 피어 있고, 우체통 아래에도 피어 있다. 작고 파랗게 있다.

덕수궁에서 발견한 보라색 별천지, 붓꽃색

진한 자주를 띤 붓꽃의 꽃잎색

어느 주말엔 덕수궁 안에 있는 국립현대미술관을 찾았다. 예약한 관람 시간이 남아 덕수궁을 산책하던 중 보라색 꽃들이 군락을 이루고 있는 것을 발견했다. 가까이 가서 보니 우아하게 곡선을 이루는 이파리와 힘 있게 서 있는 꽃대 끝에는 짙은 보라색 꽃잎이 바람에 따라 가볍게 움직이고 있었다. 정확히 이름을 아는 이 꽃은 붓꽃이다. 붓꽃은 꽃봉오리가 먹을 묻힌 붓 모양이어서 이름이 그리 붙었다 들은 적이 있다. 과연 궁궐에 피어 있어 마땅한 꽃이 아닐 수가 없다. 작은 정자에 올라가 앉으니 맞은편에 피어 있는 붓꽃을 마음껏 볼 수 있었다. 한 발짝 떨어져 바라보니 가까이서 볼 때와는 다르게 보라색 별천지 같았다. 그 모습이 예뻐서 한참이고 붓꽃의 움직임을 보다 보니 예약한 관람 시간이 되었다. 나는 걸을 때마다 소리를 내며 흩날리는 한복 자락을 상상하며 평소보다 힘 있는 걸음걸이로 미술관이 있는 석조전으로 향했다.

걱정 열매, 모과색

탁한 노랑을 띤 익은 모과의 색

어릴 때는 서울에서도 모과나무를 흔히 본 것 같은데, 최근에는 찾아보기가 힘들어졌다. 기억에는 가을이 되면 노랗고 울퉁불퉁한 모과 열매가 튼실하게 열렸고, 나무 아래 가만히 서 있으면 바람에 실려 온 모과 향을 맡을 수도 있었다. 아빠는 종종 자동차 문짝 아래 수납공간에 모과 열매 세 개를 넣고 다녔다. 은은하고 달큰한 모과 향을 따라잡을 방향제가 없었다. 모과라는 것을 잊고 산 지 20년은 족히 넘었을까? 어느 날 남성시장 과일가게에서 우연히 모과를 발견했다. 반가운 마음에 모과 세 알을 사서 책상 위에 두어 보기도 하고, 아빠가 그러했듯 자동차 문짝 아래 수납공간에도 놓아보았다. 어릴 때처럼 편견 없이 모과를 즐기게 될 줄 알았는데, 행여나 모과가 썩어서 벌레가 생기면 어떻게 할지, 차를 더럽히면 어떻게 할지, 나중에 처리는 어떻게 해야 할지, 시장에서 모과를 보고 반갑던 마음이 무색할 정도로 걱정이 더 많이 쌓여버렸다. 처리가 곤란해질 상황을 만들고 싶지 않아서 모과가 물러지기 전에 잘라서 음식물 쓰레기봉투에 넣어 처리했다. 꿀에 절인 모과를 넣어 차로 만들어 마신 기억도 있는데, 모과 청을 담글 여유가 없기도 했고 귀찮은 마음도 있었는데, 그 기분이 썩 유쾌하지 못했다. 울퉁불퉁한 모과의 모양처럼 걱정만 많은 어른이 되었구나. 서울에서 모과나무를 찾기 힘들어진 이유를 알 것 같기도 하다.

당신이 가장 좋아하는 색깔은 무엇인가요?

우리나라 언어에는 '누렇다', '불그스레하다', '희끄무레하다', '거무튀튀하다' 같은 색 형용사가 풍부하다. 눈으로 볼 수 있는 수많은 색과 다양한 색채어가 있지만, 우리가 표현하는 색이름은 대체로 단편적이다. 오이뮤는 1991년 발행된 《우리말 색이름 사전》을 재해석하여 우리가 일상에서 만나는 자연물의 이름과 구체적인 색깔을 우리말로 정의하는 책 《색이름 352》를 엮었다. 이 책을 읽고 다시 한번 질문에 답해 보자. "당신이 가장 좋아하는 색깔은 무엇인가요?"

mangrove

"공간을 공유한다는 것은 다양한 라이프스타일이 공존하는 계기가 됩니다. 이러한 공존은 곧 생각과 가치관의 나눔으로 이어질 거예요. 맹그로브는 그 과정의 즐거움과 유익함이 이 세대에게 필요하다고 생각했습니다."

Finding True Self Under Mangrove

맹그로브 나무 아래서

코리빙Coliving하우스 맹그로브Mangrove는 한 지붕 아래에서 자유롭게 공존하는 사람들이 건강한 도시를 이룰 수 있다고 믿는다. 저마다 개성을 가진 사람들이 모여드는 자리, 이곳은 맹그로브 나무의 조화로운 정신이 숨 쉬는 '너와 나의 집'이다.

에디터 김지수 자료 제공 맹그로브

©Siyoung Song

무수한
뿌리를 내려

꽤 오랜 시간 서울에서 자취를 하며 지난한 과정을 걸었다. 개성 없는 공간 구조, 노후한 시설, 그도 아니면 아주 비싼 월세까지. 왜 이렇게 살 곳이 없을까. 서울은 이리도 넓은데 왜 내가 누울 자리는 없을까. 서울에서 집을 구해본 사람이라면 무조건 고민해봤을 것이다.

맹그로브를 기획한 'MGRV'는 도심 속 다양한 세대가 직면하는 주거 문제의 긍정적인 변화를 도모한다. 맹그로브를 통해 코리빙 하우스라는 개념을 알리며 새로운 주거 패러다임을 만들어 가고 있다. 이미 쉐어하우스를 운영하는 공유 주거 브랜드가 있지만 맹그로브는 개인의 '취향'과 '정체성' 존중에 주목한다는 점에서 다르다. 타인과 함께 사는 일의 진정한 의미를 배우며 '공유'의 깊은 본질에 집중한다.

풍성한 가지를
뻗다

맹그로브의 공간은 '개인과 공유', 크게 두 갈래로 나뉜다. 개인룸은 1인의 안정적인 생활을 위한 수납과 휴식을 중심으로 청년 세대가 추구하는 감성과 감도를 담았다. 최근 오픈한 신설점은 30개의 공용 공간을 자유롭게 사용하도록 구성됐다. 커뮤널 키친과 런드리룸, 대규모의 코워킹 공간과 피트니스룸, 릴렉스룸 같은 운동 시설, 시네마룸, 라이브러리, 크리에이터스룸처럼 일상의 영감을 일깨우는 공간이 함께 있다. 입주민 간의 자연스러운 마주침을 의도한 공간 구조를 중심으로 사람 사이를 잇는 소셜 프로그램도 함께 운영한다. 명상과 싱잉볼 힐링, 글쓰기, 홈라이브 공연까지. 맹그로브 입주민들은 단지 같은 건물에 사는 관계를 넘어 건강한 삶을 지향하는 '느슨한 커뮤니티의 일원'이 되어간다. 자신을 돌보고, 타인과 함께 생각과 가치관을 나눌 수 있는 계기를 만난다.

서울은 여전히 많은 기회가 모이는 풍요로운 도시지만 고립되고 좌초되기 쉬운 대도시의 이면이 있다. 이 도시에서 우리는 스스로를 온전히 지키고 돌보는 어려움을 반복하며, 자신의 색깔을 잃어가기도 한다. 하지만 모두 관계를 통해 자신을 이해하게 되는 평범한 사람들. 과연 서울에서 모두가 함께 '잘' 사는 모습은 어떤 것일까? 맹그로브는 원룸을 뜻하는 '하나의 방'을 벗어나 '집'이라는 더 넓은 경계를 함께 만들어 가자고 말한다.

"맹그로브는 서울에서 함께 살아가는 경험의 가치와 느슨하고도 분명한 소속감을 만들어가고 싶어요. 수많은 사람들이 모여 살지만 결핍과 외로움을 버텨내야 하는 도시의 아이러니 안에서 단단한 중심을 가지며 자유롭게 유영하듯 살아가는 것. 이런 삶이 바로 맹그로브가 생각하는 '잘 사는 모습'입니다."

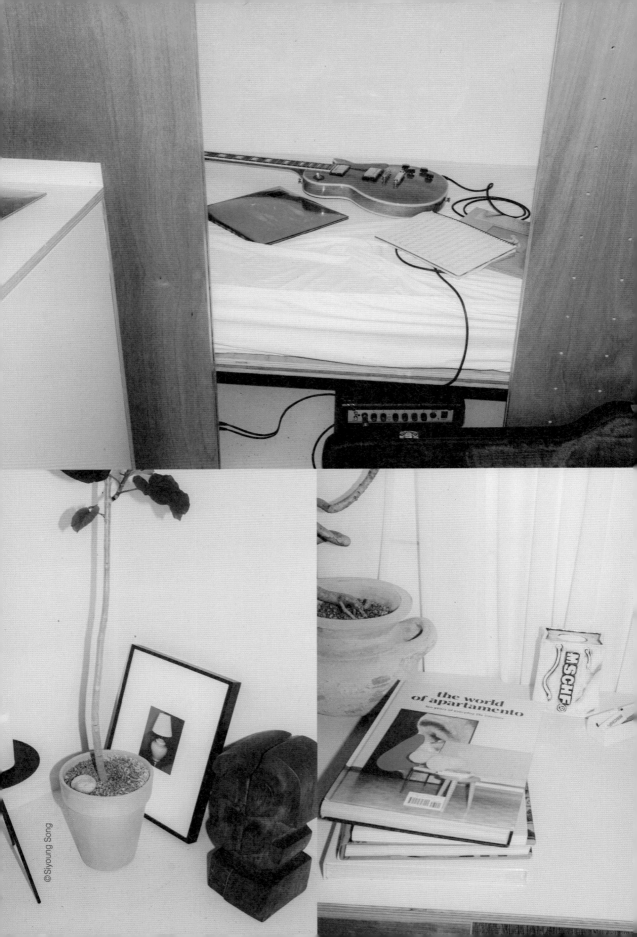

무거운 서울에서
나만의 흔적을 새기는 일

윤진경 맹그로브 브랜드 디렉터

소개로 시작해 볼까요?

안녕하세요, MGRV에서 브랜드 전반의 실무를 담당하고 있는 브랜드 디렉터 윤진경입니다.

맹그로브의 브랜드 가치는 건강한 삶의 리추얼을 추구함과 동시에 함께 사는 즐거움을 배우자는 데 초점이 맞춰져 있어요.

그렇죠. 맹그로브에서 정기적으로 운영되는 소셜 클럽 활동(MSC)의 역할을 보면 그 점이 분명하게 드러나요. 사회 초년생 시기에 강요받는 '자기 발전'보다는 '자기 발견과 관계 맺음'을 통해 건강한 삶의 태도를 경험하도록 돕고, 즐겁게 살아가는 방식을 권유하는 맹그로브만의 부드러운 제스처와 같아요. 문화를 기반으로 일상의 영감을 불러일으킬 수 있는 흥미로운 프로그램들을 만들어 가고 있어요. 맹그로브가 추구하는 '건강함'과 '다양함'이라는 가치 안에서 입주 멤버들이 서로의 가치를 공유하는 커뮤니티를 제안하며 세심하게 이어가고 있죠.

사라져 가는 '이웃'의 개념을 다시 한번 생각하게 되네요.

저를 포함해서 우리는 이웃에 대한 경험이 적은 세대예요. 그만큼 타인을 받아들이고 솔직하게 자신을 내보이는 일에 미숙하다고 생각하죠. 이전 세대는 '지역과 가족'을 바탕으로 자신을 정의했다면, 지금의 우리는 뿌리를 내릴 곳이 없어서 허공에 들뜬 모습으로 살아가는 것 같아요. 이런 시대에 청년세대가 뿌리내릴 수 있는 땅은 '생각과 목적을 공유하는 커뮤니티'라고 생각해요. 맹그로브는 주거 공간을 만드는 브랜드이자 건강하고 윤리적인 삶을 지향하는 하나의 커뮤니티로서 많은 이들에게 좋은 토양이 되고자 하죠.

맹그로브 입주민들이 어떻게 삶을 공유하며 일상을 보내는지 궁금해져요.

맹그로브는 더 나은 모습으로 살고 싶은 의지와 호기심을 가진 사람들이 모인 작은 사회예요. 이 안에서 크고 작은 인연과 목적이 자연스럽게 생겨나고 있고요. 커뮤널 키친에서 자주 마주치는 사이, 소셜 클럽에서 만나 눈인사를 주고받는 사이여도 충분한 이웃이 될 수 있고 동시에 커뮤니티가 주는 소속감을 느낄 수 있어요. 다양한 개성을 가진 또래의 이웃들과 살아가는 즐거움이 다분히 존재해요.

조금 개인적인 질문인데요. 이번 《어라운드》의 주제는 '서울'이에요. 진경 님은 서울의 어느 동네에 살고 있나요?

저는 서촌에 살고 있어요. 경복궁 돌담을 지나 교보문고 쪽으로 산책을 다녀올 수 있는 동네죠. 저에게 서울은 늘 무거운 도시인데 이곳에서는 대도시의 무게를 조금은 산뜻하게 덜어낸 여유가 느껴져요.

왜 서울이 무겁게 느껴질까요?

촘촘하게 들어찬 집과 가게들을 바라보면, '이렇게나 수많은 삶들이 여기 있다'는 사실을 실감하게 돼요. 그 삶들이 저마다의 무게를 버티며 살아가고 있다고 생각하면 서울이라는 도시가 육중하게 느껴지는 거죠. 물론 괴짜 같고 흥미로운 일들이 펼쳐지는 재미있는 이면도 있지만요(웃음).

좋은 시선이네요. 서울에서는 저마다 무게를 가진 삶이 더욱 도드라져 보여요. 맹그로브는 그 각각의 삶을 존중하고 지켜주는 사회이기도 하죠. 이런 의미에서 진경 님이 생각하는 나다운 공간은 뭘까요?

자신의 공간이 크든 작든 우리는 정주定住하는 순간, '나의 공간'이 주는 안정을 찾기 위해 다양한 방식으로 영역을 만들어내며 흔적을 남기고 있어요. 그 과정에서 자신의 생각과 취향, 습관이 솔직하게 담겨야 진짜 자기다운 공간이 만들어진다고 생각해요. 그래서 자신을 끊임없이 관찰하고, 관계를 통해 자신을 이해하는 '자기다움'이 먼저 필요한 것 같고요.

진경 님이 맹그로브의 개인룸에서 자신다운 공간을 만든다면, 어떤 공간일지 궁금하네요.

이번 맹그로브 신설 지점을 오픈하면서 〈노크노크〉 전시를 진행했어요. 열 명의 아티스트와 브랜드가 '자기만의 방'을 만들었죠. 저는 이 전시를 지켜보며, 저마다의 개성과 라이프스타일이 솔직하고 과감하게 보인다는 점이 놀랍고 즐거웠어요. 저는 늘 자유롭게 사는 삶을 동경했고 제 정체성을 상징하는 몇 가지 사물들을 사랑하고 있어요. 맹그로브에 살게 된다면 가장 좋아하는 아트 포스터와 조명 하나, 몇 권의 책과 몇 안 되는 여별의 옷들을 넣어 두고 싶어요. 여행하듯 조금은 홀가분하게 살아보고 싶네요.

우리는
맹그로브에 살고 있어요

©Roh Kyung

맹그로브 숭인 김채은

거주 9개월 차, 숭인점의 막내 채은입니다. 저는 일본에서 왔고 경영학을 전공하고 있는 대학생이에요. 누군가와 함께 살 수 있고, 개인 공간이 있는 곳을 찾다가 맹그로브에 입주하게 됐어요. 라운지 층에서 같이 사는 언니 오빠들과 함께 자주 식사해요. 혼자서는 밥을 잘 안 먹는 편이었는데 사람들과 함께하니 끼니를 꼬박 챙겨 먹고 있어요(웃음).

Member's Tip
제 방은 온통 화이트인데, 침구를 파란색으로 맞춰 포인트를 줬어요. 원목 가구와 흰 바탕, 파란색의 조합이 아주 맘에 든답니다.

맹그로브 신설 박소리

저는 강원도에서 왔어요. 서울살이가 아직 낯설고, 곧 졸업을 앞둔 대학생입니다. 이곳에서 다양한 사람을 마주하고 소통하면서 많은 변화를 겪었어요. 서로 친한 사이가 아니라도 마주치면 인사하는 모습을 보며 사람들이 가진 따뜻함도 느끼게 됐죠.

Member's Tip
잠시 머무는 동안 이곳에서 쌓은 추억들을 곳곳에 전시해 놓았어요. 서울에서의 추억이 있는 사진과 작은 소품까지. 방문을 열면 기억 저장소에 온 것 같은 느낌이 들기도 해요.

맹그로브 신설 김기태

최근에 새로운 도전을 위해 '아묻따' 퇴사를 해버린 김기태라고 합니다. 매일 아침 트렌드 관련한 뉴스레터를 발행하고, 또 다양한 주제의 글을 쓰는 사람이에요. 요즘은 비대면 업무를 하다 보니 제가 원하는 업무 환경을 개인룸에 만들어 두고 쾌적하게 일하고 있어요. 중간중간 공용 주방에서 커피를 내리기도 하고, 1층과 20층 카페에서 미팅을 진행하기도 하죠.

Member's Tip
아끼는 카펫을 소파 앞 바닥에 깔고 폴딩 테이블을 설치해서 책에 집중할 수 있는 구획을 만들었어요. 벽에는 모아온 책들을 놓고 제 취향이 오롯이 반영된 자리를 꾸몄죠.

맹그로브 숭인 Mangrove Soongin

맹그로브 숭인은 정감 있는 동네에 스물네 세대
의 이웃이 모여 사는 코리빙 하우스. 개인 공
간과 공용 공간의 조화가 돋보인다. 단란하고
친밀한 분위기가 맹그로브 숭인만의 포인트.

A. 서울 종로구 지봉로12길 17

맹그로브 신설 Mangrove Sinseol

20층 규모의 빌딩에 총 311세대가 입주할 수
있는 대형 코리빙 하우스. 서울 뉴타운의 정취
가 남아 있는 신설동에 자리 잡았다. 현존하는
국내 최대 규모의 코리빙 하우스!

A. 서울 동대문구 왕산로 22

©Roh Kyung

SEOUL
MADE

Brands Beyond
The City

서울메이드 매거진

월간 서울메이드를 편집한 지 반년, 책이 나올 때마다 새삼스레 놀란다. 아직도 소개할 브랜드가 남아 있다니. 도전과 확장을 꿈꾸는 브랜드들과 함께 서울을 이야기하는 서울메이드가 이번 달 스무번째 매거진을 발행한다. 창간 후 서점에 갈 때마다 "그래서 이게 뭐하는 잡지냐"는 질문을 받았다는 편집장님의 말을 떠올리고, 아직 낯선 매거진을 보며 묻는다. 그래서 이건 뭐하는 잡지예요?

글 하나 자료 제공 서울산업진흥원   사진 윤동길

브랜드를 위한
또 하나의 브랜드

서울산업진흥원(이하 'sba')을 빼놓고 서울메이드를 설명하기는 쉽지 않다. sba는 서울에서 태어난 기업의 걸음마와 성장을 돕는다. 지원하는 방식과 종목도 다양하다. 경제적 자원은 물론 중소기업이 시장에서 자리 잡는 데 필요한 공간, 커뮤니티 소개와 전략적 자문도 제공한다. 무신사, 오늘의집 등 산업의 중심에서 이 도시를 움직이는 많은 브랜드의 성장 과정에 sba가 있다.

이 sba에서 출범한 프로젝트 플랫폼이 바로 서울메이드다. sba가 기업 뒤에서 등을 밀어 주는 역할을 한다면, 서울메이드는 기업과 나란히 서서 대중 앞에 그들의 콘텐츠를 선보인다. 이때 서울메이드는 서포터 대신 브랜드로서의 명함을 내민다. 기업이 서울을 파트너 브랜드 삼아 컬래버레이션 시너지를 낼 수 있게 이끄는 것이다.

도시의 가능성을 경험하는
컬래버레이션 콘텐츠

온·오프라인은 물론 지역과 종목을 불문하고 수많은 플랫폼이 브랜드와 콘텐츠를 소개하는 시대다. 이미 경쟁이 치열한 시장에서 서울메이드는 어떤 브랜드로 자리 잡을 수 있을까.

"서울은 명확하게 정의 내릴 수 없는 긍정적인 불확실함을 지니고 있어요. 그만큼 다양한 기회와 경험이 창출되고 또 소비되죠." 서울메이드는 서울에 잠재된 가능성에 대한 사람들의 기대가 콘텐츠의 반응으로 연결되는 것을 보았다. 기술과 문화 트렌드를 이끄는 서울의 브랜드를 소개한다는 점에서 서울메이드를 꾸준히 눈여겨볼 목적도 마련된 셈이다. 서울의 브랜드와 함께 만드는 콘텐츠의 형식 역시 다양하다. 영상 콘텐츠는 물론, 서울의 브랜드와 함께하는 서울메이드의 콘텐츠와 플랫폼을 오프라인에서 경험할 수 있는 공간도 열었다. 특히 최근에 리뉴얼을 마친 서울메이드 스페이스는 매월 하나의 주제를 두고 관점을 공유하는 전시와 행사를 연다. 공간에는 월간 주제에 맞는 책과 제품은 물론, 컬래버레이션으로 만든 음악과 시그니처 음료도 준비되어 있다.

"산업, 중소기업… 이런 단어는 자칫 딱딱하고 재미없게 느껴지기 쉬워요. 사실 우리가 흔히 보는 문화 콘텐츠가 모두 여기에 관련 있는 이름이지만 말이죠. 저희는 계속해서 MZ세대[1]에 가까이 다가갈 수 있는 방식을 찾고 있어요. 새롭고 감각적인 산업, 아이디어가 넘치는 스타트업과 중소기업, 알려지기만 한다면 분명 사랑받을 만한 브랜드를 소개하면서요." 서울메이드는 로컬 브랜드가 지닌 강점과 매력을 잘 알고 있다. 무언가가 시작되는 도시, 서울메이드는 그곳에서 '서울스러운' 브랜드의 이야기를 전한다.

1: 아날로그와 디지털의 경계에서 양쪽 모두를 경험한 세대. 디지털 환경에 익숙하며 시대 변화에 발 빠르게 적응한다. 경제 활동의 주축인 밀레니엄 세대(1980년대 초반~2000년대 초반 출생)와 문화 트렌드의 주축인 Z세대(1990년대 중반~2000년대 초반)를 아우른다.

소장하고 싶은 이야기를 기록하는 책

2020년, 다양한 형태의 콘텐츠를 제작해 온 서울메이드는 월간지 《SEOUL MADE》를 창간했다. "디지털 사진을 출력해 사진첩에 소장하듯 이 시대의 기술과 사람, 기업의 이야기를 기록으로 남기고 싶어요." 수많은 정보와 콘텐츠가 한 손바닥에 쥐어지는 시대에 매거진은 점점 더 신중한 콘텐츠가 되어가고 있다. 기억하고 싶은 정보와 마음을 움직인 문장, 두고두고 보고 싶은 이미지. 스크린 안에서 휘발되는 것이 아쉬운 콘텐츠를 모아 발행하는 매거진은 한 권, 한 권 단행본의 역할을 한다. "서울메이드 매거진은 사람들과 지속적으로 소통하며 브랜드 스토리를 알리고 기록하는 메신저 역할을 해요. 또 심도 있는 취재로 기업의 브랜드 메시지를 전해서 이를 통해 기업의 진정성과 경쟁력을 더 많이 알릴 수 있죠."

서울에서 제일 서울스러운 로컬 매거진

어라운드가 매거진 제작에 합류하면서 서울메이드는 점진적인 매거진 리뉴얼 프로젝트를 진행 중이다. 작년 한 해 동안 다양한 산업군의 사람들을 인터뷰해 매거진의 성격과 전문성을 확고하게 한 《SEOUL MADE》는 올해 독자와 접촉할 창구를 늘리는 방법을 모색했다. 인터뷰의 심도를 유지하는 한편 트렌드 키워드 사전, 구독하기 좋은 서비스 리스트, 서울에서 가장 핫한 공간, 책과 영화를 소개하는 에세이 등 유용한 정보 속에서 브랜드 이야기를 읽을 수 있는 콘텐츠를 더했다. "브랜드를 이야기하다 보면 어려운 산업 용어가 등장하지만, 실은 누구에게나 열려 있는 기회와 가능성의 이야기예요. 모든 독자가 친근하게 느낄 수 있는 언어와 이야기로 풀어내고 싶어요." 브랜드의 가치를 알아보는 서울메이드의 안목과 그들이 가진 콘텐츠를 좀더 공감할 수 있는 이야기로 풀어내는 어라운드의 감각이 한데 호흡하는 책. 서울 곳곳에서 마주치는 매거진 《SEOUL MADE》는 이 도시에서 가장 '서울스러운' 로컬 매거진이 될 날을 꿈꾼다.

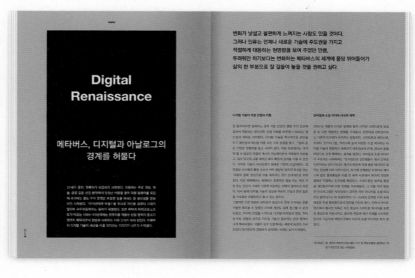

서울메이드 매거진에
보내는 메시지

좋아하는 가게가 갑자기 문을 닫으면 그제야 아쉽다는 이야기를 하죠. 좋은 가게일수록 사라지는 일이 없도록 여러 사람에게 알리는 게 좋아요. 이제 막 시작한 《SEOUL MADE》가 매거진 시장에 잘 자리 잡을 수 있게 독자와 기획자 모두가 콘텐츠를 적극적으로 알려주시면 좋겠어요.
— 대학내일 센터장 홍승우

서울에 기술력과 아이디어가 뛰어난 제품을 만드는 브랜드가 참 많아요. 그렇지만 사람들에게 알려지고 유지되기가 쉽지 않죠. 《SEOUL MADE》가 이런 브랜드들을 소개하는 중추 역할이 되기를 기대해요. 브랜드를 운영하는 분들도 관심 있게 읽어본다면 좋을 것 같고요.
— 글월 대표 문주희

《SEOUL MADE》는 지금 우리가 살아가고 있는 모습을 그대로 담는다고 느꼈어요. 서울의 감성을 전달한다는 점에서 이를 즐기고 싶은 이들에게 추천하고 싶어요.
— 필로스토리 대표 채자영

이제 막 서울에 도착한 외국인 친구가 보면 좋을 것 같아요. 각 주제에 맞는 분야에서 실제 활동하는 분들과 나눈 인터뷰가 있다 보니 웬만한 가이드보다 훨씬 효용 가치가 높다고 생각해요. 또한 서울에서 일하고 싶어 하는 분들이나 어떤 비즈니스를 준비하는 사람에게도 아주 큰 도움이 될 거예요.

— 토스 콘텐츠 매니저 손현

© Hae Ran

ISSUE NO.1

ISSUE NO.2

ISSUE NO.3

ISSUE NO.4

ISSUE NO.5

ISSUE NO.6

ISSUE NO.7

ISSUE NO.8

ISSUE NO.9

ISSUE NO.10

ISSUE NO.11

ISSUE NO.12

ISSUE NO.13

ISSUE NO.14

ISSUE NO.15

ISSUE NO.16

ISSUE NO.17

ISSUE NO.18

ISSUE NO.19

ISSUE NO.20

매거진 《SEOUL MADE》 정기 구독 안내

Euljiro Walk With Nikon Ζ fc

니콘의 대표 필름 카메라 FM2의 디자인을 재해석한 미러리스 Z fc.
레트로한 무드와 조작부의 디테일이 돋보인다.

을지로, 선명한 어제와
오늘의 기록

에디터 김지수 포토그래퍼 최모례

한 손에는 카메라, 시선은 낡은 것과 새것의 그 어디쯤
두었다. 오늘 본 을지로는 이미 지난 시간과 지금의 순
간이 혼재하는 동네였다. 오래된 필름 카메라를 닮은
새로운 카메라를 처음으로 꺼내 본 날. 어쩐지 설레는
마음을 붙잡고 을지로의 골목을 걷고 또 걸었다.

p.m. 01:20

비 내리는 일요일, 청계천 헌책방 거리 위치를 검색했다. 오래된 책들이 겹겹이 쌓여 빼곡히 늘어진 길. 평화서림, 대광서림, 밍키, 대원서점…. 60년대 거리의 노점식으로 운영되던 헌책방들은 청계천 복개 공사가 시작된 후 갈 길을 잃어 지금의 평화시장에 모였다. 일요일이라 한두 군데만 문을 열어 한산했고 나는 빨갛게 쓰인 '외국 서적'이라는 글씨에 홀린 듯

한 책방에 들어섰다. 높은 벽부터 바닥 끝까지 가득 쌓인 책들 덕에 눈은 빠르게 움직였다. 보는 둥 마는 둥 무언가에 몰두하고 계신 사장님의 눈치를 보며 조심스럽게 책을 들춰봤다. 여러 언어로 쓰인 오래된 잡지부터 지금도 계속 발행되고 있는 잡지들이 마구 섞여 있었다.

p.m. 02:35

을지로 공업 거리의 유명한 갤러리를 찾아 오래 걸었다. 땀을 흘리며 드디어 도착한 갤러리는 오늘 문을 열지 않았고 나는 바보처럼 우산을 들고 그 자리를 서성였다. 아쉬운 마음에 깊은 골목으로 들어가 보는데, 눈에 보인 풍경이 조금 맘에 든다. 낡은 공업사 건물들 사이로 젊은 사람들이 세운 간판과 글씨가 생경하고도 신비롭게 보였다. 문이 활짝 열려 있지만 왠지 들어가면 안 될 것 같은 어두운 건물에 몰래 발을 들이기도 했다. 무서운 어른을 피해 마치 숨은 아이가 된 듯한 기분이

썩 나쁘지 않다. 사람이 없는 일요일에 오길 잘했지. 누군가를 의식하지 않고 사진을 찍을 수 있으니까. 나 혼자 그 골목을 빌리기라도 한 듯 낡은 것과 새것 사이에 카메라 렌즈를 가까이했다. 손 끝으로 카메라 조작부 주변을 이곳저곳 살핀다. 잠시 숨을 힘껏 참고 다이얼을 만진다. 마침내 셔터를 눌러 기록하기까지. 나만 아는 이 순간은 언제나 짜릿한 법이다.

필름 카메라가 주로 사용되던 시절, 니콘 FM2는 카메라 중의 카메라였다. 새롭게 출시된 Z fc는 오래 전의 FM2를 닮아 정교하게 디자인되었다. 바디 크기, 펜타 프리즘, 블랙과 실버의 균형까지도 FM2를 연상케 한다. 지나간 시간과 향수를 담은 오늘의 미러리스 카메라. 바디 색을 바꿀 수 있는 프리미엄 익스테리어까지. 각자의 취향과 라이프스타일에 따라 우리는 저마다의 카메라를 가진다.

Z fc의 프리미엄 익스테리어. 화이트, 내추럴 그레이, 샌드 베이지, 핑크, 민트 그린, 앰버 브라운까지. 자유로운 색상 선택이 가능하다.

p.m. 04:22

걷고 또 걸었더니 이젠 정말 지쳤다. 어느새 여기까지 온 걸까. 을지로 거리의 작은 화분, 들꽃, 낯선 모양의 건물 따위를 찍다가 결국 멈추고 카페 백두강산의 문을 열었다. 페인트칠을 하지 않아 흔적이 그대로 남은 벽 질감이 멋진 곳이다. 카메라를 테이블에 두고 창가에 앉아 멍하니 거리를 내려 봤다. 아직 땀은 식지 않았고 거리엔 우산을 든 사람과 들지 않은 사람들이 보였다. 젊은 사람들과 노인들의 모습도 보인다. 낡은 간판과 새 간판, 오래된 건물이 모인 골목과 차들이 쌩 달리는

큰 도로도 보인다. 모두 온종일 프레임 안에 담고 다닌 풍경들이다. 무엇에 끌려 셔터를 눌러 댔을까. 오늘 함께 다녔던 카메라는 미러리스였지만 필름을 다루듯 한 장 한 장 애틋하게 여겼다. 이 동네엔 결코 사라지지 않은 것들이 남기는 힘이 있다. 요란하지 않게 조용히 자리를 지키고 있는 존재들. 하지만 멈춰만 있지 않는 것들. 필름 카메라 모양을 한 이 카메라처럼, 변하면서 변하지 않는 가치는 언제나 소중한 기록을 남긴다. 깊이, 깊이 즐거운 나만의 하루를 완성한다.

T Factory.

A Place To Experience Tomorrow

한 시대를 체험하는 공간

기술과 미래가 끊임없이 생산되는 공간, T 팩토리는 SKT의 ICT 멀티플렉스다. 복합 체험 공간이 담고 있는 역동적인 매력이 한껏 표현된 곳. 한편엔 체험을 멈추고 오늘의 문화를 느끼며 온전히 쉬어갈 수 있는 자리가 마련되어 있다. 요즘 시대에 노는 방식이란 어떤 걸까. 놀기 좋아하는 오늘의 어른들에게 꼭 필요한 공간, T 팩토리를 찾아본다.

에디터 김지수 자료 제공 **T 팩토리**

변화에 유연하게,
우리가 쉬어갈 자리

문을 열고 들어가면 ICT 기기, 미디어 팟, 미디어 라이브러리까지 다채로운 IT 체험 문화의 장이 펼쳐진다. '미디어 팟'에 모인 사람들은 영화와 드라마의 명대사 카드를 고르고 엽서 뒷면의 QR을 리딩해 선택한 장면을 감상한다. 우리가 기억하는 영화 속 장면을 공유하고, 엽서에 편지를 써보는 아날로그 체험도 함께 누릴 수 있다. 한쪽 벽면엔 서가의 한 장면을 연상케 하는 '미디어 라이브러리'가 꾸려졌다. 나란히 진열된 태블릿을 통해 e북을 읽고 영상을 보며 음악을 듣는다. 디지털과 아날로그 문화를 동시에 선호하는 MZ세대에 새로운 자극이 될 체험들이 가득 담겨 ICT 공간의 밀도를 높인다. 종이 엽서와 서점의 한 장면처럼 일상과 익숙한 요소를 함께 녹인 점은 T 팩토리가 더욱 편안하게 느껴지는 이유다. 1층의 한 가운데 공간, '플렉스스테이지'에서는 이슈에 따라 움직이는 변화를 마주할 수 있다. 빠른 트렌드에 익숙한, 역동적 과정을 추구하는 T 팩토리만의 캐치프라이즈를 그대로 보여주는 공간이다.

좋아하는 음악을 듣고 책을 찾다 보면 시간은 금세 흘러, 걸음은 '팩토리 가든'으로 향한다. 원시시대부터 존재했던 고사리과 식물을 중심으로 풍성한 조경 공간이 돋보인다. 식물 애호가들에게도 흥미로운 곳. ICT 체험 공간 속에 넓고 아름다운 가든이 이토록 조화롭게 어우러지다니, 기술과 미래의 문화가 멀게만 느껴지던 이들도 편히 쉬어갈 수 있는 자리다. 2층엔 ICT 복합 체험 공간의 하이라이트 VR 체험 공간이 마련되어 있다. 'O 스테이지'라 불리는 이곳에서는 오큘러스 퀘스트 2를 이용한 VR 체험, 그중에서도 아티스트 'BTS' 팩이 탑재된 비트 세이버가 가장 큰 호응을 얻고 있다.

젊음과 음악이 있는 거리, 홍대
T 팩토리가 만들어가는 문화

낮과 밤을 불문하고 거리에서 공연이 열리는 동네는 서울에서 홍대가 유일할 것이다. 젊은 친구들이 모여 노래하고 춤추는 모습은 홍대만이 가진 익숙한 풍경이지만 언제나 새롭고 활기차 보인다. 동시에 홍대는 수많은 인디 아티스트들이 모여 숨겨진 공연장의 불을 밝히는 곳이기도 하다. T 팩토리는 홍대만이 가진 매력을 그대로 가져와 매주 인디 뮤지션들의 공연을 열고 있다. 무대 설치, 음향, 믹싱 작업까지, 무대를 위한 퀄리티 높은 시스템을 자체적으로 구축해 홍대의 라이브 클럽과 같은 공간의 쓸모를 완성한다. 페퍼톤스, 브로콜리너마저, 프롬, 설, 후추스, 데이먼스 이어 등 주목받는 뮤지션들이 공연을 함께 진행했고 다양한 아티스트들과의 공연을 계획하며 더 활발한 공연 문화를 만들어갈 예정이다.
공연을 즐기는 관객들은 모두 T 팩토리에서 준비하는 뮤지션에 대한 시험, '덕력고사'를 통과한 '찐팬'들. 아티스트에겐 양질의 공연 환경을 제공하고 관객에겐 무엇보다 큰 추억을 선물하는 것이 T 팩토리가 그들만의 문화를 만들어가는 방식이다. T 팩토리의 모든 공간과 그들이 만든 콘텐츠 속에는 기술과 문화의 만남, 끊임없는 변화 앞에 유연한 움직임이 보인다. 정기적으로 공간의 콘셉트를 달리하는 방식도 T 팩토리만의 강점이다. 단순히 상품과 서비스를 전시하는 곳이 아닌 기술과 문화 흐름의 최전선에서 대중과 소통하는 곳. 오늘보다 내일 더 나은 나의 일상을 채워갈 공간이다.

A. 서울 마포구 양화로 144 1층
H. tfactory.co.kr

Harvest

새로운 바람이 불어오는 계절

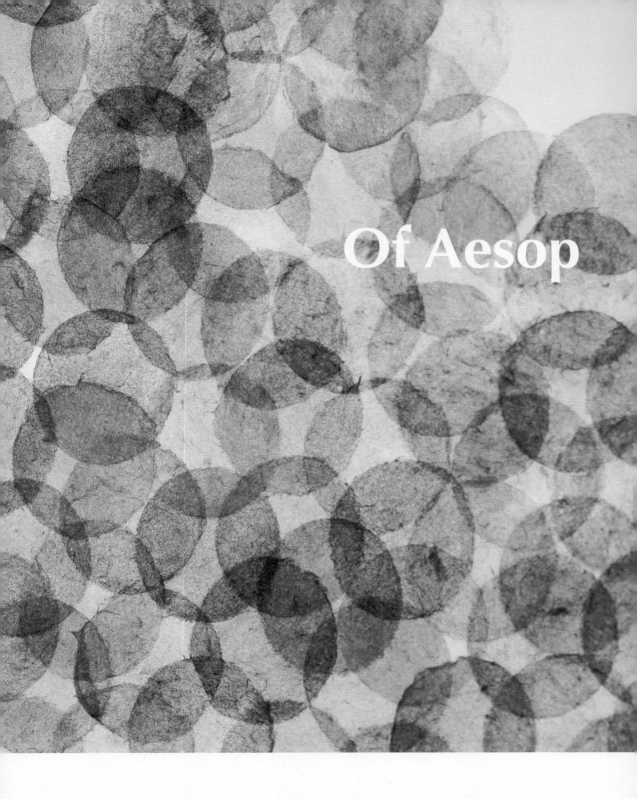

Of Aesop

시간과 정성을 들여 지켜 온 문화에는 힘이 깃들어 있다. 이런 전통의 가
치를 아는 브랜드는 시대의 바람에 귀를 기울인다. 안온한 일상이 돌아오
기를. 내일이 어서 오기를. 가슴 안에 작은 바람이 인다. 또다시 가을이다.

글 하나 사진 윤동길 영상 양진호

Chapter. 1

가을

추석이 가까워 오면 어딘가로 돌아가고 싶은 마음이 든다. 약속이나 한 듯 함께 먹는 밥이 그리워지는 것은 오래된 유산의 힘이 아닐까. 아무렴 기원전 신라 때부터 지금까지 셀 수 없는 위기와 존망을 거듭하면서도 지켜 온 명절이다.

그렇지만 올해도 가족의 품으로 향하는 일이 망설여진다. 아득한 체증과 멀미도 거뜬히 견디며 오간 길이지만, 서로의 안전을 사이에 두고서는 나서기가 쉽지 않다. 멀어진 채 좀처럼 돌아오지 않는 거리에 쓸쓸한 가을. 스스럼없이 함께하는 날이 어서 돌아오기를 바라는 마음을 담아 올해의 이솝 하비스트 캠페인을 준비했다.

Chapter. 2

바람

전통은 지난날에 고여 있지 않고 다음 세대에 전해진다. 그 사이에는 옛것을 오늘의 언어로 해석하고, 현재를 살아가는 사람들에게 메시지를 건네는 이들이 있다.

매년 추석을 기념하는 이솝 하비스트 캠페인에서 올해는 마음에서 마음으로 부는 바람을 이야기한다. 서로의 안녕을 묻는 온정이야말로 고립된 마음에 필요한 한 줄기 바람이다. "날자. 날자. 한 번만 더 날자꾸나. 한 번만 더 날아 보자꾸나." 이솝은 추석을 앞두고 문학적 영감을 준 작가 이상의 문장과 함께 저마다의 가슴속 바람을 곳곳에 전한다. 함께하는 날을 기다리는 마음, 내일을 약속하는 인사는 지친 이들에게 환기가 되고 회복의 기운을 불어넣는다.

Chapter. 3

만남

얇은 종잇장이 유유히 흔들릴 때 문득 바람의 모양을 본 듯한 기분에 사로잡혔다. 바람의 형상은 그것으로 흔들리는 사물의 모습에서 읽어낼 수 있다. 이솝과 함께 하비스트 바람을 만드는 이는 오마치 스튜디오의 양지윤 작가다. 작품을 통해 자연의 흐름과 조화를 표현하는 그는 이번 캠페인 역시 한지를 선택했다. 나무를 해치지 않고 만들 수 있는 전통 한지는 조상의 지혜와 자연을 향한 사랑이 담긴 재료다. 나아가 양지윤 작가는 이번 캠페인을 위한 작품에 남은 이솝 패키지를 섞어 업사이클링 한지를 사용했다. 그의 작품은 빛과 바람, 그것을 품은 풍경의 소리와 향을 머금고 다시 자연의 일부가 된다.

환경 보호에 뜻을 둔 후로 줄곧 자연의 아름다움을 표현해 온 양지윤 작가는 애틋한 것을 지키고 싶은 마음을 말한다. 자연의 아름다움을 깨달을 때야 비로소 그것을 지키기 위해 노력할 수 있다는 것이다. 그는 단지 자연을 형상화할 뿐 아니라 작품에 닿는 자연의 요소들이 조화하는 현장을 만든다. 환경을 그저 지켜내야만 할 의무의 대상으로 여기지 않고 그 가치에 공감한다는 점에서, 양지윤 작가의 예술관은 오랜 시간 지속 가능성을 중요하게 여겨온 이솝의 브랜드 철학과 맞닿아 있다.

Chapter. 4

순환

계절은 흐르고 흘러 다시 돌아온다. 이른 봄부터 초가을까지, 추석을 위한 긴 여정에서 양지윤 작가는 순환하는 계절의 속성을 되새기며 커다란 바람을 빚어냈다. 얇은 원형의 한지가 자유로운 형태로 연결된 이 작품에는 이솝 하비스트 캠페인이 희망을 잇는 바람이 되기를 바라는 작가의 마음이 담겨 있다. 과거와 미래, 또 사람과 사람이 이어질 때 희망은 더욱 선명해진다. 한 장 한 장 풀과 빛을 먹여 이어낸 그의 바람은 제자리로 돌아올 우리의 일상을, 또 내일의 회복을 꿈꾸게 한다.

양지윤 작가의 하비스트 작품은 이솝 시그니처 스토어 세 곳에서 선보인다. 캠페인을 대표하는 짙은 가을바람은 새로 문을 연 한남Ⅱ, 보름달 뜬 밤을 떠오르게 하는 푸른 바람은 삼청, 희망을 상징하는 백색 바람은 가로수길 스토어에 전시된다. 그중 2층으로 연결되는 백색 바람 작품에는 전시를 찾은 이들이 저마다의 바람을 담은 조각을 덧댈 수 있다.

Chapter. 5

날개

그리운 사람에게 건넬 말을 고른다. 보고 싶어. 힘내. 아프지 말자. 말에 다 담기지 않는 마음은 향에 실어 전하고 싶다. 부지런히 인사가 오가는 계절, 추석을 기념하는 이솝이 제안하는 기프트 아이템을 만나보자. 환절기를 챙기는 스킨케어와 바디케어부터 공간의 분위기를 바꿀 홈 케어까지. 매력적으로 구성된 하비스트 기프트 제안은 이솝 홈페이지에서 둘러볼 수 있다. 나아가 캠페인 기간 동안 이솝 스토어와 카운터에서는 작가 이상의 문장이 새겨진 보자기로 제품을 포장한다. 귀한 선물을 보자기로 여며 보내는 명절. 세대를 건너 이어져 온 정성을 이솝은 잊지 않고 내일로 잇는다.

움츠러든 몸을 펴고 바람을 타는 이를 떠올리며 다시 한번 적는다. 다시 만날 때까지 모두 안녕하기를. 마음을 담아 준비한 이솝 하비스트 캠페인이 새 계절을 알린다.

〈새로운 바람이 불어오는 계절〉
2021년 8월 30일–10월 3일
H. aesop.com

"날자. 날자. 한 번만 더 날자꾸나. 한 번만 더 날아보자꾸나."

– 이상

Music For Seoul City Night

서울의 밤과 음악

서울에서 태어나서 서울에서 자랐다. 성정 자체가 겁보인지라 서울을 여러 번 벗어나기는 했으되 그건 대개 '일' 때문이었다. 돌이켜보니 진짜 그렇다. 서울을 넘어 모국을 뒤로하고 해외로 향한 건 대부분 출장이었거나 (놀랍게도) 나를 중심으로 하는 여행 상품(그것도 아프리카와 미국 딱 두 번) 덕이었다. 이걸 제외하면 휴식을 위한 '어브로드'는 현재 스코어 15회가량의 일본 여행이 전부다. 큰 이변이 없는 한 나는 서울에서 살다가 서울에서 죽을 것이다. 나만 한 '서울러Seouler' 또 없다.

나는 기본적으로 대도시형 인간이다. 시골에 가면 처음에는 제법 좋지만 얼마 지나지 않아 갑갑함을 느끼면서 서울의 밤거리를 그리워한다. 그래, 맞다. 누군가가 말했듯이 대도시의 인간은 거의 예외 없이 네온사인에 중독된 상태다. 그 번쩍거림에 취해 밤거리를 쏘다니면서 외로움을 해갈한다. 20대의 나도 그랬다. 모교인 홍익대학교 부근에서 내가 바로 이 세상의 주인공인 양 크게 웃으며 거의 날마다 대취했다. 제법 유쾌했던 그 시절은 이제 지났고, 나는 내가 주인공은커녕 단역조차 맡기 어려운 인간임을 아무런 불만 없이 인정한다. 세월이 선물해 준 가장 큰 교훈이다.

기실 내가 가장 선호하는 건 '집콕'이다. 이유는 별거 없다. 친구가 많지 않은 터라 나갈 일이 좀체 없기 때문이다. 그럼에도, 굳이 외출을 해야 한다면 낮보다는 역시 밤이 좋다. 한적한 골목길보다는 사람이 그래도 좀 모이는 장소가 더 끌린다. 물론 20대 시절과는 다르다. 홍대나 강남처럼 사람이 인간적으로 너무 많은 곳은 나이가 나이인지라 선호하지 않는 편이다. 역시 뭐든 적당한 게 좋다. 세월이 선물해 준 두 번째로 큰 교훈이다.

글 배순탁(음악평론가, 〈배철수의 음악캠프〉 작가)

코나
'우리의 밤은 당신의 낮보다 아름답다'

서울의 브랜드는 '밤'이라고, 나는 생각한다. 서울의 밤은 특별하다. 그렇지 않나. (코로나 이전까지) 전 세계 어디를 뒤져봐도 서울처럼 잠들지 않는 밤을 지닌 대도시는 없었다. 갑자기 처음 유럽에 갔을 때가 떠오른다. 스물아홉 살, 내 인생 첫 해외여행이기도 했다. 당시 나는 음반사에서 일하고 있었는데 영어를 할 줄 안다는 이유 덕에 프랑스 칸으로 출장을 가게 됐다. 미뎀MIDEM이라는 행사에 참여하기 위해서였다.

기실 서울에 관한 노래는 아니다. 밤에 대한 찬가다. 관능적인 이소라의 목소리가 흐르고 농염한 연주가 등장하면, 우리는 필연적으로 어둠의 장막이 내려앉은 밤의 풍경을 상상하게 된다. 이 곡이 발표된 건 25년 전인 1996년이었다. 무려 사반세기 나이 먹은 곡인 셈이다. 당시 나는 대학교 1학년이었다. 갑자기 슬퍼진다. 어쨌든 당시 술집에 입성하면 아니나 다를까 이 곡이 흘러나왔다. 그때와 비교해 지금 들어봐도 이 곡에서는 촌스러움이 조금도 느껴지지 않는다. 어떤 명곡은 이렇게 시간을 먹는다. 세월마저 이겨내면서 유혹적으로 흐른다. 마치 서울의 밤처럼.

[Overlap](1996)

어반자카파 Feat. 빈지노
'서울 밤'

아마 오늘 주제에 가장 잘 어울릴 곡이다. 세련된 리듬 위로 흐르는 빈지노의 래핑과 어반자카파의 흥
겨운 멜로디, 여기에 서울의 밤을 마치 사진처럼 포착한 노랫말까지, 만약 당신이 서울의 밤에 어울릴
만한 사운드트랙을 찾는 데 어려움을 겪고 있다면 그냥 이 곡을 틀면 된다. 길게 말할 필요 없다. 가사
중 일부로 설명을 대신하는 게 훨씬 낫다.

"Baby why 핼쑥 I Gotta Feed You 삼겹살집 검색 500개 있음 이럴 때면 오는 나의 결정 장애 밤인데
도 갈 곳들이 너무 많네 네온 조명 아래 굽이굽이 Curvin 너랑 걷기만 해도 지금 무지 설렘 (중략) 네가
제일 예뻐 서울에서 언제나 날 찾아줘 난 Open For 24hours 난 너의 편의점 같아 정신없이 오고 가는
사람들 오다가다 마주치는 인연들 다신 오지 않을 오늘의 밤 너랑 나 You And Me 우리 둘 서울 밤"

[서울 밤](2019)

조용필
'꿈'

서울은 도쿄와도 다르다. 훨씬 시끌벅적하다. 욕망으로 펄펄 끓는 용광로와도 같다. 아예 도시 자체가 소음 덩어리 아닌가 싶을 때도 있다. 한데 그렇지 않나. 가끔씩 우리는 소음에 둘러싸일 때 안정감을 느끼곤 한다. 헤비메탈이나 펑크 같은 음악을 감상할 때 도리어 평안함에 이르는 것과 같은 이치다. 과연 그렇다. 대도시가 끊임없이 뿜어내는 밤의 에너지를 강렬하게 체험하고 싶다면 서울이 정답이다. 코로나 때문에 기세가 많이 죽긴 했지만 언젠가 코로나가 해결되면 서울은 다시 대폭발할 것이다. 리비도로 들썩일 것이다. 지구촌 곳곳에서 서울의 밤을 즐기기 위해 젊은이들이 몰려들 것이다.

나는 정말이지 제법 놀랐다. 해가 지고 밤 9시쯤 됐을까. 알코올이 좀더 필요해서 주변을 쭉 산책해 봤는데 어디 문 연 데가 없었다. 진짜 하나도 없었다. 치안도 문제였다. 프랑스어라고는 '봉쥬르'와 '메흐시'밖에 할 줄 모르는 이방인이어서가 아니었다. 뭐랄까. "너 이렇게 계속 싸돌아다니다간 어떻게 될지 모른다." 갑자기 식은땀이 등줄기를 타고 흘렀다. 나의 본능이 말해주고 있었다. 글쎄. 확언할 수는 없지만 서울만큼 밤과 새벽 시간에 꽤 마음 놓고 돌아다닐 수 있는 대도시는 도쿄 정도 제외하면 없다고 봐야 한다.

예전에 한 후배가 이 곡에 대해 이런 얘길 한 게 기억난다. "우리 아빠가 돈 벌려고 서울로 상경하고 난 뒤에 이 곡을 진짜 많이 들었대. 그저 음악 한 곡일 뿐인데 정말 큰 힘이 됐대. 아마 우리 아빠 같은 사람 그 당시에 진짜 많지 않았을까?"

1991년. 한국은 여전히 고도 경제성장 중이었다. 모두가 각자 꿈을 안고 서울로 몰려들어 직장을 구했다. 밤낮 없이 일하면서 월급을 받았다. 쉽지는 않았다. "화려한 도시를 그리며 찾아왔"건만 녹록하지 않은 현실에 부딪히고 좌절한 부모도 많았을 것이다. 그들에게 위로가 되어준 노래 딱 하나만 꼽아야 한다면 이견은 있을 수 없다. 다시 들어도 벅찬 감동을 전하는 이 곡, 조용필의 '꿈'이다.

[The Dreams](1991)

Felt The High Of
New Love, Jeju

서울이 싫은 게 아니라

"살고 싶은 곳에 살고 있나요?" 나는 종종 나에게 묻는다.

에디터 정다운 사진 박두산

선택의 이유

삶에 영향을 주는 중대한 선택을 할 때 '더 좋은 것'을 선택하려고 하는 편이다. A가 싫어서 B를 선택한다기보다 B가 더 좋아서 혹은 B가 더 궁금해서 가는 사람. 중요한 선택을 몇 번 경험한 뒤에 내가 그런 사람이라는 걸 알게 된 건 아니고, 실은 의도적으로 그렇게 선택한다. 선택하려고 노력한다.

10년 전쯤 회사 일이 힘들어 퇴사를 고민하던 때가 있었다. 일이 맞지 않았던 것은 아니고 조직장이 나를 괴롭혔다. 지나고 생각해 보니 직장 내 괴롭힘이었다. 견디기 어려웠다. 회사를 그만두고 싶다는 말을 입에 달고 살았다. 나보다 스무 살 정도 나이 많은 친구가 내 하소연을 듣다가 툭 이런 이야기를 건넸다. "힘들 때 그만두면, 힘들 때마다 포기하는 게 '습(습관)'이 되더라. 회사를 그만두지 말라는 이야기가 아니다. 하지만 회사 일보다 더 좋은 일이 생겨서 그만둔다면 그건 너만의 좋은 습이 될 수 있다. 인생에서 가장 중요한 건 습인 것 같더라." 퇴사를 고민하던 내게 많은 사람들이 조언을 건넸고, 그때마다 고개를 끄덕이긴 했지만 내가 듣고 싶은 방식으로 고쳐 들었다. 하지만 이 조언은 이야기 그대로 마음속에 들어와 자리 잡고 나가지 않았다.

지금 당장은 회사를 그만두지 않기로 했다. 대신 팀을 옮겼고, 상황은 아주 많이 나아졌다. 시간이 지났고 아침에 일어나 회사에 출근하는 일이 더 이상 괴롭지 않았다. 일이 재밌고, 동료들과도 잘 지냈다. 그리고 이 상태면 정년퇴직할 때까지 즐겁게 회사를 다닐 것 같다는 마음이 들던 시기에 나는 퇴사했다. 그때 회사를 그만둔 이유는, 일이 힘들어서가 아니었다. 며칠 안 되는 연차 휴가로는 꿈꿀 수조차 없는 긴 여행을 하기 위해서였다. 사실 일이란 걸 시작하고 나서 언제나 조금만 힘들면 '아 회사 때려치우고 여행 가고 싶다.'는 생각을 하곤 했었지만, 나는 그때 울며 그만두지 않고 지금 웃으며 그만두었다. 그리고 도피한 것이 아니고, 현실이 버거워서 떠난 것이 아니고, 여행을 하고 싶어 여행 중이라는 사실이 나로 하여금 내 여행을 더 좋아하게 만들었다. 이 경험은 나에게 최초의 좋은 습으로 남았다. 지금의 상황을 최대한 좋게 만든 후, 더 좋은 것을 선택하는 습관.

제주도가 좋아서

장기 여행에서 돌아온 뒤 제주도로 이사했다. 8년 전의 일이다. 서울이 싫어서가 아니었다. 제주도가 좋았다. 일할 곳만 있다면 어디서든 살 수 있다. 좋은 곳에서 한번 살아보고 싶은 가벼운 마음으로 제주에 있는 회사에 이력서를 넣었다. 나는 떨어졌고 반려자는 합격했다. 그리고 우리는 제주도로 이사 왔다. 본격적으로 글 쓰는 일을 하게 되면서 새로운 사람들을 만나고 그들의 이야기를 옮겨 적는 경험을 많이 하게 되었다. 덕분에 제주도에서 태어나 줄곧 살던 사람들부터 다른 지역에 살다가 제주도로 이주한 사람들까지 다양한 사람을 만나 이야기를 나눌 수 있었다.

그들을 만나면 나는 종종 "왜 제주에 내려오시게 된 거예요?"라는 질문을 했다. 그때마다 내심 드라마틱한 사연을 기대하기도 했다. 하지만 대부분 "일 때문에 내려왔다가 제주도가 좋아서 더 머물기로 했어요."; "그냥 잠깐 지내러 왔는데 길어졌네요."와 같이 대답했다. 비장한 각오 같은 건 없었다. 모든 걸 버리고 제주로 내려왔다거나, 뜻한 바가 있어 제주도에 뼈를 묻을 각오를 가진 사람은 거의 없었다. 그들은 모두, 제주도가 좋아서, 혹은 큰 결심 없이 일 때문에 제주도로 내려온 사람들이었다. 그들은 제주에서 잘 지냈다. 반면에 원래 살던 곳에서 적응하지 못해 도망치듯 제주도에 온 사람들은 대체로 제주와도 잘 어울리지 못했다. 비장해질수록 결단은 어렵다. 제주도로 이사를 한 사람들은 대부분 용감한 사람이라기보다는 삶의 변화를 비장하게 생각하지 않는 사람들이었다.

서울에 산다는 것 제주에 산다는 것

이제는 '왜 제주에 내려오게 되었느냐'는 질문을 잘 하지 않는다. 그러고 보니 나도 "왜 제주에 와서 사느냐."는 질문을 받은 지 오래되었다. 그보다 더 자주 받는 질문은 "그래서 제주에 살아 좋냐."는 것과, "언제까지 제주에서 살 것 같은가." 하는 질문들이다. 제주에 살아서 좋다. 정말 좋다. 어제도 좋았고, 오늘도 좋았다. 평생 살 수도 있을 것 같다. 그리고 이제는 말한다. 음, 하지만 제주에 그만 살아도 괜찮을 것 같다. 제주가 싫다는 이야기가 아니다.

고백하자면, 요즘 나는 종종 부동산 사이트를 열어두고 서울 집값을 알아본다. 서울 근교가 아닌 서울 시내. 기왕이면 서울 시내 중에 사대문 안을 살펴본다. 집값을 알아보고 로드뷰로 근처 환경까지 둘러본다. 내가 가진 돈으로 구할 수 있는 적당한 집을 고른 뒤 지하철역부터 집까지 걸어보고 근처 골목까지 다녀본다. 한참 걸어보다 인터넷 창을 닫고 나온다. 언젠가 서울에 살아보고 싶다.

나에게 서울에 산다는 것은 걷는 것이다. 걸어서 경복궁 같은 궁궐 정원을 산책하고, 한자리에 오래 있는 소박한 백반집에서 식사를 하며, 이탈리안 레스토랑에서 와인을 한 잔 마시고 천천히 밤거리를 걷는 것. 동네 재래시장에서 장을 보고 양손 무겁게 걷다가 거리의 빵집에서 오늘 먹을 빵을 사서 천천히 집으로 돌아오는 것. 동네 산책하듯 극장에 가서 영화를 보는 것. 걸어서 동물병원에 갈 수 있는 것. 그리고 그 길에서 아는 사람은 아무도 만나지 않는 것. 나는 가끔 완벽한 타인이 되어 서울을 자유롭게 걷는 상상을 한다.

사람들이 생각하는 제주에 산다는 것은 어떤 걸까. 여름이면 해변에서 오래 시간을 보내고, 주말에는 오름을 오르고, 노을이 아름다운 날엔 서쪽을 향해 달리고, 그러다 만난 바다가 보이는 유명 카페에 가서 커피를 마시는 걸까. 흑돼지를 먹을까, 회를 먹을까 고민하는 걸까. 그런 날도 있지만, 그건 제주를 여행한다는 것에 더 가까울지도 모르겠다. 나에게 제주에 산다는 것은, 작은 시골 마을 안에서 산다는 것이다. 이 마을을 벗어나려면 꼭 차를 타고 나가야 한다. 걸어서 갈 수 있는 카페는 한 곳뿐인데, 거리는 가깝지만 사실상 걷기 좋은 길이 아니어서 한 번도 걸어가 본 적이 없다. 더군다나 거리에 가로등이 없어서 해가 지면 혼자 산책하기 어렵다. 합리적인 가격의 소박한 백반집은 찾기 어렵다. 영화를 보려고 해도, 극장까지 가려면 한참 차를 타고 가야 고 그나마 볼만한 영화는 제주에선 거의 개봉하지 않는다. 간혹 개봉하더라도 일주일 정도 극장에 걸려 다 금방 내려간다. 아무튼 걸어서 무언가 한다는 게 거의 불가능하다. 그리고 무엇보다 제주는 넓지만 좁아 어딜 가나 아는 사람을 만날 가능성이 높다.

제주가 싫은 게 아니라

하지만 제주에선 오후 휴가만 내도 바다에 몸을 던질 수 있고, 사계절을 그 어느 곳보다 선명하게 느낄 수 있다. 여름 저녁 선명한 노을을 보면 1년 치 피로가 가시는 것도 같다. 지하철을 타지 않아도 되고, 교통체증이 심하지 않다. 겉으로 드러나는 빈부의 차이가 서울만큼 크지 않고, 다른 사람의 눈에 내가 어떻게 비칠지 고민이 덜하다. 사계절 내내 농작물이 자라고 인력은 언제나 부족하며 노동을 귀하게 여기기 때문에 내 몸만 건강하다면, 나이가 많이 들어도 할 수 있는 일들이 있다. 그런 제주를 나는 좋아한다.

이다음에 어디에 살게 될지 잘 모르겠다. 그곳이 바라던 서울일 수도 있고, 다른 지역일 수도 있고, 혹은 생각지도 못한 외국의 도시가 될 수도 있다. 물론 내내 제주에서 살게 될지도 모른다. 아무튼 나는 지금 제주가 좋고 종종 다른 곳으로 떠나고 싶다. 이런 마음을 털어놓을 수 있어 다행이다.

Wander, Wonder

Walking Through Neighborhood

연희동의 하루

동네 자랑 좀 해 보련다.

글·사진 이기준(디자이너)

오르막길이 너무 가팔랐고 대체 어디까지 올라가야 하는지 슬슬 불안해질 때쯤 비디오 대여점 간판이 보였다. 비디오라니, 설마 아직도 영업 중인 가게는 아니겠지? 대여점 앞 자그마한 로터리 주변에 마을버스 몇 대가 쉬고 있었다. 버스 정류장에서 시작되는 아담한 산책로를 따라 걸으며 주변을 둘러보니 서울 도심이라는 게 믿기지 않을 만큼 수풀이 우거지고 한적했다. 다양한 새소리가 울렸고 매미가 얼마나 많은지 소나기 쏟아지는 소리가 났다. 버스 정류장 하나 거리를 지나자 좁은 계단이 가파른 내리막길로 이어졌고 그곳에 매물로 나온 집이 있었다. 그 자리에서 계약했다. 이후 이사를 두 번 했지만 줄곧 연희동에 살고 있다.

산책로 너머로 제법 울창한 숲이 보였다. 그곳이 궁동산이라는 건 몇 달 뒤에야 알았다. 산? 애걔걔, 이게 산이야? 봉분보다 조금 더 솟은 산을 따라 걸으니 이쪽 끝에서 저쪽 끝까지 느긋한 걸음으로 30분이 걸렸다. 일부러 이동하지 않고, 등산화를 신지 않고 산행 기분을 느끼기에 충분했다. 등산에 별다른 관심은 없지만 걷기를 좋아하는 내 성향에 잘 맞는 동산이었다.

연희동엔 담장을 두른 단독주택이 많은데 담장 위로 각종 나무가 뻗어 나와 시야가 삭막하지 않고 골목이 번잡하지 않아 쾌적하다. 큰 상권이 형성된 동네(홍대 앞 공영주차장 한복판)에 살 때는 현관을 나서자마자 간밤의 증거인 온갖 쓰레기를 마주해야 했고 매일 저녁 활성화되는 압도적인 조명, 소음, 인파는 극한의 상황을 모른 척하는, 대단히 유용한 기술을 습득하는 데 큰 도움이 되었다. 어떤 상황에서도 잘 자는 성격에도 늦게나마 감사의 말씀을 전한다. 깔끔한 주택가의 생활은 매일같이 평온하다. 그 한결같은 아무 일 없는 상태가 안정감을 준다. 북적북적한 분위기가 그리우면 옆 동네로 훌쩍 넘어가면 된다는 점도 중요한 요소다.

궁동산은 안산으로 이어져 조금 더 본격적으로 산책하기에 그만이다. 안산 둘레길은 샛길이 많아 다양한 경로로 진입하거나 나갈 수 있다. 홍제천에서 조깅을 하다 안산과 궁동산을 통해 집에 올 수도, 궁동산에서 시작해 안산을 거쳐 홍제천으로 내려가 조깅으로 마무리할 수도 있다. 답답한 시국에 그나마 시원한 개방감을 준 것이 이 코스였다.

작업 역시 집에서 하는 요즘, 높은 지대의 혜택을 톡톡히 누리고 있다. 창밖에 펼쳐진 지붕의 물결 덕분에 간간이 내다보아도 답답하지 않고, 도시에서 나기 마련인 자동차나 인간의 소리 대신 매미와 새소리가 있다. 작업실을 굳이 집과 분리할 필요를 느끼지 못하는 것도 어쩌면 이런 이유일지 모르겠다.

깨끗한 골목, 적당한 산책 코스, 우거진 식물, 다채로운 새소리가 내가 바라는 전부였다면 진작 다른 데서 살고 있었을 것이다. 난 도시 체질이다. 다만 일상의 공간은 상권에서 살짝 벗어난 구역이되 엎어지면 코 닿을 곳에 도시의 편의가 펼쳐져 있길 바라는 것이다. 골목의 식물이 좋은 것도 그 초록을 지나 카페나 식당에 다다를 수 있기 때문이다.

아침 8시에 문 여는 카페가 5분 거리에 있다는 건 큰 행운이다. 단지 일찍 열 뿐 아니라 커피 맛도 내 입에 딱이다. 약, 약중, 중, 중상, 극상 등 드립커피의 농도를 그날그날 달리해 주문한다. 내가 커피를 입안의 질감으로 마신다는 것도 여기 사장님과의 대화를 통해 알았다. 카페오레의 우유 양을 많이 줄여 '쁘띠'라고 이름 붙인 나만의 메뉴도 생겼다. 여기 말고도 카페 라인업이 탄탄한 편이라 플랫화이트, 샤케라토, 아인슈패너 등 메뉴에 따라 선택지가 달라진다.

점심은 주로 사 먹는다. 간이 세지 않은 나물밥, 느끼하지 않은 곰탕, 별미로 먹는 LA갈비, 푸짐한 삼계탕, 패티가 든든한 햄버거를 비롯해 차이나타운과 방불한 다양한 중국 음식점이 연희맛로를 중심으로 몰려 있다. 오향장육을 이곳에서 처음 먹었다. 그러고 보니 생면 파스타와 바질 페스토도 이 동네에서 처음 먹었다. 면적에 비해 먹을 데가 많다 해도 10년째 돌고 돌다 보면 지겨워지기 마련이라 간간이 옆 동네 식당을 찾아 다니다 보면 어느새 동네 식당이 생각나고 그새 새로운 곳이 생기기도 한다.

사실 연희동은 외식보다 장보기에 좋은 동네인 것 같다. 대형마트가 없는 이 일대에서 사러가의 존재는 독보적이다. 넓지 않은 면적에 비해 여러 문화권에서 들여온 식재료가 풍성하다. 엔다이브 샐러드? 해산물 파에야? 렌틸콩 샐러드? 한우 스테이크? 월남쌈? 사러가와 주변 가게들을 한 바퀴 돌면 웬만한 식재료는 구할 수 있다. 다채로운 식재료에 반주가 빠지면 서운하다. 불과 몇 년 만에 반주계의 일인자로 떠오른 내추럴 와인과 크래프트 비어를 조달하는 곳 역시 집에서 5분 거리다. 지난 몇 년간 서대문구와 마포구를 거의 벗어나지 않고 생활했다.

먹을 것만으론 건강한 일상을 꾸릴 수 없다. 밤의서점은 내가 아는 서점 중에 분위기가 정말 좋다. 가지 수가 많진 않지만 주인장의 안목으로 추린 서가를 훑어보며 내 관심사와 포개지는 책 한두 권쯤은 어렵지 않게 고를 수 있다. 몇 해 전엔 유어마인드가 연희동으로 이사 온 덕분에 출판계의 필터링을 거치지 않은 창작물을 보며 좋은 자극을 받기도 한다. 그뿐 아니라 주치의처럼 내 모든 안경을 관리해 주는 안경사까지 한 동네에 있으니 아무래도 연희동을 벗어나면 생활이 곤란해질 것 같다.

I Don't Even Know

서울에 살지만 서울은 잘 모릅니다

강남에서 태어나 홍대에 살고 있다. 서울에서 태어나 조금 다른 서울에 살 뿐인데 많은 것이 변해가는 느낌이다.

글·사진 김건태

나는 강남 사람이다. 소위 8학군이라는 지역에서 초중고를 나왔다. 약속 장소는 늘 강남역 제일생명 사거리. 세미 힙합으로 줄인 교복 바지를 입고 주공공이 영화관에 들러 새로 나온 영화가 없나 기웃거리는 게 일이다. 최신 개봉한 전지현 주연의 영화 〈엽기적인 그녀〉(2001)를 보고, 타워레코드에서 미국 동부 힙합을 대표하는 우탱 클랜의 음악을 듣고, 배가 고파지면 강남역 베니건스에서 몬테크리스토 샌드위치를 먹는다. 조금 텐션이 업 된 날에는 압구정 로데오거리를 기웃거리며 새로 나온 나이키 운동화를 구경한다. 강남 고딩에게는 빌딩 숲이 놀이터고 압구정이 앞마당이다.

이런 이야기를 하면 사람들은 나를 위아래로 훑어보며 코웃음을 친다. 그는 어쩌면 이렇게 말하고 싶었는지도 모른다. '너는 박서준처럼 이마가 보이도록 머리를 넘기지도 않았고, 테슬로퍼를 신지도 않았잖아. 왼쪽 팔목에 번쩍이는 시계도 하나 없으면서 도대체 뭐가 강남이라는 거야?'

사실 앞선 이야기의 반은 맞고 반은 틀리다. 나는 강남에 살았지만 가난했고 8학군에 다녔지만 공부에 관심이 없었다. 아웃사이더였다. 그저 있는 듯 없는 듯 바닥을 깔아주는 존재. 이혼한 부모 밑에 살았고, 그런 이유로 가난했으며, 또 그런 이유로 공부도 못했다. 짝퉁 나이키를 신은 모태 솔로였다. 강남이 고향인 건 맞지만 진짜 '강남 사람'처럼 살지는 못했다는 얘기다. 모든 건 가난 때문이었다.

유령처럼 살던 내게 처음 가난을 인식하게 해준 사건이 있었다. 하루는 학교 수업 중에 학생주임 선생이 교실로 쳐들어왔다. 교실 문을 부술 듯이 열어젖히는 바람에 판서를 하던 선생도, 학생도, 심지어 교실 뒷자리에서 겨울잠을 자던 일진도 화들짝 놀라 뒤로 자빠졌다. 학생주임은 검은색 절연 테이프를 둘둘 감은 '사랑의 각목'을 목덜미에 걸친 채 종이에 적은 이름을 하나둘 불렀다. 김성만, 박영주, 황성일, 김건태. 이름이 불린 4인방은 영문도 모른 채 교실 밖으로 불려 나갔다. 차가운 복도 바닥에 손을 짚고 엎드려뻗쳤다. "각각 사랑의 찜질 다섯 대씩, 죄명은 급식비 미납!" 학생주임은 팔뚝을 걷어 올리며 그렇게 소리쳤다. "퍽 퍽퍽 퍽퍽!" 친구들이 엉덩이를 맞을 때마다 둔탁한 붐뱁 비트가 복도 한가득 퍼졌다. "너는 왜 (퍽) 급식비를 안 내고 (퍽) 지랄이야! (퍽) 너희 부모는 (퍽) 뭘 하는 (퍽) 사람이야? (퍽)" 왜 나만 여섯 대를 맞았지? 예기치 못한 추가 매질에 똥꼬를 강타당한 나는 우탱 클랜의 메소드 맨처럼 울부짖었다. "쒯~더 뻑!" 그리고 한 대 더 맞았다.

엉덩이가 잔뜩 부은 우리는 방과 후에 영주의 반지하 방에 모였다. 가장 늙어 보이는 성만이가 오징어땅콩과 소주를 사왔다. 술은 금세 떨어졌고, 이번엔 가장 키가 큰 성일이 쿨피스와 소주를 사 왔다. 소주를 몇 병 비웠는데도 아픔은 쉽게 가시지 않았다. "분명 세화가 들었을 거라고.", "세화가 누군데?", "짝사랑." 성일은 고백도 못 해봤는데 이미 차인 거나 다름없다며 울먹거렸다. 영주는 허벅지에 멍이 들어 짧은

...마시를 입을 수 없게 했나벼 와들 났나. 그의 짧은 반마시
는 정말이지 꼴불견이었기 때문에 그런 이유라면 종종 매를
맞는 것도 나쁘지 않아 보였다. 성만이는 아무 생각이 없었
다. 그냥 소주가 먹고 싶었다고 했다. 그러면서 왜 자기는 술
을 살 때 한 번도 민증 검사를 받지 않는지 궁금하다고 했다.
"혹시 너네들도 그러냐?" 그의 기습적인 질문에 우리 중 누
구도 대답하지 못했다.

지금 돌이켜 생각해 보면 급식비를 내지 못한 학생을 전시하
듯 불러내어 벌을 주는 건 분명 부당한 일이었다. 만약 내 자
식이 그런 이유로 매를 맞는다면 당장에 학교로 찾아가 난
동을 피울 거다. "아주 코뼈를 부숴줄 테니까 순순히 나오시
지!" 하지만 당시의 고딩 김건태는 화가 나기보다는 쪽팔린
마음이 더 컸다. 마음에 드는 여학생에게 신비한 사람처럼 보
이고 싶어 가르마도 차분하게 탔는데, 대변이 마려워도 학교
화장실은 절대 이용하지 않았는데, 그동안 쌓아온 것들이 한
순간에 무너진 느낌이었다. 그와 별개로 반 전체에서 우리 넷
만 급식비를 내지 못했다는 사실이 놀라웠다.
"대체 왜 이렇게 살아야 하나! 강남에 사는데 왜 가난해야 하
나!" 우리는 서로를 거울삼아 밤새 울분을 토해냈다. 황새 무
리에 섞인 참새 패거리처럼 있는 힘껏 짹짹거렸다. "부모가 가
난하게 만든 걸 누굴 탓하겠냐?" 한 녀석이 그렇게 말했고 나
머지가 동시에 친구의 머리를 때렸다. 아무리 화가 나도 부모
는 건들지 말자는 게 암묵적인 룰이었다. 우리는 술은 마셔도
담배는 피우지 않는 학생이었다. 교회도 함께 나갔고 헌금도
꼬박꼬박 냈다. 이걸 뭐라고 불러야 할까? 착실한… 양아치?
길고 지난한 성토 끝에 참새들은 한 가지 결론에 도달했다.
가난은 상대적인 거다. 강남만 벗어나면 괜찮아질 거다. 저
기 한남대교만 넘어가도 처지가 대폭 나아질 거라니까?" 그
리고 긴 침묵…. 과연 그럴까? 머릿속에 수많은 물음표가 떠
올랐다. '정말 여기만 벗어나면 삶이 조금은 나아질까요?' 하
지만 그런 질문에 대답해 줄 어른이 우리에겐 없어서, 그저
술잔에 쌓여가는 물음표를 삼키기에 급급할 뿐이었다.

시간이 흘러 고등학교를 졸업할 나이가 됐고, 더 이상은 교복
속에 가난을 감출 수 없게 되자 약속처럼 하나둘 우리는 강
남 땅을 벗어났다. 한 명은 졸업과 동시에 군대로 도망쳤고,
또 한 명은 부모와 함께 대전으로 알프스모텔을 경영하러 갔
다. 돈을 벌기 위해 먼바다로 떠난 친구도 있었다. 나 역시 서
울살이에 지친 아버지를 따라 귀양 가듯 수원으로 거처를 옮
겼다. 아버지보다 더 가난했던 나에겐 선택의 여지가 없었다.
물론 수원역의 꼼장어와 인계동의 떡볶이는 맛있었지만 내
마음은 늘 서울에 있었다. 밤마다 주문을 외듯 지하철 2호선
을 곱씹었다. 강남, 역삼, 선릉, 삼성… 음… 강남, 역삼, 선릉,
삼성….
오매불망 강남으로의 복귀만을 손꼽아 그리다가 서울로 직
장을 구하게 됐다. 서울에서도 가장 변두리인 상암동이었다.

미가 그…분이 오나 새벽마다 통근 기차를 타고 출근했니
끓는 물에 데친 숙주처럼 힘없이 출퇴근하기를 1년여, 아버
지는 나에게 독립을 제안했다. 유산으로 보증금의 일부를 메
워줄 테니 나머지는 은행의 힘을 빌리라고 했다. 서른도 넘은
아들을 얼른 쫓아버리고 새로운 인생을 살고 싶은 게 분명했
다. 이유야 어쨌든 수원을 떠나 다시 서울로 상경하는 날 나
는 아버지와 진하게 포옹했다. "거, 잘 쉬다 갑니다."

강남으로 화려한 복귀를 꿈꿨으나 나는 지금 6년째 홍대(정
확히는 망원)에 살고 있다. 상암동의 회사를 그만둔 후에도 여
전히 이곳에 머문다. 나 자신을 강남에 어울리는 사람이라 여
겼기 때문에 처음엔 홍대 특유의 분위기가 적응하기 힘들었
다. 강남과 홍대는 먹는 것, 입는 것, 생각하는 것, 하다못해
걸음걸이마저 다른 듯했다. 강남 사람은 삼시 세끼 파스타만
먹고, 홍대 사람은 일본식 덮밥만 먹는 것 같달까.
15년 만에 고등학교 동창회를 나갔을 때 나는 동향 친구들에
게 홍대 특유의 분위기에 대해 한참을 떠들어 댔다. "홍대 사
람들은 이상해. 완전 촌스러운 90년대 느낌의 통바지만 입
어. 자기 몸 구석구석 타투를 새기지 않으면 안달이 나는 사
람들 같다니깐. 인기가요 같은 건 죽어도 안 들으려 해. 그 무
슨 양창근의 '5AM' 같은 노래나 듣고, 직접 기른 무화과를
먹고, 심지어 《어라운드》 같은 심심한 잡지를 읽어요, 글쎄
느림을 미덕으로 삼는다는 게 이해가 돼? 이쪽 사람들은 출
세 같은 얘기 나오면 아주 학을 떼다니까?" 내 이야기를 가만
히 듣고 있던 동창 하나가 말했다. "야, 자랑 좀 그만해라. 어
디 부러워서 살겠냐?"
동창회는 자정이 넘은 시간까지 이어졌다. 추억을 이야기하
는 것은 잠시뿐이었다. 자리를 옮길수록 그들은 자기들만 아
는 현재진행형의 대화를 나눴다. 지금껏 한 번도 강남을 벗어
나지 않은 사람들만 할 수 있는 이야기. 내가 홍대에 대해 떠
들어 댄 것과는 정반대의 사연들이었다. 그 경험을 공유하지
못한 나는 점점 입을 다물게 됐다. 적당히 맞장구를 쳤지만
그게 전부였다. 문득 궁금해졌다. 그날 급식비가 없어 엉덩이
를 함께 맞았던 친구들은 잘 살고 있을까? 강남을 벗어나 조
금 덜 가난한 채로 살고 있을까?
택시를 타고 집으로 돌아가는 길에 아버지에게 전화를 걸었
다. 받지 않았다. 젊을 때는 며칠 밤을 새워도 일해도 끄떡 없
던 양반이 요 근래 잠이 부쩍 많아졌다. 아버지는 노인이 되
어버린 걸까? 강남을 출발한 택시가 홍대로 향하는 동안 이
상하게 울적한 기분이 들었다. 나는 그 울적함의 정체를 알지
못했으므로 함부로 울음을 터뜨릴 수도 없었다. 유리창 너머
로 양화대교의 불빛들이 정신없이 스쳐 갔다. 나는 계속 전화
를 걸었고 아버지는 여전히 받지 않았다. 무엇이 가까워지고
무엇이 멀어지는지, 지나봐야 겨우 알 만한 것들이 나를 통과
하고 있었다.

세상의 모든 자전거

세상에 없는 마을

따르릉 따르릉 비켜나세요 자전거가 나갑니다 따르르르릉

글 이주연   일러스트 휘리

멍이 든 허벅지와
여의도 공원, 그리고 2인용 자전거

"다음 특별활동 때는 여의도 공원에 갈 거예요. 10시까지 절대 늦지 말고 집합하세요."
"오 예! 자유시간!"
"자유시간 아닙니다. 자전거나 인라인을 탈 거니까 편한 복장으로 오세요."

눈코 뜰 새 없이 바쁘다는 고등학생 시절 나는 청소년 적십자 RCY 부원이었다. 특별활동으로 부서를 하나 정해야 했을 때, 간절히 문예부를, 열렬히 밴드부를 원했지만 우르르 RCY 가입 신청서를 들고 몰려가는 친구들 곁에서 하릴없이 신청서를 작성해야 했다. 연필을 들고 원고지에 글을 적거나 건반 같은 걸 치면서 특별활동을 보내고 싶었던 나는 상상과 달리 '애니'라고 불리는 심폐소생술 인형에 "정신 차리세요!" 소리치면서 흉부를 압박하고 살리는 데 열중해야 했다. 친구들이 RCY에 가입한 이유는 하나였다. 잘나가는 언니·오빠들이 몽땅 RCY 출신이라나? 애니를 살리는 과정은 꽤나 디테일했다. 인형을 흔들고 뺨을 때리며 의식을 확인한다. (당연히 대답하지 않는다.) 심장에 귀를 대고 박동을 확인한다. (당연히 아무 소리도 들리지 않는다.) 한 사람을 지목해 "경찰에 신고해 주세요." 요청한다. 가슴팍을 서른 번 압박하고 턱을 아래로 조금 내려 숨을 불어넣는다…. 이 단계에 사춘기 애들이 얼마나 열광했는지는 말하지 않아도 쉽게 머릿속에 그려질 테다. '인형과 키스하는 부서'라고 불리기도 했지만 생각보다 RCY는 재미있는 활동이었다.

하루는 선생님이 야외 활동을 하자고 했다. 나는 예나 지금이나 단체로 야외 활동 하는 걸 별로 달가워하지 않아서 귀찮다고 생각했다. 하물며 경기도에 사는 학생들에게 여의도로 집합하라니. 속으론 툴툴대면서도 성실한 학생 얼굴을 하곤 여의도 공원으로 향한 기억이 난다. 사복을 입고 모인다는 사실에 친구들은 들떠 보였고, 한껏 멋을 낸 모습이 귀엽고 우스웠다. 피부가 탈까 봐 모자를 눌러쓰고 반팔 위에 얇은 남방을 걸쳤다. 바지를 즐겨 입지 않아 조금 불편하게 서울로 향했다. 1학년부터 3학년까지 와글와글 모인 RCY 부원들은 자전거와 인라인 중 원하는 걸 골라 타야 했다. 둘 다 좋아했기에 뭐가 더 나을까 고민하다가 운 나쁘게 2인용 자전거에 당첨되었다. 단체로 하는 야외 활동은 질색인데, 그 안에서 또 누군가와 합을 맞춰야 한다니. 게다가 전혀 친하지 않은 3학년 남자 선배와 짝이 되었다. 사춘기 학생들은 남녀가 2인용 자전거를 탄다는 데 적잖이 열광했다. 영화 〈클래식〉(2003)의 한 장면이라며 셔터 세례를 받는 기분이란…. 그 환호에 휩쓸린 건지, 여자 후배 앞에서 멋진 선배 노릇을 하고 싶었던 건지 그는 내게 "페달을 밟지 말고 바람을 느끼라."고 했다. 둥근 등을 한껏 구부린 채 쥐며느리처럼 페달을 밟던 선배. 바람이요? 멜로 영화라면 그의 둥근 등에 반해 수줍게 웃었을 테지만, 나는 등이 굽은 선배에겐 아무 관심이 없었다.

주변에서 선배들이 "우우~" 하면서 사진을 찍고 환호한 게 화근이었다. 등이 굽은 선배는 긴장한 듯 페달을 점점 더 세게 밟기 시작했다. 선배는 여의도 공원을 벗어나 좀더 달리자고 했다. 그는 더욱 적극적으로 페달을 밟기 시작했고, 급기야 여의도 공원을 벗어나 비포장도로를 질주했다. 온갖 돌멩이를 밟아 덜컹거리며 달리는 자전거 뒷좌석에 앉아 있던 나는 악 소리를 참느라 입술을 꽉 물어야 했다. 자전거가 튕겨 오를 때마다 안장 위에서 들썩이는 엉덩이와 허벅지가 비명을 질러댔다. 눈물이 찔끔찔끔 나다 못해 나중엔 흐르기까지 했는데, 그만 타자고 말할 수가 없어 한참을 견디고 보니 네 시간이 훌쩍 지나 있었다. 집에 돌아와 바지를 벗었을 때, 허벅지 안쪽, 뒤쪽, 그리고 엉덩이에 든 보랏빛 멍을 보고 얼마나 허탈했던가. 난 2인용 자전거만 보면 지금도 엉덩이가 아프다.

채도 낮은 올리브 이파리와
쇼도시마, 그리고 전기자전거

"이번엔 전기자전거 빌려볼까? 오르막길 오르기에 좋대."
"난 그냥 자전거도 잘 타는데."
"허벅지 불타지 않으려면 안전하게 전기자전거 빌리자."

올리브 섬이라 불리는 일본의 쇼도시마는 푸르고 청명했다. 가을의 문턱을 넘어가는 계절이라
그랬겠지만, 하늘은 푸르고 높았으며 키가 작은 나무들이 즐비한 길은 동화처럼 아름다웠다.
쇼도시마에 빼곡하게 펼쳐진 건 온통 올리브 나무였다. 차도를 따라, 언덕을 따라, 길가를 따라
펼쳐진 모든 게 올리브 나무였다. 보통의 여름철 나무보다 채도가 낮아 카키 색상에 가까운 이
파리들, 키가 작은 나무로 빼곡하게 채워진 그곳. 나무들은 낮고 가느다랬지만 씩씩하고 곧았
다. 올리브 나무 사이를 헤매며 대롱대롱 매달린 올리브에 몇 번이나 '귀엽다'고 생각했다. 길
곳곳엔 올리브 캐릭터들이 손가락을 뻗고 있었다. 여기서 버스를 타라든지, 조금만 더 가면 바
람의 언덕이라든지, 하고 가리키는 것이었다. 올리브 캐릭터만으로도 기분이 좋아져서 나는 힘
을 주어 페달을 밟았는데, 그럴 필요가 없었다. 우리가 빌린 건 전기자전거였다.
전기자전거는 전원電源 버튼을 누르면 작동을 시작한다. 오토매틱オートマチック 모드는 경사가
있거나 달리기 힘든 구간에서 알아서 전기를 소모하며 세게 작동하고, 편평한 길에선 적은 전력
으로 느슨하게 작동하는 모드다. 반면, 파워모드パワーモード는 페달을 아주 조금만 밟아도 쌩
쌩 나가는 모드로 이 버튼을 누르면 '이게 전기자전거인가!' 싶은 기분이 들게 된다. 배터리가

빠르게 닳기 때문에 계속 작동해 두면 금세 방전된다는 게 단점이라면 단점이다. 에코모드ㅗㄱ ㅌ‐ㅏ 버튼은 최소한으로만 전력을 소모하는 모드로, 배터리가 얼마 남지 않았으나 보통 자전 거보단 힘주어 달려야 할 구간에서 사용하면 좋다. 처음엔 방전될까 봐 잔뜩 몸을 사리며 버튼 누르기를 주저했는데, 방전되어도 일반 자전거와 똑같이 작동한다는 걸 알고는 적재적소에서 버튼을 누르기 시작했다. 나는 대부분 에코모드로 달렸고, 급경사의 오르막이 나타나면 파워 모드 버튼을 눌렀다.

일본의 자전거들은 아날로그 방식을 고집한다. 열쇠로 풀고 잠그는 구조다. 고작 내 손가락 두 마디 정도밖에 안 하는 자그마한 열쇠기 때문에 자전거를 정차하고 나면 잃어버리지 않기 위해 조심해야 한다. 쇼도시마는 〈마녀 배달부 키키〉(2014) 실사판 영화의 배경이 된 섬으로, 바람 의 언덕에 오르면 사람들이 너도 나도 빗자루를 들고 깡총깡총 뛰고 있다. 그 모습이 귀여워 나 도 슬쩍 들어가 볼까 싶어 자전거를 그늘에 주차하는데, 좋은 그늘엔 이미 다른 자전거가 잔뜩 주차돼 있다. 커다란 나뭇잎에 안장만 겨우 숨기고 부디 작열하는 태양에 자전거가 익어버리지 않기를 바라며 살금살금 바람의 언덕으로 올랐다. 빗자루에 올라 점프하는 귀여운 사람들 틈 바구니에 끼어 나도 몇 번쯤 깡총깡총 뛰다 보니 '인생샷'이 한가득이다. 적당히 휘날리는 머리 카락과 등진 햇빛이 만든 그림자가 꽤 멋스러웠고, 나는 정말 날아오르는 것처럼 보였다. 키키 가 된 듯한 기분에 히죽대며 주차한 자전거로 향했는데, 아뿔싸. 키가 사라지고 없었다. 바람의 언덕에서 신나게 뛰어다니면서 떨어뜨린 게 분명했다. 자전거 열쇠를 찾기 위해 언덕을 수 시간 꼼꼼하게 뒤적이며 흘린 식은땀만 몇천 방울쯤 되겠지. 나는 그날 열쇠를 찾기 위해 몇 장의 올 리브 이파리를 만져야 했던가. 수북하게 쌓인 이파리 사이에서 자그마한 열쇠를 발견했을 때, "심봤다!"라고 소리치고 싶은 걸 간신히 참았다. 올리브 나무는 이제 100미터 밖에서도 한눈에 알아볼 수 있다.

갓길에서 목격한 사랑과
연남동, 그리고 따릉이

"따릉이 타면서 노래 듣는 건 매일 아침 기쁨이야."
"에? 자전거 타면서 노래를 듣는다고? 너무 위험한 거 아니야?"
"왜, 아주 헬멧까지 쓰라 그러지?"
"반항하는 거야? 이어폰 끼고 자전거 타지 마. 외국에서는 불법이야."

평일 아침, 축 처진 회사원들의 어깨를 힐끔거리며 성큼성큼 따릉이 정거장으로 간다. 폭우가
쏟아지거나 눈이 얼어 미끄러운 날이 아니라면 역에서 나와 언제나 자전거를 탄다. 비록 4분
남짓 달리는 게 전부지만, 페달을 밟는 그 잠깐의 시간은 온전한 아침의 기쁨이다. 매일 기쁨을
행하기 전에 날씨와 어울리고 오늘 기분과 닮은 음악을 고르는 건 나름의 의식이었는데, 친구
에게 핀잔을 들은 뒤로는 출근길이 다소 조용하고 심심해졌다. 음악에 귀를 기울이며 뮤직비디
오 속 여자 주인공이 된 양 출근길을 바라보던 나는 청신경을 곤두세우는 대신 주변을 좀더 샅
샅이 둘러보는 시야 넓은 출근자가 되었다.

매일 아침 비슷한 시각에 경의선숲길 부근에서 한 여자를 만난다. 20대 초중반쯤 되었을까, 앳
된 얼굴로 언제나 전동킥보드를 타는 그녀. 나와 비슷한 마음으로 기쁨의 킥보드를 대여할까
상상하면서 얼굴을 마주한 게 벌써 수개월째다. 몇 날 며칠 아침마다 만나니 같은 학교를 다닌
후배처럼 반갑고 친근하다. 어쩌다 하루 못 보면 오늘은 출근(등교일까?)하지 않는 걸까, 무슨
일이 있나 궁금해지기도 한다. 그 애의 특이한 점이 있다면 나와 마주쳐 지나는 길목에서 꼭 한
번씩 정차한다는 건데, 늘 킥보드를 세우고 가방을 주섬주섬 뒤지지만 뭘 하는 건지 통 알 수가
없다.

이틀 정도 그 애를 보지 못했다. 안부가 조금 궁금해지던 아침, 오랜만에 그 친구를 만났다. 하
늘하늘한 원피스에 단화를 신고, 크로스백을 멘 채 유령처럼, 소리 없이 도로 위를 질주하는 킥
보드. 전동킥보드는 도로 위의 고라니라며 많은 이의 미움을 사는 것 같지만, 그 애가 타고 있
는 걸 보면 무해하고 순해 보이기만 한다. 그런데 오늘은 아이의 움직임이 조금 다르다. 보통
은 나와 마주 보며 달려와 얼굴을 확인하고 스쳐 지나가는 식인데, 오늘은 나와 수직 방향으
로 길을 건넌다. 길이라고 해봤자 좁기 때문에 그녀의 동선이 한눈에 들어왔는데, 그녀는 킥보
드를 길 한쪽에 세워두고 교통경찰처럼 손바닥을 펼쳐 달려오는 자동차를 멈춘다. 뭐야, 초능
력이라도 부리려는 걸까? 호기심이 일어 마주 오는 차를 피해 갓길에 자전거를 세우고 그 애의
행동을 관찰한다. 한 손은 차량을 향해 손바닥이 보이게끔 펼치고 다른 한 손은 뒤쪽을 향해
이리 오라는 듯 다섯 손가락을 구부렸다 펴며 무언가를 부르는 듯한 제스처를 취한다. 도대체
무슨 상황이지? 작은 여자애가 자동차 몇 대를 세우고 길을 건너는 모습은 마치 꼬마 마법사
가 등장하는 영화의 한 장면 같아서 귀여우면서도 불안하다. 혹시라도 호통을 들을까 겁이 나
마음이 조마조마해지려는데, 시야 아래쪽에 해답이 있었다. 거기엔 여자애만큼 작고 여린 길
고양이가 여자의 손짓을 따라 쫄쫄쫄 길을 건너고 있었다. 여자는 길 반대편으로 고양이를 무
사히 인도한 뒤 자동차에 꾸벅 인사를 하고 길을 터준다. 그간 킥보드를 세워두고 가방을 뒤적
이며 꺼낸 게 길고양이 사료였구나, 이제야 그 애의 동선이 이해가 된다. '연남동에서 아침마다
길고양이의 안부를 살핀 사람이 당신이었군요.' 이어폰을 빼고 자전거에 오르니 출근길이 한층
더 깊고 귀여워진다. 연남동의 출근길은 이렇게나 아름답고 귀하다.

In A Summer Garden

여름의 정원에서

유능한 생활인이 되고자 할 때 타인의 삶은 언제나 영감이 된
다. 친구이자 동료인 G 씨의 정원 생활에서 식물을 돌보고 일상
을 즐기는 법을 배운다. 올해도 여름의 즐거움 하나가 늘었다.

글·사진 무루

체코 작가 카렐 차페크Karel Capek가 1929년에 쓴 《정원가의 열
두 달》은 정원 에세이의 고전이다. 열두 달 정원 생활이 작가 특유
의 단단하고 위트 넘치는 문장 속에 담겨 있는데 이렇게 시작한다.

"정원을 만들 수 있는 방법은 많다. 그러나 가장 좋은 건 역시 정원
사에게 맡기는 것이다. 정원사는 막대기나 잔가지, 빗자루같이 생긴
것들을 뚝딱뚝딱 심고는 이건 단풍나무, 이건 산사나무, 이건 라일
락, 그리고 이건 일반 장미, 이건 덤불 장미라며 하나하나 이름을 알
려줄 것이다."

– 카렐 차페크, 《정원가의 열두 달》 중에서

웃음이 터졌다. 정원사가 심는 "막대기나 잔가지, 빗자루같이 생긴
것들"이란 나도 너무 잘 아는 것이라서. 친구 G 씨도 바로 딱 그렇
게 생긴 것들을 어디서 사 들고 와 땅에 심어 놓고는 보물인 양 소
중히 바라보곤 했다. 내 눈에는 영락없이 버려진 나뭇가지 같은 묘
목들의 이름을 G 씨는 그때마다 흐뭇하게 말해주었을 것인데 지금
기억나는 것은 하나도 없다. 나는 그의 정원에서 매번 식물의 이름
을 이것저것 물은 다음 돌아서면 잊어버리고 만다. 그리고 다시 묻
는다. 그때마다 G 씨는 싫은 내색 하나 없이 이건 무슨 나무고 저
건 무슨 풀이고 또 이건 무슨 꽃이라고 친절히 답해준다. 인내심이
야말로 정원사의 덕목인 것일까.
이런 생각이 드는 이유는 씨앗 때문이다. 빗자루 같은 묘목도 묘목
이지만, G 씨는 늘 씨앗을 고집한다. 정원의 꽃들이 지고 난 자리에
씨가 맺히면 일일이 채종을 하고 이듬해 봄 그것을 다시 모종판에
심어 싹을 틔운다. 무사히 싹이 나서 어린잎이 올라오면 조금 더 큰
모종판에 옮겨 얼마쯤 더 키운 뒤에야 비로소 마당에 식재한다. 궁
금했다. 늦봄에 농장에서 파는 잘 자란 모종으로 시작하면 수월할
텐데 왜 이렇게까지 번거롭게 봄을 맞는 것인지. 그런데 몇 해 그의
정원 생활을 지켜보는 동안 조금 알 것 같은 기분이 들었다.

"잘 가꾸어진 정원을 멀찍이서 훑어만 보던 시절, 나는 정원가란 새
소리를 벗 삼아 꽃의 향기를 음미하는 존재, 세상과 거리를 둔 온화
한 성품과 시적 감수성을 지닌 존재일 거라 생각했다. 하지만 이 세
계에 보다 깊이 발을 담그면서, 진정한 정원가란 '꽃을 가꾸는 사람'
이 아니라 '흙을 가꾸는 사람'이라는 사실을 깨닫게 되었다."

– 《정원가의 열두 달》 중에서

친구들과 함께 처음 그의 정원을 보러 갔던 날, 우리는 봄의 정원
곳곳에 핀 꽃들을 보며 너도나도 이름을 묻기 바빴다. 그때 곁에 있
던 G 씨의 남편이 씁쓸하게 웃으며 말했다.
"역시나 다들 꽃만 보네요."
정원이란 꽃을 가꾸기 위한 공간이 아닌가. 식물의 의미는 꽃을 보
는 것이 아닌가. 꽃이야말로 식물 생활의 기쁨이 아닌가. 철마다 책
상 위 화병에 좋아하는 절화를 놓는 방식으로 식물을 만끽하던 당
시의 나에게 꽃이란 식물이 내게 줄 수 있는 가장 아름답고 귀한 것

이었다. 많은 것이 분절되고 파편화된 세계에서 살아가는 사람에게 식물이라고 다를 것은 없었으니까. 그날 이후로 종종 꽃 아닌 것들에 대해 생각했다. 처음에는 꽃 옆에서 자라는 풀과 나무였다가, 꽃이 핀 식물의 꽃이 아닌 부분이었다가, 꽃이 자라는 땅이었다가, 꽃이 자라기 전이나 시든 뒤에 땅이 되기도 했다(G 씨의 남편이 단지 꽃보다 나무를 좋아하는 사람이었다는 건 나중에 알았다).

다음 해 봄, G 씨의 앞마당과 뒷마당에 조성된 정원을 보며 사실 나는 조금 실망했다. 빈 땅이 많았고 막 자라기 시작한 식물들은 하나같이 왜소했다. 그사이 꽃집에서 절화를 사는 대신 이제는 식물을 키우기 시작했으나 역시 상점에서 가장 보기 좋은 상태의 식물을 사는 것으로 기쁨을 찾는 사람에게 잘 가꿔진 정원이란 땅이 보이지 않을 만큼 꽃과 풀로 빽빽하게 채워져야 하는 것이었다. 어느 계절이고 정원은 오직 찬란한 여름이어야 했다. 정원사들이 미래를 위해 살아가는 이들이라는 것을(카렐 차페크의 말에 따르면), 무성해지기 위해서는 충분한 여백의 시간도 필요하다는 것을 한 번도 상상해 보지 못하던 때였다. 이제는 안다. 여름의 정원은 무서울 정도로 풍성하고 아름다워진다는 것을.

그 여름의 정원 한쪽에 올해 G 씨가 새로 이끼원을 조성했다기에 친구인 H 씨와 함께 놀러 갔다. 이끼원은 앞마당 한쪽에 숨어 있었다. 소인들을 위한 정원 같았다. 요가 자세를 하고 있는 고양이 석상 앞으로 온갖 종류의 이끼들이 옹기종기 모여 작은 언덕을 이루고 있었는데 사이사이에 역시나 요가를 하고 있는 손가락만 한 강아지 피규어들이 저마다 자세를 뽐내고 있었다(이들이 G 씨의 이끼원에 초대된 이유는 개나 고양이라서가 아니다. 그들이 요가를 하고 있기 때문이다).

한 무더기의 풀빛 융단 같던 이끼들은 몸을 숙이고 가까이 다가가니 저마다 다른 모양을 하고 있었다. 어떤 것은 작은 소나무 숲 같았고, 또 어떤 것은 바닷속 해초 섬 같았다. 나무처럼 가는 줄기 하나를 위로 곧게 뻗어 풍선처럼 잎을 매단 것도 있었다. 분무를 하자 작은 숲 위로 비가 내리는 듯했다. 처음 이끼를 키워본다는 G 씨는 무더위 속에 이끼가 마를까 하루 두 번은 꼬박 물을 주며 애쓰는 중이었다. 그러면서 첫날보다 많이 마르고 바랬다며 속상해했다. 그는 이끼 관찰을 위해 미니 확대경도 주문해 놓은 참이었다. 마침 우리가 놀러 갔던 날 확대경이 도착했는데 다들 한바탕 땀을 흘리고 들어온 뒤라 누구도 다시 나가자는 말은 하지 않았다. 나중에 사진으로 보니 확대경 속 이끼들이 육안으로 볼 때보다 훨씬 신비롭고 아름다워 조금 후회가 되었지만.

이끼원 옆에는 허브가 무성하게 자라 덤불을 이루고 있었다. 우리는 요리에 쓸 허브 몇 가지를 넉넉히 수확했다. 이탈리안 파슬리, 펜넬, 오레가노, 세이지, 타임을 거실 테이블에 고루 펼쳐두고 나서 G 씨는 묘목 하나를 더 들고 들어왔다. 월계수 나무였다. 마른 잎으로만 보던 월계수 이파리들이 선명하고 매끈한 진초록의 생기를 띠고 있었다. 자고로 이끼원 보자고 바슈롬 확대경을 사는 사람은 부케가르니 만들자고 월계수 묘목도 사는 법이다. 허브를 종류별로 모아 실로 묶으니 금세 작은 다발 여러 개가 되었다. 일부는 H 씨의 식당에서 쓰기로 하고 남은 것을 셋이 나눠 가졌다. 그대로 매달아 잘 말리기만 하면 수프나 스튜를 끓일 때 요긴하게 쓰일 것이었다. 그러고 나서 우리는 G 씨가 미리 준비해 둔 재료로 함께 버터 쿠키를 굽고(BTS의 버터 쿠키가 이런 맛일까 궁금해하며) 마당에서 꺾은 몇 가지 여름꽃을 야책에 눌러 압화를 만들었다. 그사이 개들과 고양이가 더위 속에 늘어져 있으면서도 저마다 귀여움을 잃지 않고 있었다. 꽤나 더운 날이었는데도 친구 집에서 맞는 여름의 열기와 습기가 싫지 않았다. 계절이 무르익어 정원은 풍요롭고 재미난 일들을 실컷 해볼 수 있구나 싶었다. 그러고 보니 반딧불이 무리를 처음 본 것도, 증류기와 씨름하며 허브 에센셜 오일을 처음으로 추출하던 것도 모두 여름날 G 씨의 마당에서였다.

해마다 그의 정원에서 계절을 맞고 즐기는 새로운 방법을 배운다. 각각의 경험도 새롭지만 모든 것이 하나로 연결되어 있다는 감각을 체험하는 일이 나에게는 특별하다. 계절이 순환하듯 삶도 순환하면 좋겠다는 바람이 생긴다. 무엇보다 G 씨의 정원에서 한나절 즐거운 시간을 보내고 돌아오면 무언가 나도 재미난 것을 해보고 싶어진다(며칠 전 작은 야책을 주문했다. 작업실에 두고 오시는 손님마다 테라스의 꽃으로 압화를 만들어 보시라 권할 참이다).

올해는 처음으로 내가 채종한 씨앗도 심어 키우고 있다. 강아지풀이다. 지난해 작업실 구석에 버려둔 화분에서 우연히 자라기 시작한 것을 여름 한 철 부지런히 수확해 고양이 간식으로 먹이다가 가을에 씨앗을 한 줌 모아두었다. 그리고 올해 집 베란다 화분에 심어 키운다. 동네방네 길마다 무성히 자라는 잡초를 굳이 토분에 심어두고 귀한 꽃인 양 매일 정성껏 돌본다. 아직은 고양이가 원하는 만큼 충분히 수확하긴 힘들지만 곧 무성해지겠지. 옆에는 잎 모양이 다른 세 가지 유칼립투스를 새로 심어두었다. 제일 아래쪽 가지의 묵은 잎부터 하나씩 잘라 선물을 위한 장식으로 쓴다. 책 선물할 일이 많은데 그때마다 종이나 포장재를 따로 쓰는 것보다 간단히 실로 묶어 내가 키운 식물의 잎으로 장식하는 쪽이 훨씬 마음이 좋다.

삶의 한 분야를 선택해서 유능해질 수 있다면 '생활'이고 싶다. 자주 반복되는 일들을 능숙하게 해나가고 싶다. 그 모습이 오래 단련한 사람의 몸동작처럼 유연하고도 간결하고 힘찼으면 좋겠다. 그 속에 조화와 아름다움이 깃들 수 있다면 더 바랄 것이 없을 텐데, 식물 생활이 힌트가 되어주지 않을까 기대하고 있다. 그러나 생활이란 사실 삶의 거의 모든 것이나 다름없다. 나처럼 게으른 사람이 유능한 생활인이 되겠다는 것은 그러니 얼마나 야무진 꿈인가. 다행히 내 주위에는 저마다의 방식으로 조금 천재적인 생활인들이 있다. G 씨도 그중 하나다. 그의 정원 생활은 언제나 내 식물 생활에 영감이 된다. 그리고 새로운 계절들이 언제나처럼 나를 기다리고 있다.

"더 좋은 것, 더 멋진 것들은 늘 한 발짝 앞에서 우리를 기다린다. 시간은 무언가를 자라게 하고 해마다 아름다움을 조금씩 더한다."

– 《정원가의 열두 달》 중에서

멀리 달아나며 늘 함께

Seoul With Animals

완두의 서울

제목을 정확히 고치자면, '완두가 있는 서울'.

글·사진 전진우

골목의 냄새

내가 늘 오른쪽으로 가자고 해서 그런가. 산책을 나가려고 1층 현관문을 열면, 완두는 늘 왼쪽으로 줄을 살짝 당긴다. 오른쪽은 홍제천으로 가는 횡단보도, 왼쪽은 동네 골목으로 향하는 방향이다. 개라면 당연히 풀과 나무, 흙이 있는 길을 좋아할 거라고 생각했는데, 지내고 보니 꼭 그렇지만은 않은 것 같다. 종종 홍제천에서 아예 풀 냄새를 맡지 않고 앞으로만 걷는 걸 보면 말이다. 반대로 사람들 많은 복잡한 골목길에서 오히려 신나게 걸으며, 완두는 문 열린 곳 여기저기에 기어이 고개를 집어넣는 개다. 이런저런 시간들을 보내며 내가 짐작하는 것은 '개도 좋아하는 게 자꾸 변하는 것 같다.' 정도.

나는 늘 완두 몸에 끈 매지 않고 살아가길 꿈꾼다. 대문도 헐겁게 만들어서 가끔씩은 하루 이틀 먼 곳에도 다녀오는 개의 지친 표정을 생각하면 명치가 찡하다. 그게 좋겠다고 하늘이 알려주는 기분까지 든다. 그런데 그건 그거고, 우리는 서울에서도 꽤 잘 지낸다. 거리에 사람들이 적은 시간을 알고 있고, 하루에 두 번 나가는 산책 시간을 거기에 맞춰 놓았다. 줄을 맸지만 안 맨 것처럼 많이 돌아다닌다. 완두 덕분에 알게 된 길들이 내 머릿속 서울의 모습을 적잖이 바꿔 주었다. 서울은 '구석'이 많은 곳이어서 애틋하다. 어디에나 구석은 있지만, 서울의 구석에는 사람들이 묻혀놓은 흔적들이 참 많다. 밤늦게, 멀리서부터 집에 걸어오는 길이면, 이 동네에 묻어 있는 우리 모습도 여기저기서 볼 수가 있다. 저 벤치에서 친구가 버스 타는 걸 기다려 줬지. 방금 나온 꽈배기를 사서 걸으며 나눠 먹었지. 늘 완두의 브로콜리를 사던 슈퍼마켓. 한번은 매대에서 일하시던 분이 완두를 잠깐 잡아줘서 나 혼자 들어가 브로콜리를 사올 수 있었다. 길을 가다가 완두가 똥을 쌌는데, 바닥에 떨어진 그 똥이 세로로 딱 섰던, 기류가 유난히 좋았던 골목도 보인다. 이 동네에는 나와 완두의 기억만 해도 수없이 많이 담겨 있는데, 또 다른 이들이 남기고 떠난 일들은 얼마나 많을까. 문득 서울의 골목들은 물건이 계속해서 들어가는 가방 같다는 생각이 들었다. 개의 후각은 사람보다 몇 배나 더 좋다고 하던데, 완두는 골목에 쌓인 그 냄새들을 맡고 있었을까.

서울의 산

완두를 데리고 먼 곳까지 여행한 적이 몇 번 있다. 차를 타고서 다른 친구들과 그들의 개 친구들도 함께. 행복하기만 할 줄 알았던 그 여행은 부모님과 친척들까지 모시고 간 여행처럼 정신이 하나도 없었다. 자고 일어나는 루틴, 먹이를 먹는 루틴도 모두 깨지고 잠자는 곳도 계속 바뀌는 바람에 개들도 지치고 사나워졌다. 집에 돌아와서도 한동안 지쳐 있던 완두 모습. 결국 그 여행들은 내 욕심의 모양을 잘 보는 꼴이 되었다. 내 생각에 완두와 행복한 시간을 보내는 가장 적당한 방법은 근처 산에 가서 하루 저녁 자고 오는 일정이다. 차로 이동하는 시간은 짧을수록 좋고, 들머리에 도착해서부터는 다음 날 하산할 때까지 끈 묶는 일이 없어야 좋다. 길 따라 걷는 우리가 한두 시간 남짓 산을 오르는 동안 개들은 그보다 서너 배는 더 움직인다. 야영을 시작하면 옆에 누워 금세 잠이 들 정도로, 만족스럽게 체력을 소모하는 것이다. 집에서 챙겨 온 특식도 먹고, 마음껏 짖고, 풀벌레 소리 들으며 잔다. 낙엽 위에 앉아 개들을 보고 있으면 정말이지 행복한 기분이 된다. 아침 일찍 일어나 커피를 마신 뒤에 산에서 내려간다. 얼떨결에 활기찬 아침 산책까지 하게 된 개들은 돌아가는 차 안에서 또 새근새근 잠을 잔다. 어린 아이처럼 그 잠은 집에 와서까지 이어지는데, 꼭 산에 다녀왔을 때만 가능한, 그런 잠을 자고 있다. 개와 함께 사는 친구들은 이런 만족감 때문에 한여름이나 한겨울만 아니면 되도록 자주 산에 가려고 한다.

어느 지역의 산이나 그럴까? 내가 느끼기에 서울의 산에는 많은 사람들이 다녀간 흔적이 눈에 보인다. 길이 선명하고 위험한 곳에는 꼭 안전장치가 준비돼 있다. 그리고 높이 올라가면, 서울 한쪽의 불빛이 한눈에 내려다보인다. 산 말고는 아무것도 보이지 않는 것보다 나는 멀리 불빛이 깜빡거리는 걸 보는 게 좋다. 산속이라 주변은 아주 고요하고 저 멀리 내가 사는 곳에서 깜빡거리는 불빛. 별빛에는 없는 어떤 신호가 거기에는 담겨 있다. 아마 완두가 없었다면 야영하는 취미도 내 삶에 없었을 텐데, 하고 나는 종종 생각한다. 숲속에서 우리가 잠들 때까지 도시 불빛들은 꺼지지 않고 그대로 있다.

창문이 많은 집

25평 투룸. 우리가 지내는 곳에는 큰 창문이 여섯 개나 있다. 서울에서 시간을 가장 많이 보내는 곳. 작업실과 집이 하나로 합쳐져 있어서 산책할 때나 따로 약속이 있을 때가 아니면 우리는 좀처럼 나갈 일이 없다. 서울 안에 있지만, 그런 이름들은 이 안에서 지워진다. 서울의 특징이 아닌 우리 생활 방식들로만 채워져 있기 때문이다. 일과 먹이와 쉼이 있고 그걸 안전하게 지켜나가기 위한 것들만 있다. 의정부에서 살다가 독립해 서울살이를 한 지 이제 10년이 되었다. 늘 혼자 지내다가 덜컥 완두와 살게 된 것이다. 함께 산다는 건 직접 해보니 참 특별한 일이다. 사람과 함께 사는 게 늘 두려웠는데, 동물과 지내는 건 그리 어렵지 않았다. 많이들 하는 말이지만, 동물과 살다 보면 챙겨주고 지켜주는 관계가 역전된다. 사람들 대부분은 아이러니하게도 결국엔 동물에게 챙김을 받게 되는 것 같다. 완두가 여기에 온 지 얼마 되지 않았을 때, 처음으로 혼자서 꽤 긴 외출을 한 적이 있다. "혼자 있을 줄도 알아야 돼." 괜히 혼내듯 말하고 집을 나선 나는 정신 나간 사람처럼 볼일을 보고 후다닥 집에 돌아왔다. 집 앞에 와서 3층 창문을 올려다보며 완두를 부르자 금세 창가로 나와 나를 알아봤다. 멀리서 봐도 엉덩이가 흔들리는 작고 검은 그림자. 나는 그때 눈물이 핑 돌며 깨달았다. 혼자 있을 줄도 알아야 돼. 완두가 내게 그 말을 해주려고 나에게 왔다는 것을.

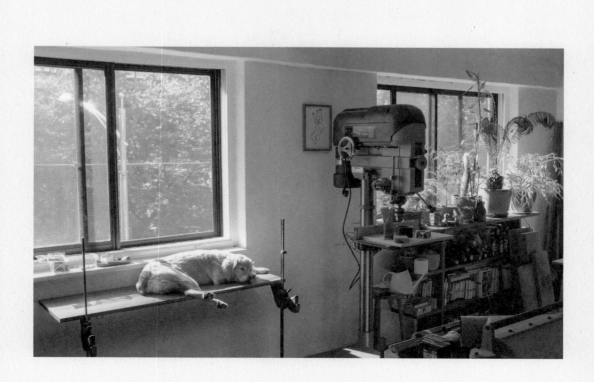

A Walk Only For Me

나를 위한 산책

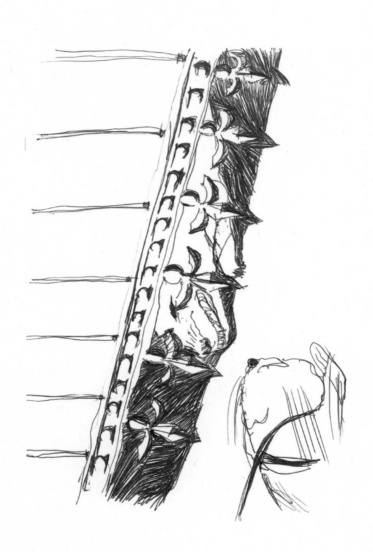

강아지들이 보여준 연휴동안 모습.

글·그림 한승재(푸하하하하 프렌즈)

강아지들 몸통에 채우는 끈을 우리 집에서는 '브래지어'라고 불렀다. 현관에 서서 "애들이 브래지어 차야지!"라고 외치면 저 멀리서부터 미끗바닥을 굴리는 발톱 소리가 들려왔다. '다다닥.' 강아지들은 바닥에 몸을 비비며 미끄러지듯 달려와 현관에서 춤을 추듯이 맴돌았다. 서로 자리를 바꿔가며 엎어도는 요동 요동 소리를 낼 때. 나는 강아지들의 맑음 거의 다 엎어들을 수 있었다. "빨리 채워줘 빨리빨리! 제 앉고 나 먼저! 안 와에 재 먼저 채우면 나는 다음에!" 강아지들이 궁극적으로 원하는 것은 너무나도 명백하다. 그들이 이야기하는 것은 '산책'과 '엄마' 언제나 이 두 가지며, 그 외의 표현은 모두 산책과 엄마를 위해 부산을 떠는 것으로 볼 수 있다. 얼수 없는 표정으로 꿈쩍한 음모를 꾸미는 고양이에 비하자면, 조금도 예측을 빗나가지 않는 강아지들이 나는 지루하다고 생각했다.

사람과 함께 길을 나서는 강아지들은 기세가 대단하다. "이오 쌔… 이오… 쌔… 이오…!" 마치 술 마신 짐승처럼 으르렁거리며 뒷발로 바닥을 마구 긁는다. 주차된 자동차 바퀴와 전봇대마다 빠르게 냄새를 맡으면서 두 마리 강아지는 두 배로 분개한다. "와… 이오 잰제…, 와…" 그리고 철음 뻗도 이 찌익 오줌을 갈겨 냄새를 덮는다. 강아지들이 산책에 나서면 동네에 모든 강아지가 분개한다. 한동안 산책을 나서를 못해 심사가 뒤틀린 담 너머 강아지들이 산책의 활명성에 이윽를 제기하며 큰 소리로 짓는다. 공목을 차지한 우리 강아지들은 더욱더 빗다라를 걷는다. 그리고 담 너머 강아지들을 약 올리기 위해 대문 앞으로 달려간다. 우리 강아지들이 즐겨 찾는 몇몇 대문 위엔 하얀새 진득 개가 산다. 그는 질투에 눈이 먼 강아지다. 대문 아래로 주둥이를 내놓고 으르렁거린다. 으르렁거릴 때 굿치돈 앞으로 달려간다. 그리고 그의 주둥이를 닮지 지도 모르고 으르렁거린다. 우리 집 강아지들은 그를 약 올리기 위해 고가 찾기도 전에 하늘새 대문 앞으로 달려간다. 그리고 그의 주둥이는 들을 제 안 체하 엘을 막 그만큼의 거리에 서서 만청을 피우곤 한다. "알루와… 알루… 와…" 하얀 개가 신음하게 협박하는 동안 우리 강아지들은 들을 앞으로 달려간 며 먼 곳을 바라보았다. 큰 개의 주둥이가 다리에 달을락 말락 하는 스릴을 만끽한 후, 강아지들은 다음 행선지인 노란색 나무 대문 앞으로 달려간다. 바닥과 대문 사이가 그리 많이 벌어져 있지 않아서 이 집의 강아지는 대문 아래로 주둥이를 내밀지 못한다. 대신 억살이라도 참으려고 손을 내 미는 것이다. 그래서 나는 그의 고운 손만을 기억한다. 우리 강아지도 그 손을 좋아한다. 호자손처럼 뻣뻣한 그의 관절이 대문 아래로 바둥를 더 듬는 모양을 확인한 후에야 다음 장소로 이동할 수 있었다. 장희빈 우물에서 공동산 공원으로 강아지는 공목에 검으세 돌을 쌓아 만든 담장이 있 다. 그 집의 강아지는 담 위에 앉아 있다. 큰 머리통에 하얀새 머리를 휘날리며, 다리를 요연하게 접고 불편하게 앉아 이래를 내려다본다. 그는 강아지 종에 현자다. 오랫동안 담장 위에 설던 도사처럼 산책하는 강아지들을 질투하지 않는다. 아무리 빗다리로 바닥을 긁고, 전봇대에 소 변을 갈겨도, 아서 내려와 보라며 강아지들이 소리를 질러도 대답하지 않는다. 가만히 내려다보며 혁혁거리기만 할 뿐이다. 강아지들이 건강하던 시절, 이와 같은 일은 매번 반복되었다.

그는 강아지들이 담 위에 앉아 있다...

강아지들이 산책을 얼마나 좋아하는지 알면서도 나는 강아지들을 떼어 놓고 혼자 산책을 나서곤 했다. 현관문 앞에서 신발 신는 소리가 나면 강아지들이 나타나 온몸에 힘을 주고 움직이지 않았다. "브래지어!"라는 말 한마디에 저지레질 준비를 하는 것이다. 나는 기대에 부푼 네 개의 눈동자를 외면하고 태연하게 집을 나섰다. 문이 닫힌 이후에도 아무 소리가 들리지 않았다. 강아지들이 아무 소리도 내지 않는다는 것은 아직 다리에 힘을 준 채로 기대를 잡고 앉았다는 사실을 뜻한다. 강아지와 함께 산다는 건 늘 미안함을 느끼는 것이다.

나름을 위한 산책은 번번이 실패했다. 좀 이따 어떤 책이 읽고 싶어질지 몰라 가방이 무겁도록 책을 넣어 집을 나서고 했다. 하지만 어느 곳에서 책을 읽어야 할지 정하지를 못해 집으로 그냥 돌아오곤 했다. 예쁜 카페가 많다는 연희동에 200여 년간 살면서 책 읽기 좋은 카페 하나 만들어 두지 못했다. 종종 원두를 사고 주인과 인사하는 사이가 되기도 했지만 그곳에 앉아서 시간을 보내는 사람은 아니었다. 아무것도 안 하고 돌아오기는 아서 위 편의점에 들러 강아지들이 좋아하는 육포를 샀다. 집에 도착하고 현관문을 열었다. 현관에서 바스락거리라는 비닐 소리를 듣자마자 다시 시작되는 강아지들의 축제.

몇 해 전 부모님 댁을 떠나 홍은동으로 이사했고, 그다음에는 녹번동으로 이사했다. 부모님 집을 떠날 때 강아지들도 두고 떠났다. 약속처럼 반복하던 강아지들의 산책길도, 강아지들에게 느끼는 미안함도 모두 버리고 떠났다. 나의 강아지들은 이제 이곳에서 세상을 떠나고 없다. 두 친구 모두 오래 살았다. 강아지들이 세상을 떠날 무렵엔 분도 산책도 좋아하지 않았다고 한다.

"강아지들이 시끌벅적하게 계단으로 뛰어 내려오던 때, 그때가 행복이었구나." 엄마는 말했다.

정말로 그랬다. 집을 떠난 후로 수많은 산책을 반복했지만 이지 나 홀로 만든 행복을 찾지는 못했다. 낯선 동네에서 우연히 기대하며 집을 나섰고, 곧 집으로 돌아오기를 반복했다.

오랜만에 강아지들이 알려준 산책로를 걸었다. 하늘색 대문 뒤 강아지는 조용했다. 그는 강아지를 대동하지 않은 사람에겐 주둥이 위 촘촘한 주름을 보여주지 않았다. 노란색 나무 대문은 그냥 대문이었다. 대문 아래로 뻣뻣한 손이 튀어나와 바닥을 덥듯 일어나지 않았다. 담장 위의 흰 머리 도사님은 사라진 채였다. 하얀색 강아지가 긴 머리를 늘어뜨리고 엎드는 듯이 누워 해체거리고 있었다.

A Lovely City
For Walk

서울은 산책하기 좋은 도시

인생의 위기가 닥쳤다고요? 이렇게 내 인생 망해버린 건가 싶어 방바닥에 엎드려 목놓아 울기라도 하고 싶다고요? 그렇다면 산책을 한번 해보세요. 어디든 좋지만 서울이라면 더 좋지요. 서울은 산책하기 정말 좋은 도시니까요.

글 한수희 일러스트 서수연

남쪽 바닷가 도시에서 태어나 자랐다. 부모님은 북쪽의 바닷가 출신으로, 어릴 때는 경상도 사투리를 잘 모르고 살았다. 유치원에 들어가서 처음으로 강렬한 네이티브 경상도 사투리에 노출됐다. 선생님이 뭔가를 시켰는데 그 단어를 알아듣지 못해 얼굴이 빨개질 정도로 당황했던 기억이 생생하다. 그렇게 조금씩 경상도 사투리에 적응해 갔다.

만 18세에 홀로 상경한 후 나는 다시는, 절대로 사투리는 쓰지 않겠다고 다짐했다. TV에 나오는 사람들처럼 고운 서울말로 근사한 이야기를 하는 세련된 사람이 될 것이다. 그렇게 되고야 말 테다! 그것은 마치 다른 인격을 가진 사람이 되는 것, 새로운 사람으로 다시 태어나는 것이나 같았다. 한마디 한마

는 사실조차 모른다. 내 사투리 억양은 이제 남들이 알아도 상관없는 나의 결점 같은 것이다.

얼마 전 어린 시절부터 함께 자란 네이티브 경상도 친구와 영화 〈찬실이는 복도 많지〉(2019)를 봤다. 우리는 찬실의 명대사를 따라 하며 낄낄댔다. "니는 니 자신에 대해서 더 깊이깊이 생각을 해라." 이거는 경상도 억양 아이면 맛이 안 산다 아이가! 이 말을 표준어로, 서울 사람 억양으로 하면 느끼하고 짜증이 날 것만 같다. 나는 거의 처음으로 내가 경상도 사투리의 뉘앙스를 완벽히 이해할 수 있는 사람이라는 데 감사했다. 영화 속 마흔 살의 찬실은 자기 자신에 대해 깊이깊이 생각해 보기로 다짐한다. 왜냐하면 인생이 망했기 때문이다. 영화 프

디 할 때마다 머릿속으로 번역기부터 돌렸다. 그러다 보니 원래도 많지 않던 말수가 더 적어졌다. 말하기가 힘들어 누가 뭘 물어도 단답형으로 대답했다. 더 이상 사투리를 쓰지 않는 나는 내 생각에 좀더 세련된 사람이 된 것 같았지만 그게 진짜나는 아니었다.

그러나 알고 보면 네이티브 서울 사람은 흔치 않았다. 기숙사의 룸메이트들은 죄다 충청도에서 왔고, 대학 동기는 전라도 진도 출신이었다. 걔들은 내 사투리를 알아채지도 못했다. 목구멍으로 튀어나오려는 사투리를 막으려 잔뜩 줬던 힘이 조금씩 풀어졌다. 이제 나는 표준어도 사투리도 아닌 괴상한 말을 쓰고 있다. 경기도에서 자란 남편은 내가 사투리 억양을 쓴다

로듀서인 그는 지금껏 좋아하는 영화만 열심히 만들며 살아왔다. 그것 말고는 할 줄 아는 것도, 해본 것도 없다. 그런데 평생 함께 영화를 만들 줄 알았던 감독이 급사한 후 찬실까지 일자리를 잃는다. 돈도 없고, 찾는 이도 없고, 시집도 못 갔고, 집도 없다. 별 수 없이 달동네 꼭대기의 어느 할머니네 집 방한 칸으로 이사한 찬실은 먹고살기 위해 친한 여배우의 집에서 가사도우미 일을 하게 된다. 그리고 찬실의 앞에 자신이 장국영이라 주장하는, 이상한 남자가 나타난다.

찬실의 맛깔스러운 경상도 사투리. 과장되지도 않고 우악스럽지도 않은, 발랄하고 투박한데 어쩐지 고상한 구석이 있는 경상도 사투리. 언젠가 단정한 블라우스를 입은 학교 선생님

들에게서 들었던 것 같은 그런 사투리. 그래서 찬실이의 이 명대사는, 다시 말하지만 반드시 경상도 사투리로 들어야만 맛이 난다. "니는 니 자신에 대해서 더 깊이깊이 생각을 해라."

겨울의 서울은 스산하다. 마음 둘 데가 없다. 사람들은 어깨를 움츠리고, 나무들은 헐벗은 채로 이 혹독한 계절을 그저 견딘다. 그 추위 속을 찬실은 목도리를 칭칭 감고 씩씩하게 걷는다. 돈도 없고 남자도 없고 미래도 없건만, 찬실은 방구석에만 처박혀 있지는 않는다. 나 자신에 대해 깊이깊이 생각을 하기 위해 찬실이 행하는 방법은 바로 산책이다. 산책이라니, 이 얼마나 아름다운 수행인가.

찬실의 깊은 생각, 그러니까 숙고는 단순히 머리로 생각하는

맨 친구가 문 앞에 서 있었다. 그는 들어오라는 소리도 하지 않느냐는 친구의 팔을 끌고 곧장 밖으로 나갔다. 밤늦게 비가 내릴 것이라는 일기예보가 있었지만, 아직까지 저녁 공기는 건조했다. 이번에는 자동차대리점이 있는 모퉁이를 돈 뒤, 지하철역을 지나 언덕 위에 있는 대학교 앞까지 산책할 계획이었다. 산책할 생각을 하니, 그의 기분이 들떴다.

– 김연수, 〈산책하는 이들의 다섯 가지 즐거움〉 중에서

김연수의 단편 소설 〈산책하는 이들의 다섯 가지 즐거움〉을 나는 아주 좋아하는데, 그건 나도 산책을 아주 좋아하기 때문일 것이다. 언제 다시 읽어도 저 구절에서 가슴이 두근거리곤

데 머물지 않는다. 그는 생각하는 동시에 행동한다. 마음에 든 남자에게 적극적으로 다가가고, 그에게 처절하게 퇴짜를 맞고, 집주인 할머니와 운동을 하고, 콩나물을 다듬고, 밥을 같이 먹고, 발로 빨래를 밟아서 빨고, 할머니의 한글 공부를 도와드린다. 그런 과정들을 거치며 찬실은 깨닫는다. 자신은 여전히 사는 법을 배우고 싶다는 것을. 전에는 좋아하는 영화만 열심히 하면 끝인 줄 알았지만, 다른 모든 것은 뒤로하고 일에만 자신을 바쳤지만, 지금 찬실에게 영화는 사는 법 중의 하나라는 것을.

저녁에 초인종 소리를 듣고 문을 열었더니 약속대로 넥타이를

한다. 산책을 앞둔 주인공의 기분처럼 내 기분도 들뜬다.

소설의 주인공은 불면증에 걸린 남자다. 잠을 이루지 못해 고통받던 밤에 그는 책장에서 아무 책이나 빼내 펼친다. 잠이 술술 올 것 같아 고른 《암환자를 위한 생존전략》이라는 책에는 Y씨라는 암환자의 인터뷰가 수록되어 있다. 거기에서 그는 "산책으로 친구랑 즐거운 시간을 보내고 돌아오면 예전에는 능률이 오르지 않던 집안일도 짧은 시간에 척척 해치우게 된답니다."라는 문장을 발견한다. 그 문장, '짧은 시간에 척척'이라는 문장 때문에 그는 산책을 시작하게 되는 것이다.

그는 주변 사람들에게 전화를 걸어 산책을 청한다. 오늘은 여동생과, 내일은 고교 동창과, 그다음에는 어린 시절 친구와.

산책하면서 그들은 이런저런 이야기를 나눈다. 그러나 친구들은 대개 그의 고통을 이해하지 못한다.

친구의 말대로 우리는 누구에게도 보여줄 수 없는, 그러므로 환상이라고 말해야만 옳을, 각자의 꿈들에 사로잡혀 있으며, 또 의사의 말대로 우리는 그 꿈들에 실제로 영향을 받는다. 그래서 이렇게 사람들로 북적대는 길을 걸어가는 일은 혼자 집에서 걱정하는 일들의 목록을 작성하며 지내는 것보다 더 위험한 일일 수도 있었다. 그렇게 많은 사람들이 존재하는데도 그가 말하는 실제적인 고통을 온전하게 느낄 수 있는 사람이 하나도 없다는 자각에 이른다는 점에서 말이다. 그가 지구를 던진다고 해도 사람들이 받는 건 각자의 공일 것이다.
– 〈산책하는 이들의 다섯 가지 즐거움〉 중에서

잠들지 못하는 고통은 그의 개인적인 고통이다. 너무도 개인적이라서 누구에게도 완벽히 이해받지 못한다. 이해받지 못하는 고통은 이해받지 못하는 만큼 더 커진다. 지구만큼이나 커진다. 결국 누구와 함께 걸어도 고통을 나눠질 수는 없는 것이다. 아홉 명의 친구와 산책을 끝낸 후 마지막으로 그를 산책으로 이끈 《암환자를 위한 생존전략》의 Y씨를 만났을 때, 그는 이전처럼 자신의 고통을 이해받으려 노력하는 대신 Y씨의 고통에 대해 듣는다. 말기암 환자로서 더 이상의 치료를 거부하고 존엄하게 죽기 위해 병원을 나와 경복궁 경내를 걷고 또 걸었다는 Y씨의 씩씩한 이야기를, 그들이 산책을 끝내고 경복궁을 나와 광화문 광장에 도착했을 때, 그들의 눈에 비친 것은 세상을 바꾸기 위해 그 거리에 모인 수많은 사람들이었다.

혼자서 걷기 시작할 때, 사람들은 저마다 다른 곳에서부터 걷기 시작한다. 저처럼 한낮과 다름없이 환하고도 파란 하늘에서, 혹은 스핀이 걸린 빗방울이 떨어진 골목에서, 분당보다도 더 멀리, 아마도 우주 저편에서부터. 그렇게 저마다 다른 곳에서 혼자서 걷기 시작해 사람들은 결국 함께 걷는 법을 익혀나간다. 그들의 산책은 마치 이 세상에 존재하는 모든 동물들과 함께하는 산책과 같았다. 그들의 산책은 마치 이 세상에 존재하는 모든 동물들과 함께하는 산책과 같을 것이다. 앞으로도. 영원히.
– 〈산책하는 이들의 다섯 가지 즐거움〉 중에서

우리는 모두 각자의 고통을 끌어안고 자신만의 침대에서 홀로 누워 잠든다. 아무리 많은 이를 만나 그들에게 나의 고통을 토로해도 그 고통을 온전히 이해받는다는 것은 불가능할 것이다. 그러나, 그럼에도 침대를 벗어나 거리를 걸을 때, 우리의 시선은 조금씩 우리의 내부가 아닌 외부로 향한다. 제각각 이해받지 못할 고통을 끌어안고 있음에도 이렇게 함께 걸을 수 있다는 것, 혼자 걷기 시작해서 결국 함께 걷는 법을 익혀나가는 것, 그것이야말로 놀랍고도 아름다운 일이다.

"돋는 해와 지는 해를 반드시 보기로 합시다.
어른들에게는 물론이고 당신들끼리도 서로 존대하기로 합시다.
뒷간이나 담벽에 글씨를 쓰거나 그림 같은 것을 버리지 말기로 합시다.
꽃이나 풀을 꺾지 말고 동물을 사랑하기로 합시다.
전차나 기차에서는 어른들에게 자리를 사양하기로 합시다.
입을 꼭 다물고 몸을 바르게 가지기로 합시다."
– 방정환, 〈어린 동무들에게〉 전문

살아가다가 어느 순간 갈피를 잃은 이들의 마음을 두드리는 것은 아주 단순하고, 아주 소박한 말들이다. 〈찬실이는 복도 많지〉의 찬실이 공원에서 읊던 방정환의 글 〈어린 동무들에게〉와 같은 것. 〈산책하는 이들의 다섯 가지 즐거움〉의 주인공이 《암환자를 위한 생존전략》에서 발견한 글귀 "산책으로 친구랑 즐거운 시간을 보내고 돌아오면 예전에는 능률이 오르지 않던 집안일도 짧은 시간에 척척 해치우게 된답니다."와 같은 것. 찬실이네 집 할머니의 말, "나는 오늘 하고 싶은 일만 하면서 살아. 대신 애써서 해."와 "안고 쥐고 있으면 뭘 해. 버려야 또 채워지지." 같은 것. 이 세상에 이렇게 '좋은 말'들이 넘쳐나는 것은, 그것들이 우리가 발견해 주기를 기다리고 있다는 것은, 사실은 얼마나 즐거운 일인지 모르겠다.

얼마 전 서울에 갔다. 서울 곳곳에 내가 좋아하는 길들이 있다. 요즘 내가 좋아하는 길은 종로3가역에서 창덕궁까지 이어지는 길이다. 그 길은 차가 잘 다니지 않고, 보도가 도로만큼이나 넓으며, 가로수가 아름답고, 양 옆으로 깨끗한 건물들이 늘어서 있다. 점심을 먹고 난 직장인들이 자연스럽게 서울시의 공용 자전거 따릉이에 올라타더니, 각자의 속도대로 너른 보도 위를 달리기 시작했다. 저 멀리 궁궐의 담장 너머로 커다란 나무들이 바람에 흔들리고, 푸른, 아주 푸른 하늘이 너르게 펼쳐져 있었다. 무척 아름다운 풍경이었다.

〈산책하는 이들의 다섯 가지 즐거움〉 김연수 | 문학동네
〈찬실이는 복도 많지〉(2019) 김초희 | 드라마

Greet!

다시, 을지로
: 우리는 지금 을지로에 간다
김미경 | 스리체어스

산업화의 상징이던 을지로는 전시와 음악, 커피와 와인, 기술과 예술이 어우러진 하나의 마을이 되었다. 지긋한 제조업 장인들과 젊은 사람들이 만들어 가는 또 다른 역사가 담긴 곳. 을지로는 어떤 비밀을 숨기고 있을까. 저자는 을지로에서 일어나는 일들을 사회학적 관점으로 바라본다. 익숙함에 상상력을 더한 이곳의 특별함을 찾고 새롭게 기록한다.

서울 골목길 비밀정원
김인수 | 목수책방

서울엔 조경가가 없는 정원이 많다. 조경인 문학자 김인수 저자는 따뜻한 마음으로 서울의 골목길을 바라본다. 그곳의 정원들은 일상적인 풍경 속에 세월의 변화를 간직하고 있다. 그 변화는 '비밀'이라는 이름 뒤에 숨어 사람의 마음을 설레게 한다. 삭막하다고 여겨지는 서울을 정감으로 채워주는 것. 이 도시의 비밀정원을 찾아 걸어보자.

아주 사적인 궁궐 산책
김서울 | 놀

창경궁, 경복궁… 사실 서울의 궁에 관심을 가진 적이 별로 없었다. 그저 외국인들의 관광 명소라고 생각했는데, 우연히 창경궁의 윤슬을 보고 생각이 달라졌다. 서울의 가장 아름다운 장소는 어쩌면 이 궁궐들일지도 모른다고. 유물 애호가 김서울 작가의 시선이 궁금해졌다. 궁궐을 더 지긋이 바라볼 수 있는 방법이 있다면 그에게서 찾고 싶다.

서울의 엄마들
김다은 외 10명 | 다단조

서울에서 동시대를 살아가고 있는 '시민, 여성, 엄마' 10인. 그들의 삶을 글과 사진으로 기록했다. 코로나19와 온갖 사회 이슈들이 휩쓸고 지나간 2020년, 비일상적인 하루하루를 돌이켜보며 '서울의 엄마들'이 바라본 자신의 모습. 엄마라는 존재에 한 걸음 다가가 과거와 현재, 그리고 미래의 여성의 시간을 돌아본다.

반나절 서울 걷기 여행
최미선, 신석교 | 넥서스BOOKS

걷기 여행자를 배려한 심플한 안내서. 여행자라는 카테고리 중에서도 '걷는 사람'에 초점이 맞춰진 책이다. 내가 모르던 서울의 근사한 길, 걸어야만 마주할 수 있는 풍경, 그 안에서 느낄 수 있는 또 다른 가치. 이 모든 것에는 사람을 무작정 걷게 만드는 힘이 있다. 걷다 보면 알게 된다. 목적지가 중요하지 않다는 걸. 걸음은 늘 소중한 과정을 남긴다.

산책 서울의 글자들
가가린 | 앨리스마켓

디자인 스튜디오 가가린이 모은 서울의 타이포그래피. 유현아 디자이너는 서울의 길거리를 걸으며 흩어져 있던 파사드를 한 곳에 모았다. 그 도시, 그 거리가 가진 정서를 차곡히 쌓아 기록했다. 서울 거리에 이런 글자가 있었나? 책을 넘기다 보면 처음 보는 풍경을 발견하기도 하고 익숙한 장면을 마주하기도 한다. 서울이 가진 이미지가 무엇인지 곰곰 생각하게 된다.

SEWING FACTORY

2020 Sewing Factory Magazine

Vol.18 Space

Cover Our First Story

AROUND X Sewing Factoty

60여 년을 이어온 미싱
그를 뒤따르는 소잉팩토리

나만 아는 그거

남산서울타워 전망대 | 발행인 송원준
서울이 한눈에 보이는 곳. 거짓말 같지만 정말 한눈에 보이는 광경에 "우아" 하며 봤던 기억이 아련하다.

서울을 동서남북으로 나누는 기준인 한강 | 편집장 김이경
한강에 자전거 타고 종종 갈 때마다 이런 도시에 산다는 걸 감사하게 된다. 자전거 구간 중에서도 난지한강공원에서 출발해 고양시 창릉천, 서오릉 구간은 특히 아름답다.

구로승무사무소 | 에디터 이주연
구로역 개찰구 옆에는 철도 승무원들이 모이고 흩어지는 승무사무소가 있다. 퇴근 시간이 맞으면 나는 그 앞에서 종종 아빠를 기다리곤 했다. 1호선 시발점인 구로는 늘 인파로 가득하지만, 푸른 기관사 복장의 아빠가 보이면 주연 레이더는 재빠르게 반응! 40년이란 긴 시간 기관사로 살아온 멋진 남자여, 나만 알고 싶은 건, 아니 모두에게 알리고 싶은 건 사실 구로승무사무소가 아니라 구로승무사무소로 향하는 아빠야. 우리 아빠 진짜 멋있어.

소월길에서 보는 모든 풍경 | 에디터 김지수
언덕이 절벽에 가까운 이태원에 살았던 시절, 소월길을 걸었던 기억이 반이다. 그 아래로 보이는 서울의 풍경은 참으로 서울다웠다. 밤에 버스를 타고 그 길을 지나면 창밖으로 도시의 불빛이 흩날려 보였다. 창문에 비친 얼굴에 빛들이 얼룩처럼 묻어났는데, 지금 보면 어떠려나.

정동길 | 디자이너 양예슬
녹음이 우거진 정동길을 거닐 때면 기분이 참 좋지.

짝사랑 | 디자이너 손혜빈
하루 3시간, n년간 서울을 오가며 알게 된 것은 서울행의 '설렘'과 '지침'이다. 아무리 지겨워도 수업을 듣고, 전시를 보고, 친구를 만나고, 일을 하려면 서울로 향해야 한다. 처음엔 매일 세 시간씩 길바닥에 버려야 한다는 사실을 부정했지만 이제는 제법 그 사실을 받아들였다. 대신 가장 빠른 환승 경로를 모색하고, 그 시간을 어떻게 보낼지 궁리한다(지금 이 글도 지하철에서 쓰고 있다). 지치고 피곤함에도 매일같이 서울로 향하는 이유는 아직까진 설렘이 훨씬 크기 때문이다. 설레고 지치는 서울에 대한 이 마음을 나는 짝사랑이라 부르기로 했다.

서울 성곽길 걷기 | 에디터 김현지
아이를 뒤에 태운 채 두 발을 굴려 유치원에 가고 있었다. 내리쬐는 햇살과 덜컹거리는 움직임 너머 동요가 흘러나오던 날, 삶에서 지키고 싶은 게 뚜렷해졌다. 조금은 오래 걸리고 번거롭지만 내 마음과 머릿속을 부드럽게 해주는 존재들. 그 낭만이 모여 작은 숨구멍이 되고, 치이는

하루를 살아갈 힘이 되어주고 있었구나. 서울에서 내가 낭만적이라 여기는 곳은 성곽길이다. 성곽의 운치를 느끼며 싱그러운 풀을 보고 곳곳의 계단을 호젓하게 걷는 일을 계속하고 싶다.

서울의 감쟈 | 에디터 이다은
'감자' 아니고 '감쟈'. 구황작물 아니고 나의 강아지 조카. 경기도 할아버지(우리 엄마아빠)네 집과 서울의 엄마(우리 언니)네 집에 번갈아 머무름. 별명은 아기, 조구미, 졸졸이, 사탕 귀, 오리알, 판교 짧은 팔 등. 3개월 뒤면 꽉 찬 네 살. 알아듣는 말은 '맘마', '나갈까?' 사실 나만 알고 싶지는 않고 모든 지구인과 네발 동물들에게 소문내고 싶은 서울의 대표 귀염둥이.

중곡동 | 마케터 임승철
오늘 내가 더듬거리며 찾고 있는 사라진 공간과 놀이와 추억이 그곳에 다 있었다.

아카이빙 중 일부 공개 | 마케터 윤혜원
여러 책방과 맛있는 커피가 있는 동네를 찾아 나서는 데는 서촌과 합정이 적합하다. 서촌은 여러 책방을 다니다 쉬고 싶을 때 카페로 들어가기 좋고, 합정은 카페에서 쉼을 가진 후 책방에 들러본다. 에너지 가득한 눈꺼풀로 서울의 곳곳을 찍어두어 고유한 감성을 아카이빙 중. 나만 알고 싶은 책방은 이ㄹ샨.

그런 건 없지만, 그리운 고향 풍경이라면 | 브랜드 프로젝트 디렉터 하나
늦은 밤 광화문 앞에서 보는 서울의 불빛, 만날 자리만 맡고 앉아서 공부는 해본 적 없는 정독도서관, 내 생일에 사라진 정동 스타식스, 질주하는 종로05 마을버스, 이름은 몰라도 누가누가 친구인지는 다 아는 떡볶이집 할머니, 아파트 단지 안에 피는 벚꽃, 예배당 이층에서 보는 할머니의 뒤통수, 지칠 때마다 내려가 널브러진 첫 직장의 사내 카페, 독립문을 떠나 처음 자리잡은 동네 망원에서 마주친 시장 고양이들.

작고 숨겨진 술집 | 브랜드 프로젝트 매니저 김채은
내 친구는 소개팅하다가 옆 테이블에 앉아있는 영화감독들의 이야기가 재밌었던 것인지 자석에 이끌리듯 그들의 뒤를 쫓았다고 한다. 그 목적지는 경의선 숲길 근처 지하에 있는 이름도, 간판도 없는 작은 술집. 철문을 열면 주황 불빛의 비밀스러운 공간이 나타난다. 친구 따라 한번, 남자친구와 한번 왔던 이곳. 앞으로도 몰래몰래 아껴서 와야지.

따릉이 | 브랜드 프로젝트 매니저 김민정
나만 알고 싶어도 나만 알고 있지 않지만… 따릉이를 타고 신나게 달릴 수 있는 서울은 나만 알고 싶을 정도로 좋다! 날씨가 더 좋아지면, 따세권을 충분히 누려야지. *추천 코스: 선유도에서 여의도까지, 창덕궁에서 서촌까지 쭉!

AROUND CLUB

어라운드는 격월간지로 홀수 달에 발행됩니다.
정기구독을 신청하시면 매거진과 함께
한 명의 작가가 1년간 연재하는 에세이+포스터 시리즈 '어라운드 페이지',
그리고 어라운드 온라인 콘텐츠 이용권이 제공됩니다.

1년 정기구독 총 6권
어라운드 매거진 + 어라운드 페이지 + 온라인 클럽 1년 이용권
81,000원

a-round.kr

Publisher
송원준 Song Wonjune

Editor In Chief
김이경 Kim Leekyeng

Senior Editor
이주연 Lee Zuyeon

Editor
김현지 Kim Hyunjee
이다은 Lee Daeun
김지수 Kim Zysoo

Art Director
김이경 Kim Leekyeng

Senior Designer
양예슬 Yang Yeseul

Cover Image
박현성 Park Hyunsung

Photographer
장수인 Jang Sooin
최모레 Choe More
해란 Hae Ran

Project Editor
김건태 Kim Kuntae
무루 Mooru
배순탁 Bae Soontak
이기준 Lee Kijoon
전진우 Jun Jinwoo
정다운 Jung Daun
한수희 Han Suhui
한승재 Han Seungjae

Illustrator
서수연 Seo Sooyeon
휘리 Wheelee

AROUND PAGE
이랑 Lee Lang
히로카와 타케시 Hirokawa Takeshi

Designer
손혜빈 Son Hyebin

Marketer
임승철 Yim Seungchul
윤혜원 Yoon Hyewon

Copy Editor
기인선 Ki Inseon

Eng Copy Editor
최해솔 Choi Haisol

Management Support
강상림 Kang Sanglim

Advertisement
김양호 Kim Yangho
김갑진 Kim Gabjin
하나 Hana

Publishing
(주)어라운드
도서등록번호 제 2014-000186호
출판등록일 2009년 12월 5일
ISSN 2287-4216
창간 2012년 8월 20일
발행일 2021년 8월 27일

AROUND Inc.
서울시 마포구 동교로51길 27
27, Donggyoro 51-gil, Mapo-gu, Seoul,
Korea

광고 문의
around@a-round.kr
070 8650 6378

구독 문의
around@a-round.kr
070 8650 6375

어라운드는 나무를 아끼기 위해 고지율 20%인 재생종이 그린라이트를 사용합니다.

HOMEPAGE a-round.kr
INSTAGRAM instagram.com/aroundmagazine
FACEBOOK facebook.com/around.play
FILM vimeo.com/around